Brigitte Romankiewicz
Die bedrohte Seele
Auf der Suche nach Hoffnung und Sinn in einer Welt am Abgrund

Bibliografische Information der Deutschen Nationalbibliothek
Die Deutsche Nationalbibliothek verzeichnet diese Publikation in der
Deutschen Nationalbibliografie; detaillierte bibliografische Daten sind
im Internet über http: //dnb. d-nb. de abrufbar
© 2023 by opus magnum, Stuttgart (www. opus-magnum.de)
Erstauflage, Version 1.01
Umschlaggestaltung, Grafik und Layout: B. Romankiewicz, L. Müller
Herstellung: BOD – Books on Demand GmbH., Norderstedt
Alle Rechte vorbehalten
Print-Version: ISBN 13: 978-395612-050-3

Brigitte Romankiewicz

Die bedrohte Seele

Auf der Suche nach Hoffnung und Sinn in einer Welt am Abgrund

opus magnum

Inhalt

Es gibt nichts Schlimmeres als den Tod des Herzens
Mengzi, um 370-290 v. Chr.

Das ist die heutige psychologische Weltlage: Die einen wähnen sich noch christlich und glauben, sie könnten das sogenannte Böse unter die Füße treten; die anderen sind ihm verfallen und sehen das Gute nicht mehr. Das Böse ist heute zu einer sichtbaren Weltmacht geworden: die eine Hälfte der Menschheit stützt sich auf eine von menschlichen Erklügelungen fabrizierte Doktrin; die andere Hälfte krankt am Mangel eines der Situation gewachsenen Mythus ... Unser Mythus ist stumm geworden und gibt keine Antwort... Der Fehler liegt nicht etwa an ihm, sondern einzig und allein an uns, die ihn nicht weiterentwickelt haben ... Heute aber haben wir Rede zu stehen und Antwort zu geben, und wir stehen da mit leeren Händen, verwundert und ratlos ... aber man weiß keinen Rat, und nur die wenigsten ziehen den Schluss, dass es diesmal um die längst vergessene Seele des Menschen geht.

C. G. Jung/Aniela Jaffé, Erinnerungen, Träume, Gedanken, Olten und Freiburg 1971/1984, S. 334/335

Statt einer Einleitung:
Der Schmerz der „vergessenen Seele"

Die Städte aber wollen nur das ihre
und reißen alles mit in ihrem Lauf.
Wie hohles Holz zerbrechen sie die Tiere
und brauchen viele Völker brennend auf.

Und ihre Menschen dienen in Kulturen
und fallen tief aus Gleichgewicht und Maß,
und nennen Fortschritt ihre Schneckenspuren
und fahren rascher, wo sie langsam fuhren,
und fühlen sich und funkeln wie die Huren
und lärmen lauter mit Metall und Glas.

Es ist, als ob ein Trug sie alle äffte,
sie können gar nicht mehr sie selber sein;
das Geld wächst an, hat alle ihre Kräfte
und ist wie Ostwind groß und sie sind klein
und ausgeholt und warten, dass der Wein
und alles Gift der Tier- und Menschensäfte
sie reize zu vergänglichem Geschäfte.

Und deine Armen leiden unter diesen
und sind von allem was sie schauen schwer
und glühen frierend wie in Fieberkrisen
und gehn, aus ihrer Wohnung ausgewiesen,
wie fremde Tote in der Nacht umher;
und sind beladen mit dem ganzen Schmutze,
und wie in Sonne Faulendes bespien, -
von jedem Zufall, von der Dirnen Putze,
von Wagen und Laternen angeschrien.

Und gibt es einen Mund zu ihrem Schutze,
so mach ihn mündig und bewege ihn.

Rainer Maria Rilke, 1903
Aus dem Stundenbuch

In welch furchtbarem Ausmaß der Negativpol der archetypischen Metapher „Stadt" weit über dieses Gedicht hinaus gelesen werden kann, der für Größenwahn, Grausamkeit, menschenverachtende Macht- und Ausbeutungsgier, Gewaltrausch und Unterwerfungs- und Zerstörungssucht als Kompensation von Seelenlosigkeit und emotionaler Unreife steht, habe ich vor einem Jahr, als die zunehmende Gewaltsamkeit in der Welt mich zum Schreiben zwangen, nie und nimmer geahnt. Als würden inzwischen all diese Furchtbarkeiten eine Bündelung erfahren im archaischen Bemächtigungsdrang eines russischen Despoten, der sich in eine kaum mehr steigerbare Größenphantasie manövriert hat und „tief aus Gleichgewicht und Maß gefallen" ist, und sich vorgenommen zu haben scheint, nicht nur seine zu demokratischen Freiheiten herangereiften Nachbarländer in Grund und Boden zu stampfen. Ohne jede Rücksicht auf jegliches Leben. Nicht einmal das der Bürger seines eigenen Landes, für das er verantwortlich wäre. Und er ist nicht der einzige, und die Folgen haben bereits weltweit Auswirkungen, die man nicht für möglich gehalten hätte.

Ich begann dieses Buch am Weltfrauentag 2020, an dem traditionell die russischen Männern ihren Frauen Blumen bringen. Inzwischen sind viele dieser Männer und Söhne in einen verheerenden brutalen Krieg geschickt, von dem keiner weiß, wie er sich ausweiten wird, und ganze Völker „brennend aufgebraucht" werden sollen! Nach wenigen Wochen waren ganze Städte, Landstriche, Menschenleben zerstört, und alle mäßigendenden Verhandler sind zynisch belogen von ihren Vermittlungsversuchen zurückgekehrt.

Nein, so wollte ich dieses Buch nicht beginnen, und meine Auflehnung dieser in ihrer Blindheit und Unmündigkeit hochgefährdeten Leistungs- und Ausbeutungsgesellschaft, in der ich doch immerhin bisher in Gesichertheit schreiben kann, kommt mir im Vergleich zu dem Leid, das die Menschen ein paar Autostunden weiter östlich zerstört, völlig unangemessen vor.

Und doch: Ist der Grund des kriegerischen Gewaltexzesses nicht im selben Seelenverlust zu suchen, der auch hierzulande in dem, was unter den Mäntelchen uneingeschränkter Freiheitsansprüche, größtmöglicher Ausbeutung und gewaltsam erzwungener Verfügbarkeit menschlicher und natürlicher Kräfte immer extremere Formen annimmt? Ohne dass von einer nennenswerten Allgemeinheit ein anderes Sinn-Bild dagegen gesetzt wird?

Ist es nicht derselbe Mangel an seelischer Verwurzelung in einem *Sinn*, einem Gespür für unsere gegenseitige Verbundenheit als Menschen und Verantwortung im Austausch mit der Welt, der auf eine Bezogenheit auf eine Einheit höherer Ordnung orientiert ist?

Sehen wir darum Rilkes Gedicht als Parabel, die wir nicht lesen können ohne das Gefühl: ja, genauso *ist* es. Das ist unsere Realität, inzwischen noch zugespitzt durch die Macht der omnipräsenten digitalen Entfremdung. Nichts daran ist Vergangenheit. Alles was hier noch fast harmlos und längst vergangen klingt, „Wagen", „Laternen", „Hurenfunkeln", ist inzwischen ins Überdimensionale und noch mehr Aufgeblähte gesteigert. Wobei die ausgebeuteten „Huren" längst nicht mehr „funkeln", sondern zu den verlorenen Armen gehören: Was „funkelt", sind ihre seelenzerrissenen, aufgeblähten Ausbeuter: Eugen Drewermann hat einmal „das *Böse*", ganz richtig etymologisch von „*aufblähen*" hergeleitet, womit er tatsächlich den Kern dieser schwierigen Vokabel trifft: Schon Luzifer, der dem christlichen Mythos nach „Das Böse" über die Welt brachte, war von unmäßigen Ansprüchen „aufgebläht" (psychologisch gesprochen: inflationiert), welche die Balance des Universums aus „Gleichgewicht und Maß" brachten. Ich will darum bestimmt nicht behaupten, dass es in der Geschichte der Menschheit solche Macht- und Zerstörungsdesaster bisher nicht gegeben hat. Aber hatte man nicht an eine Bewusstheitswende in der Menschheit geglaubt? Doch heute kommt der Lärm (von franz, *alarm* = „zu den Waffen!") sozusagen als „Bote" der Gewalttätigkeit nicht mehr nur (optisch) von Metall und Glas, sondern akustisch allgegenwärtig, „aufgebläht", ohrenbetäubend und markschütternd von röhrenden

„Wagen" und Geräten, deren Verstärker mit dem kleinen Finger zu apokalyptischem „Sound" bewegt werden können. Keiner in Hörweite kann ihnen entgehen, genausowenig wie dem der monströsen Maschinen für alle die maßlosen Abriss- und Bauprojekte.

Rainer Maria Rilke (1875-1926), dieser hypersensible Poet ist nicht alt geworden. Um leben und schreiben zu können, hat er die Stille gebraucht, und dank vermögender und hochgestellter Freunde und Freundinnen auch immer wieder gefunden auf deren Schlössern und Landsitzen. Von künstlerischer Unruhe getrieben hat er sich aber auch immer wieder dem Lärm der Städte ausgesetzt, in Rom, in Paris, zum Austausch mit anderen Künstlern – man kann also nicht sagen, er hätte aus provinzieller Enge heraus einen solch schmerzhaften Blick auf „die Städte" gehabt – hier Metapher für den gesamten „disruptiven" Mythos der permanenten „Zerschlagungen" (von lat. *dirumpere* = gewaltsam zerschlagen), der das „moderne" Leben bestimmt, und unser Seelen dasselbe Schicksal erleiden lässt, wie die „Armen" in der dritten Strophe bei Rilke.

Und wie genau finde ich mich, noch 120 Jahre später, verstanden, erfühlt in seinen Bildern, die in solch gedrängter Intensität nur ein Dichter gestalten konnte! Die Brutalität des „Fortschritts" kann ja jeder an tausend Beispielen täglich und überall erleben. Und man kann wahrlich fragen: Wer oder was hat uns derart „entmündigt" und unsere Urteilskraft geschwächt, dass wir das alles anscheinend kaum noch wahrnehmen, geschweige denn die Ursachen konkret angehen und einen seelenstärkenden Mythos dagegensetzen, wenn schon die Mythen der „großen Erzählungen" wie etwa des Christentums u. a. von haarsträubenden Missbräuchen ausgezehrt und „niederschwellig" in Aktionismen verzettelt sind?

Schon lange vor dem fassungslos machenden russischen Überfall auf die Ukraine hat die Brutalisierung in den sogenannten Zivilisationen übergegriffen auf die Umgebung der Städte, diese *Seelenlosigkeit* im Bezug auf Mensch, Tier und Natur. Die rasende

Geschwindigkeit, gepaart mit einem in derselben Art *„ohne Gleich-gewicht und Maß"* (Rilke) zunehmenden Tempo von Unruhe, Gewalt-tätigkeit, Ausbeutungsgier, „Wachstums"-Wahn, Effizienz, Profit-maximierung, Mechanisierung und Maschinisierung aller Lebens-bereiche, Steigerung ohne Maß. Welcher der Mensch selbst längst in Bezug auf seine Selbstwahrnehmung selber zum Opfer gefallen ist: Er selbst ein Objekt, eine Ware, dessen Wert von seinem Funk-tionieren, seiner Fähigkeit zur Selbstmanipulation abhängt. Und schafft er dieses Funktionieren nicht mehr, so ist sein Weg nicht weit zu den Abgestürzten, die keinen *„Mund zu ihrem Schutze"* (Rilke) mehr finden. So entlarvt sich das hemmungslose Steigern müssen als *Angst* – Angst vor dem Absturz – der paradoxerweise so immer unausweichlicher scheint.

Lange schon machen ja so viele Warner, Sozialforscher, Wissen-schaftler, engagierte Sozialbetreuer, Dichter, Philosophen, Theater-macher, Künstler aller Art, erfindungsreiche Umweltaktivisten dagegen den Mund auf, um aufzuwecken und die verselbständigte Raserei des destruktiven Fortschritts- Mythos und seines Abgrunds bewusst zu machen. Unzählige Bücher erscheinen, Vorträge von bildhafter Einprägsamkeit werden gehalten, in der Hoffnung, es könnte ein Bewusstseinswandel stattfinden, obwohl unumkehrbar auch die Klimakatastrophe und ihre Verelendungsfolgen längst nicht mehr durch Proteste aufzuhalten ist. Auch kenne ich junge, engagierte Menschen in meiner Umgebung, die uneigennützig helfen, kenne Initiativen von Naturschützern, Tierschützern, ehren-amtlichen Flüchtlingsbetreuern, sensible, phantasievolle „Ökos" mit leidenschaftlichem Engagement, um ihrer Welt doch noch knapp vor einer allmählich bewusst werdenden, auch mensch-lichen Katastrophe in eine andere Spur zu helfen.

Darum will ich keineswegs die Hoffnung aus den Augen ver-lieren, dagegen sprechen alle meine bisherigen Veröffentlichungen. Vielmehr will ich mir selbst immer wieder die Erinnerung wachrufen an das, was einst der Jesuit, Paläntologe und Evolutionsvisionär

14

Pierre Teilhard de Chardin (1881-1955) in seinem großen Werk „Der Mensch im Kosmos" uns ans Herz gelegt hat:

Das Leben benötigte eine halbe Million, vielleicht eine Million von Jahren, um vom Prähominiden [Vormenschen B. R.] zum modernen Menschen zu gelangen, und weil dieser Mensch noch zu kämpfen hat ... sollten wir schon beginnen zu verzweifeln? Dies wäre ein Irrtum in der Perspektive. (S. 261/262)

Aber trotz aller Hoffnung, Teilhard möge recht behalten (und er warnt eindringlich vor der Hoffnungslosigkeit!), schüttelt mich immer wieder etwas dermaßen durch, dass es mir keine Ruhe lässt. Es ist wie in „Anruf" – woher auch immer – mit der intensiven Aufforderung: Geh dem genauer nach, auch wenn es schmerzt! Nur dann kannst du hoffen, dass sich dir befreiende Perspektiven darüberhinaus eröffnen

Diesmal erfasste mich einmal solches Gefühl aufs Heftigste am „Weltfrauentag" vor einem Jahr, und Berichten, dass selbst in allernächster, bürgerlicher Nähe die brutalste Gewalt gegen Frauen unentwegt zunimmt. Nicht etwa „nur" in ohnehin dafür berüchtigten Weltgegenden, sondern mitten in der sich doch moralisch weit überlegenen europäischen Gesellschaft, und zwar in *allen* Schichten![1] Man spricht inzwischen geradezu von umsichgreifendem „Femizid", also absichtsvoller Tötung von Frauen, ganz zu schweigen von still und oft sogar mit Scham verbunden hingenommenen Misshandlungen, Demütigungen, die viele Frauen (und Kinder!) täglich – innerhalb und außerhalb der Familien – erleiden. Und kurz danach verlässt der türkische Präsident Erdogan den Gewalt-Ächtungsbund gegen Frauen: Mit den Frauen kann man fortan in der Türkei machen, was man will. Verdinglichte Wegwerfware. Doch was jeder wissen müsste, aber nicht klar sieht: Solche Haltung entmenscht, verdinglicht und versteint auch

---

1   Seither berichten laufend Artikel über Angst vor Frauen, hier, in meiner eher als provinziell belächelten Großstadt, bei Nacht noch in der Stadt unterwegs zu sein (etwa Stuttgarter Zeitung vom 21. 7. 21, und zwei Tage später über behördlich bekannte zunehmende häusliche Gewalt gegen Frauen (StZ vom 23. 7. 21)

die Verdinglicher, die ganze Gesellschaft – und das ist nun noch verstärkt durch einen im 21. Jh nicht mehr für möglich gehaltenen Krieg in Europa.

Der Seelenverlust nimmt zu. Ein Archetypus nimmt an Macht zu, der nicht nur gegen die Gestalt der Frau gerichtet ist. Es sind Verbrechen am Wert des Lebens an sich, an Gefühl und Seele, ob menschliche, tierische, pflanzliche, persönliche, ob Erniedrigung und Verzweckung des Menschen oder der ganzen Natur, ja, der Weltseele, die alles durchwebt. Er spiegelt sich nicht nur in den großen Kriegsverbrechen, sondern auch in der Misshandlung alles „Kleinen" und Machtlosen (Kindesmissbrauch!), spricht geradezu von einem systematisch betriebenen „Seelenriss"[2], wenn nicht „Seelenmord" und der Krieg *bündelt* sozusagen ein Muster der „Versteinerung", das längst alle Lebensbereiche erfasst hat, wo es um fehlendes Gespür für das Geheimnis des lebendigen In-Beziehung-Stehens, um Empathie und Mitgefühl, um echte Schönheit und Würde geht. Und das Schlimmste:

Auch bei denen, die diese „Morde" betreiben, muss man ja fragen, was ihren Seelen geschehen ist: Spiegelt ihr Unterwerfungs- oder Zerstörungszwang anderer nicht auch gleichzeitig den furchtbaren Druck, unter dem die Gewaltausübenden selber stehen, ihre *Selbstentfremdung,* ihre Ängste vor Machtverlust, ihre Furcht vor Schwäche – die dann in Aggression gegen noch Schwächere oder vermeintliche Aggressoren umschlägt? Spiegelt es auch *ihre* tief verletzten, starr gewordenen Seelen? Kann sich der Einzelne nur noch als Teil einer würdelosen Verfügungsmasse von aggressiven Macht-, Leistungs- und Effizienzmachenschaften erfahren, im zivilen Leben in Konkurrenz mit Maschinen, jederzeit ersetzbar, entwurzelt aus allem, was ihm ein Gefühl von Heimat in einer von natürlicher Lebendigkeit, Solidarität, Anteilnahme und Würdigung geprägten Welt geben könnte? Ist er statt dessen einer seelenlosen Welt unterworfen, in der echte Erfahrung von Selbstwirksamkeit, Personalität

---

2   Titel eines erschütterten Buches von Ines Geipel, ehemaliger Weltklasse-Sprinterin in der DDR über die gewaltsame „Abrichtung" von Spitzensportlern, erschienen bei Klett-Cotta, 2010

und Kreativität unentwegt ersetzt werden muss durch markttaugliche Funktions- und Selbstdarstellung, gnadenlose Ergebnis- und Optimierungsorientierung, kompensiert durch Gewaltphantasien, billige „Unterhaltung", Vergnügungs- und andere Räusche immer extremerer Art, die vollends zum auslaugenden „Selbstverbrauch" (Peter Sloterdijk) führen? Hat sie die *„äußere Unterwerfung"* unter eine seelenlose Bemächtigungs- und Mechanisierungsideologie schließlich so *„emotional stumpf und kognitiv blind"* gemacht?[3]

Nein, es geht längst nicht mehr allein gegen Frauen als Projektionsfeld, längst sind es auch nicht mehr nur meine subjektiven Eindrücke. Von einem Polizisten, der sein Leben lang in verschiedenen Bereichen der Verfolgung von Kriminalität tätig war, las ich kürzlich, dass er ebenfalls seit vielen Jahren eine Zunahme von Gewalttätigkeit in Tat und Wort im „ganz normalen Leben" beobachtet, die ihm einherzugehen scheint mit einer immer geringer werdenden Empathiefähigkeit und Solidarität in der Gesellschaft. „Deutschland zerbröselt"[4], hat er darum ein gerade erschienenes Buch genannt. Und der Grund für solche „Zerbröselung" ist zweifellos vielfältig.

Wobei mir unweigerlich einfällt, was der Psychiater, Forscher und Therapeut C. G. Jung im schrecklichen Schlusswort einer schon 1946 (!) veröffentlichen Studie zusammenfasst: Dass der „Massenmensch" den Sinn seines Menschseins *„und damit seine Seele verloren"* habe! Und dass er sich auch darum nur noch als bedeutungsloses, „zerbröseltes" Partikel empfinden kann, weil seine Nöte nicht durch eine wesentliche Sinnorientierung und verlässliche Verwurzelung in einem die Trivialität des Alltagslebens übersteigenden symbolischen Leben, einem haltgebenden Mythos und seelischer Seinsgemeinschaft mit allem Lebendigen aufgefangen werden. Er sieht klar:

---

3   Horst-Eberhard Richter, Der Gotteskomplex, Reinbek 1979, S. 14
4   Peter Niegel, Deutschland zerbröselt, Stuttgert 2021

*Was unserer Welt fehlt, ist der seelische Zusammenhang, und diesen
wird kein Fachverein, keine Interessengemeinschaft, keine politische
Partei und kein Staat ersetzen können.*[5]

Genau um diesen *„seelischen Zusammenhang"* geht es mir. Was ihn
ausmacht, wodurch er verloren geht und wie er vielleicht doch
auch wiedergewonnen werden könnte – das soll das zu umkreisen-
de Thema dieses Buches sein. Anknüpfend an C. G. Jungs Alters-
erkenntnis (s. Leitmotto), um die *„vergessenen Seelen"* (Heidegger
würde von *„Seinsvergessenheit"* sprechen).

Bestärkt in meinem Vorhaben, dem nachzudenken, hat mich
die Tatsache, dass diese Themen der Entfremdung, Mechanisierung, Maschinisierung, der Verselbstständigung des Zweck- und
Effizienzdenkens ja seit Jahrzehnten in Büchern mit hohen Auf-
lagen reflektiert wurden und werden. Aber wer liest sie, handelt
danach? Allein in meinem Bücherschrank stehen nicht wenige
älteren und neueren Datum, von denen ich einige im Anhang auf-
listen will. Ein immer neu aktuelles ist von 2003, in welchem der
Publizist Dirk Kurbjuweit (geb. 1963) in *„Unser effizientes Leben –
Die Diktatur der Ökonomie und ihre Folgen"* anhand der (sich immer
noch verschärfenden!) „McKinseyisierung" aller Lebensbereiche
scharfsinnig und einfühlsam analysiert hat, wohin uns das gebracht
hat: Zu einem Menschenbild, in dem der Mensch schließlich zur
„besten und wartungsfreundlichen Maschine"[6] herabgewürdigt wird,
die nur so viel wert ist, wie sie finanziell „abwirft". Noch immer ist
das zu wenigen bewusst, die sich trauen, den Mund aufzumachen.
Der Trend geht weiter in eine absurde Richtung: sogenannte
„erneuerbare Energien" wandern in den Antrieb von 500 PS starken
Luxusautos! Gewalttätig aufgebläht und seelenlos in unfassbarer
Dimension.

Doch dabei möchte ich nicht stehen bleiben. Noch immer ist
mir durch meine Auseinandersetzung mit dem „symbolischen

---

5   C. G. Jung. GW 16, § 539 („Psychologie der Übertragung"), Olten 1971
6   Dirk Kurbjuweit, Unser effizientes Leben, Die Diktatur der Ökonomie und ihre Fol-
     gen, Reinbek 2003

Leben" (Jung) und die weisheitlich durch Jahrhunderte hindurch gegründete Mystik[7] eine stärkende Hoffnung, geblieben, dass wir trotz den besorgniserregenden Zeiterscheinungen nicht im Absurden steckenbleiben *müssen*.

Wie sonst auch gehe ich an dieses Buch auch diesmal mit geringer Vorplanung und größtmöglicher Offenheit für das heran, was mir thematisch oder akzidentiell begegnet: Offen für Zeichen und Winke, Koinzidenzen aller Art – als Prozess, nicht durch irgendwelches vorab geordnetes und felsenfestes Lösungswissen abschließbar. Ein Prozess, der ein Einlassen auf ein zunächst eher bedrohliches und unübersichtliches Labyrinth fordert, in dem ich ziemlich ungeschützt dem Leser meine Bedrückungen und Zweifel und auch Intuitionen zumute. Doch wie meist bei meinen Unternehmen, steht mir auch diesmal eine leitende Gestalt bei: Eine ererbte Siegelfigur vor mir auf dem Schreibtisch in Form einer schreitenden *Hoffnung* mit einem Früchtekorb. Von dem ich mir fruchtbare Möglichkeiten erhoffe, zumindest *mich* zunächst aus der kollektiven Entmündigung zu befreien und Wege daraus zu finden.

Und vielleicht springt von meiner Suche dieser oder jener Funke über auch auf andere – wer weiß ...

Die Hoffnung wird mir beistehen.

---

7   B. Romankiewicz, Sophia kehrt zurück – Evangelische Mystik im Schatten Luthers, Freiburg 2016

TEIL I

Seelenverlust

Ein kollektives Problem erscheint – solange es nicht als solches erkannt ist – stets als persönliches und erweckt ... die Illusion, es sei im Gebiet der persönlichen Psyche etwas nicht in Ordnung. Tatsächlich ist der psychische Bereich gestört, aber nicht notwendigerweise primär, sondern vielmehr sekundär, infolge einer unzuträglichen Veränderung der sozialen Atmosphäre. Die Störungsursache ist daher ... nicht im persönlichen Umkreis, sondern in der kollektiven Situation zu suchen. Diesem Umstand hat die bisherige Psychotherapie viel zu wenig Rechnung getragen.[8]

Carl Gustav Jung war fast 85, als er diese Einsicht im Gespräch mit Aniela Jaffé (1903-1991), einer seiner engsten Mitarbeiterinnen, formulierte, und konnte auf ein Leben und Werk und eine nahezu unfassbare Fülle an ungewöhnlichen, die Psychologie in ein völlig neues Licht stellenden Forschungen, geistigen Auseinandersetzungen und Erfahrungen zurückblicken.

Heute stellen wir *„unzuträgliche Veränderungen der sozialen Atmosphäre"* auf allen Ebenen fest: Steigende Aggressivität, zerstörte, verstörende Umweltzustände, seelenlose Leistungs- und Konsumzwänge – und nun gar ein grausamer Krieg, um katastrophale Zustände im Land des Aggressors zu überspielen.

23 Jahre nach Jungs „Erinnerungen" fand ich eine ähnliche Diagnose bei James Hillman, der einst „Schüler" C. G. Jungs in Zürich gewesen war, dann zurückgegangen war nach Kalifornien, wo er ebenso „eigen-sinnige" psychologische Ansätze vertrat. Die leidenschaftliche Anklage ist gefasst in ein Gespräch mit dem Schriftsteller Michael Ventura.[9]

---

8   C. G, Jung. Aniela Jaffé, Erinnerungen, Träume, Gedanken, Olten und Freiburg 1971, S. 238

9   James Hillman/Michel Ventura, Hundert Jahre Psychotherapie und der Welt geht's immer schlechter, Solothurn 1994

Das Buch ist für mich nach wie vor eines der herausforderndsten und inspirierendsten in meiner Büchersammlung, und das Gespräch der beiden eigenwilligen Personen setzte denn auch den Initial-Impuls für mein letztes Buch, ein neues Bewusstsein für das Zusammenspiel von „Gott", Mensch, Natur, Erde und Dingwelt zu finden,[10] denn nach Hillman und Ventura haben wir die „Umwelt", durch technizistischen Missbrauch und Achtlosigkeit zerstört und krank gemacht und nun schlägt sie zurück, sowohl auf die Gesellschaft als Ganzes als auch zwangsläufig auf den Einzelnen.

Meinem Gefühl, wie desolat der derzeitige Zustand der „kollektiven Situation" allenthalben ist, habe ich schon im Vorausgehenden Ausdruck gegeben. Auch der Gewissheit von der Auswirkung auf die Seelen der Einzelnen.

Und ich sagte schon, dass bei meinen Schreibprozessen wesentlich mitspricht, was sich mir „zufällig" zeigt. Als ich nun heute Vormittag auf eine Arbeit meiner als freischaffende Bildende Künstlerin arbeitenden Tochter stieß, die sie meinem Mann einmal zum Geburtstag schenkte, war mir das ein „Wink", sie mit einzubeziehen (Abb. 1).

Die Geschichte dazu: Nach einer Phase sehr farbintensiver Gestaltungen, hatte meine Tochter angefangen, mehr graphisch zu arbeiten. Leider ist weder Bild noch Brief datiert. Doch ich vermute, dass das Bild in jener Zeit entstanden ist, als unter Kanzler Schröder eine grün-rote Regierung verstörend deklassierende Gesetze auf den Weg brachten, der jeden, der sich nicht in geregelte Arbeitsprozesse eingliedern ließ, egal unter welchen Arbeitsbedingungen, zum gesellschaftlichen Leistungsverweigerer und bequemen, nichtsnutzigen Parasiten herabwürdigte (Stichwort „soziale Hängematte"). Ein Schock auch für alle noch nicht avancierten Künstler.

Um sich finanziell über Wasser halten zu können, hatte sich die ungesicherte Freischaffende also damals bei bei einer Computerfirma im Callcenter verdingt, in der die Mitarbeiter autoritär

---

10   Brigitte Romankiewicz, Die Göttlichkeit des Irdischen, Herausforderungen eines neuen Bewusstseins, Stuttgart, opus magnnum, 2020

Abb. 1
„Seelenengel", Mischtechnik, Anna-Katharina Romankiewicz, um 2003
Die Grafik zeigt eine Figur, von der einerseits ein Ausdruck verstörender Zerreißprobe aus-
geht, andererseits Elemente, die darauf hinweisen, dass trotz aller Bedrohtheit eine starke innere Kraft aufrecht hält - eine Seelenkraft (Farbe Blau) gehalten in einem angedeuteten Goldgrund. Weit entfernt von Erstarrung, zeigt sich eine entschlossene Bewegung nach rechts,
das heißt, die Bedrohung ist bewusst und wird gemeistert werden, auch wenn die Binnen-
struktur eine fragile Zone sehen lässt und durch schwarze „Flügel" eher eingeengt wird als
durch Leichtigkeit getragen. Doch hat die „Farbe" Schwarz nicht nur negative Bedeutung.
Im Gegenteil: Da sie alle anderen Farben in sich aufnimmt, wohnt ihr auch machtvolle, be-
wahrende und kraftvolle Potenz inne, welche eine unantastbare Würde symbolisiert, die sich
auch in einer Art „Krone" wiederholt. So strahlt diese Seelenfigur trotz der enormen Gegensatzspannung auch große Energie und Hoffnungsträchtigkeit aus.

überwacht, ständig „evaluiert" und in jeder Hinsicht ausgebeutet wurde. Dass sie überhaupt noch zu künstlerischer Arbeit in der Lage war, grenzte an ein Wunder, und da sie wusste, dass sie die Spannung nicht lange aushalten könnte und zudem so keinerlei Alterssicherung möglich war, kämpfte sie mit sich, ob sie trotz ihrer Aversion gegen den staatlichen Schulbetrieb nicht doch noch ein Lehramtsstudium in Kunstpädagogik und Germanistik auf sich nehmen sollte, was sie dann auch tat.

Jedenfalls wussten wir sie in einer seelisch äußerst belastenden Situation, aber trotzdem assoziierte mein Mann als ersten Eindruck des Geburtstagspräsents sofort „Engel", während ich mich einem Ansturm einander überlagernden Gefühlen gegenüber sah: „Engel" – ja. Warum nicht, aber in welchem Zustand?

Und nicht auch „Seele" (die ja von Alters her ebenfalls geflügelt dargestellt wird), Seelenengel, durchaus königlich aufrechte Seele. Denn was das Bild zeigt, ist eine nach rechts sich bewegende, sehr aufrechte, gekrönte Gestalt in blauem, langen Gewand, das zwar im unteren Teil in ein etwas zerschlissenes schleierartiges Teilstück übergeht, aber dann doch wieder in ein massiv blaufarbiges, eine starke Rechtsbewegung zeigendes Untergewand mündet: Es findet zweifellos eine in festem Gegründetsein vorhandene Weiterbewegung statt. Zumal eine schmale, goldfarbige Aura die ganze Gestalt umschließt und gerade „unter den Füßen" noch verstärkt ist. Was die Assoziation „Engel" auslöst, sind beidseitige, fiedrige mit großem Schwung und suchendem Strich skizzierte Flügel, teils transparent, teils mit schwarzer Kohle verdunkelt, so, wie auch das kronenartige Gebilde auf dem erhobenen Haupt. Ein „Engel", eine Seele in der Zerreißprobe, aber unbeugsam, trotz der kollektiven Umstände.

Wenn auch von einer massiven Enge, von dem sozialen Druck und wirren, andrängenden Destabilisierungsversuchen der persönlichen seelischen und gesellschaftlichen Würde bedroht. Eine starke, seelisch-geistige Kraft ist zu spüren, auch in der Farbigkeit der „Innenfigur", mit dem schwach angedeuteten „Goldgrund", der geradezu auf das Schicksal der göttlichen Weisheit selbst (Spr 8, 22 ff) in der Welt deutet, (dazu später mehr), dazu die Stimmigkeit der Komposition. Aber deutlich zu sehen auch das sensible Empfinden der Künstlerin für den Druck, der die Integrität des Einzelnen bedroht. Zeitzeichen, für die Künstler noch ganz andere Antennen haben, als bürgerlich gesichert dahinlebende Durchschnittsmenschen. Wir sahen und sehen jetzt wieder die existenzielle Krise, in die uns die größtenteils noch immer unbewussten „Machenschaften" (Heidegger) gebracht haben und die sich immer noch weiter verschärft und zuspitzt. Aber: Ich sehe auch die Entschlossenheit, „darüberhinaus" zu wachsen.

Es ist ein gutes, ein starkes Bild, das sowohl Bedrohtheit als auch eine Hoffnungsperspektive zeigt, eine durchaus ähnliche Haltung wie meine „Hoffnungsführerin" auf meinem Schreibtisch – wenn auch (noch!) ohne Früchtekorb... Doch vielleicht gerade darum ein Zeichen, brandaktuell. Ein Bild, das die enorme Gegensatzspannung sehen lässt, in dem heute der „Seelen- oder Hoffnungsengel" eines jeden von uns steht. Verbunden mit der Frage: Was können die geistigen Kräfte in uns noch ausrichten in einer rasenden, „transzendenzverriegelten" Welt, die den Einzelnen, der noch *bei sich selber sein"* will und kann, mitreißt und entmündigt, wie das Rilke in seinem großen Gedicht beschrieben hat?

Entmündigt durch die Gewaltsamkeit von Leistungs- und Zeitdruck: Dazu fällt mir spontan eine islamische Legende ein, die Raimon Panikkar in seinem Buch über die Weisheit[11] erzählt. In Kürze wiedergegeben::

Als Allah die auch ökologisch desolaten Zustände auf der Erde sah, beschloss er, noch einmal seinen Erzengel Gabriel (= Kraft Gottes) loszuschicken, damit er der Menschheit das Wesentliche Seiner Weisheit von der Schönheit und Verbundenheit von Allem mit Allem noch einmal in einfachen Worten sagte.
Nach lange, langer Zeit kam Gabriel zurück, erschöpft, mit zerrissenem Gewand und schmutzigen Flügeln. Voll Mitgefühl fragte ihn Allah, ob er denn seine Botschaft nicht überbracht habe.

---

11   Raimon Panikkar, Der Weisheit eine Wohnung bereiten, München 1990, S. 34)

Doch, gewiss habe ich das, antwortete der Engel, aber die Menschen hatten keine Zeit, zuzuhören.

Keine Zeit, ja. Keine Zeit, „zu sich zu kommen", nach Sinn und Aufgabe unseres Hierseins zu fragen.

Statt dessen ist man, wie wir nicht nur aus Rilkes Gedicht, sondern aus täglicher Erfahrung wissen, pausenlos beschäftigt mit Events und Trends, mit Ersatzbefriedigungen, mit dem Kampf um Steigerungen aller Art, der Jagd nach Status und Geld, mit dem ganzen *„Trug, der sie alle äfft"*, und merkt nicht, dass man längst Sklave dieses Trugs geworden ist, Geld, Profitgier und aufgeblasene Spassindustrie, die *„wie Ostwind groß"* geworden sind, und die Menschen – *„sind klein und ausgeholt ..."* (Rilke) – und merken nicht einmal mehr, woran das liegt.

Keine Zeit.

Und ich, die ich hier ohne Konzept, wie weiterschreiben, am Schreibtisch sitze, schau müßig hinaus auf die Maiwiese, die verzaubert ist von hunderten, schleierleichten abgeblühten Löwenzahn-Laternchen, die – alle noch rund und vollständig – einen schwebenden Hauch über die grünsaftige Wiese, noch voller bunten Tulpen, Vergissmeinnicht, Gänseblümchen und dunkelblauen Günselkerzen legen – ein heftiger Windstoß, ein Regenguss, wie für heute angekündigt), eine minimale Zeitbewegung, und das Bild wird sich verwandeln: In eine andere Schönheit hinein.

Und zuvor noch habe ich für eine der hier heimatlos lebenden, scheuen Katzen, die wohl Zahn- oder Halsweh hat (sich aber niemals anfassen lassen würde, um das zu untersuchen) Katzenfutterbröckchen mit der Gabel zu einer feinen Masse zerdrückt, ein wenig gewürzt und mit Wasser zu Suppe gemacht, die Schale hinunter an einen Ort im Gras gebracht, zu dem sie sich hertraut, habe also eine völlig übertriebene Zeitverschwendung wegen eines hergelaufenen Viehs betrieben, wie mir einige pragmatische Zeitgenossen immer wieder kopfschüttelnd sagen: „Wenn du dich immer so darum kümmerst, brauchst du dich nicht wundern ..." Ja – soll ich sie denn verhungern lassen? Was weiß ich denn über die traumatischen

Erfahrungen dieser Tierseele? Und über die der anderen, vermutlich ausgesetzten, die gerade gottseidank gesund sind? Was weiß ich über unsere innere seelische Verbundenheit?

Keine Zeit haben – in der Sicht vieler Stammeskulturen bedeutet das, seine Seele verloren zu haben. Und wer es „zeitgemäßer" haben will als die islamische Legende, lese Michael Endes *„Momo"*, Ersterscheinung 1973, seither in unzählige Sprachen übersetzt.

Keine Zeit haben: Das ist der Seelenverlust, der nicht nur zur Entfremdung von sich selbst und zum Verlust eines tieferen Lebenssinns führt, sondern eben auch dazu, blind zu werden für die *seelischen Zusammenhänge*, in die wir *zusammen* mit unserer „Mitwelt" eingewoben sind: In die Seele der Welt.

Und wo der Sinn für diese seelischen Verwobenheiten abhanden kommt, da ziehen tatsächlich Geld, Gewinn- und Erfolgsstreben alle Kräfte an sich, da müssen sie unaufhörlich für „Trug" und Ersatz sorgen für das, was an echtem „Selbersein"-Dürfen verloren gegangen ist. Und der Betrogene ist der Mensch selbst, der sich mehr und mehr diesen Diktaten und Mechaniken unterwirft. Weil er sich nicht klein und nichtig fühlen will und nicht mehr „bei sich" ist. Er meint durch sein „Großsein" Kontrolle über alles zu haben – und ist letztlich doch selbst der entmündigte Kontrollierte, von der unheimlichen Kontrolle, welche die scheinbar „frei" machenden Digitaltricks und deren desorientierenden Effekte zunehmend zeigen, erst gar nicht zu reden.

Wenn er aber „nicht mehr bei sich" ist, wo ist er dann?

Unentwegt „außer sich" – bei seinen Machtphantasien, den neuesten „Postings" oder „Blogs" auf seinem Smartphone, in denen ihm andere suggerieren, was er tun, sehen, kaufen müsste um „groß" zu sein und ein lebenswertes Leben zu haben. Er ist bei zehntausend banalen oder grell aufgepumpten „Posts" und Selbstdarstellungen, die ständig um den Globus sausen. Beim Fingern und Wischen von App zu App, um zu erfahren, wo und wann „was los ist", bei fremdgesteuerten Träumen, was alles Großartiges „machbar" sei, um endlich ein großartiges Leben zu haben. Tief *„aus Gleichgewicht und Maß"* gefallen (Rilke, 2. Strophe), ist er überall, nur nicht da anwesend, wo er gerade über die Straße geht, realen Menschen ins Gesicht sehen könnte, wahrnehmen, wie er sich gerade fühlt, was er sieht in einer überlärmten, architektonisch verödeten, von gehetzten Menschen bevölkerten Stadt. Vielleicht nimmt er sich selbst sogar als „entspannten" (auch so ein Modewort!) Flaneur wahr, der irgendwo vor einem Kiosk irgendein Instant-Futter mitnimmt, „to go" selbstverständlich. Bei differenzierterem Bewusstsein vielleicht sogar was Vegetarisches oder Veganes (das gerade eine gestylte „Influencerin" auf ihrem „Blog" empfohlen hat für den fortschrittlichen „Innovativen"). Und für einen Augenblick hebt er dann auch die Augen auf vom Smartphone und nimmt die wuselige Menge wahr, die ihm ein diffuses Wohlgefühl von Zugehörigkeit vermittelt. Weshalb es ihm auch lieber ist, hier mittendrin mitzuschwimmen, als „bei sich" zuhause, wo er vielleicht mit seinem Selbersein konfrontiert wäre, welches möglicherweise allerhand defizitäre Empfindungen wecken könnte.

Also lieber im technikgesteuerten Empfänger- und To-go-modus bleiben, herumtelefonieren, was man vielleicht am Abend „machen" könnte, möglichst schon gleich: irgendeins der hundert möglichen prinzipiell sinnfreien *„vergänglichen Geschäfte"*, die Abwechslung versprechen und vorübergehendes Lebendigfühlen, Spaßhaben, Selbstaufwertung, „Freiheit" genannt.

Vielleicht mahnt einen auch ein unauffällig immer mitgeführtes Gerätchen daran, dass man heute sein Soll an Körpertraining noch nicht erfüllt hat, Anlass, sich doch kurz nach Hause zu begeben um im passenden Outfit in den nächstgelegenen Park oder Wald loszulaufen, Knöpfe im Ohr, um die an sich langweilige Prozedur, die aber angeblich der kollektiv angesagten Fitness dient, wenigstens in einer akustischen Heimatwolke hinter sich zu bringen – was interessieren schon die schönen Bäume, die Blümchen am Wegesrand, der jahreszeitliche Schmuck der Vegetation – Hauptsache, die Wege sind gut in Schuss und nicht zu viele langsam wandelnde Spaziergänger mit Hunden und sperrigen Kinderwagen unterwegs. Im

Während immer wieder Blick auf Blutdruckmesser, Schrittzähler und was weiß ich für Parameter und wenn man's hinter sich hat und dazu die passenden vitalisierenden Getränke zu sich genommen, kann man mit dem guten Gefühl der Effizienz in Sachen Gesundheitstraining wieder ungefähr dasselbe machen wie zuvor, es sei denn man habe noch eine dringende Arbeit im Homeoffice zu erledigen, (man will ja beruflich vorankommen, weiß, was von einem erwartet wird um die dringend nötige nächsthöhere Gehaltsklasse zu erreichen), bevor man die Frage angeht, wie man den Abend (und evtl. gleich die ganze Nacht *„ohne Gleichgewicht und Maß"*) genauso effizient in Sachen Kontakt und angesagten Aktivitäten zu organisieren. Falls man etwa Müdigkeit verspüren sollte, hat man die entsprechenden Stimulanzien-Vorräte (es gibt ja für oder gegen alles Tabletten und „Gifte" (Rilke), online organisierbar) in der Schublade, mit denen man jede natürliche Grenze überschreiten kann. Die perfekte Anpassung an ein letztlich totalitäres Unterwerfungssystem, das unweigerlich *„emotional stumpf und kognitiv blind"* macht, wie alle selbstentfremdenden Systeme, die H.-E. Richter in seiner tiefgründigen Analyse des „Gotteskomplex" der Moderne durchleuchtet hat.

Ein Zerrbild? Ein städtisches Extremleben? Oder eher eine durchaus durchschnittliche Alltagsform des marktkonform angepassten Ich-AG-Managers? Etwas modifiziert des normkonformen Bürgers überall?

Ach Hoffnung, wie komme ich an Deine Früchte, die Hoffnungskeime darin?

Immer wieder fallen mir zwei Bücher ein, die das beschreiben, was wir heute als allgegenwärtige Realität erleben. Schon vor Jahrzehnten habe ich sie mit Faszination gelesen habe: Das eine: Die weiträumige Analyse des amerikanischen Gelehrten David Riesman (1909-2002), *„Die einsame Masse"*[12] Das zweite ist das einst auch hier auf

---

12   David Riesmann, 1950, The lonely Crowd, deutsch Die einsame Masse, 1958, Reinbek

den Bestsellerlisten zu findende Buch des ebenfalls amerikanischen Medienwissenschaftlers Neil Postman (1931-2003) *„Wir amüsieren uns zu Tode"*[13] (Originaltitel: „Amusing Ourselves to Death"), das immer noch im Handel ist.

Und zu meinem Erstaunen fand ich es gerade in einem Essay meiner Zeitung zitiert (StZ, 11./12. April 21) mit dem Postman'schen Hinweis, dass wir mit unserer ritalinberuhigten „App-Hörigkeit" möglicherweise geradewegs auf Aldous Huxleys beklemmende Zukunftsvision der „schönen neuen Welt"[14] zusteuern, als mit Stimmungsaufhellern („Soma" bei Huxley) manipulierbare Massengesellschaft voller Angst vor Isolierung des Einzelnen.

Es lohnt sich, dieses Buch heute wieder zu lesen! Sein eingebläutes Glücksmantra *„Jeder ist heutzutage glücklich"* (S. 65), will heißen: hat glücklich zu sein, egal mit welchen Mitteln) kehrt heute in bunten Sträußen, überreicht durch „Coaches" und Selbstoptimierungstrainer wieder. Deren Kurse laufen gut, denn mehr denn je suchen Menschen nach Anleitungen zum erfolgreichen, „gelingenden Leben" – von *außen,* nicht in der intuitiven Weisheit der eigenen Seele.[15]

Für alles und jedes braucht man einen (angeblichen) Spezialisten von außen, der einem sagt, wie man „richtig" atmet, isst, seine „work-life-balance" gestaltet, seine Wohnung einrichtet, in Fühlung mit sich selbst kommt – man hetzt in seiner „Freizeit" von (geführter) Selbstbesinnung zu Selbstbesinnung und nimmt dafür Zeitdruck und lange Wege auf sich ...

David Riesman („Die einsame Masse") sah in dieser Hinsicht schon lange klar. Die Gesellschaft (inzwischen nicht nur die amerikanische!) wird zunehmend von einem Menschentyp bestimmt, ja

---

13   Neil Postman, Wir amüsieren uns zu Tode, Frankfurt 1985

14   Aldous Huxley, Schöne neue Welt, Frankfurt 1977, Titel der Originalausgabe von 1932 (deutsch: Welt-wohin?) und 1949 „Brave New World"

15   Am bizarrsten ist für mich die neue Mode des „Waldbadens" in Rudeln. Als könnte nicht jeder Mensch, der noch halbwegs bei Sinnen ist, bei einem echten, stillen Waldspaziergang (ohne Animationsprogramm und ganz für sich allein) die wohltuende Ruhe und das Vegetativum entspannende „Umhüllung" und Stärkung durch die Naturkräfte empfinden!

bringt diesen hervor, den er als „außen-geleitet" beschreibt: Ohne eigene innere Überzeugungen und Maßstäbe hat er eine Art erlösungs- und reizhungrige Radarfunktion entwickelt, die ständig auffängt, was im Urteil der Masse das Nutzbringende und Vorteilhafte ist. Er ist völlig auf Konformität mit diesen massenpsychologisch vorgeprägten Mustern bedacht – was ihn innerlich verarmen und vereinsamen („lonely") lässt, auch wenn er, genau wie bei Huxley, aus der Angst heraus, isoliert zu werden, immerzu weiter um größtmögliche Übereinstimmung mit den Trend-Bedingungen der Masse bemüht ist.

Gewiss sieht Riesman sehr genau auch „Gegentypen": den Traditions-Geleiteten etwa, doch dessen Leitbilder finden sich zwar auch in Brauchtum und freiheitlichen uramerikanischen Maximen von Gleichheit und vorurteilslosem Miteinander, aber eben auch in reaktionären Glaubensgemeinschaften, deren Prinzipien ebenfalls wieder auf eine Spielart der Außenleitung hinauslaufen. Ähnliche Ambivalenzen zeigen sich beim „Innen-Geleiteten", der die Angst vor Isolierung auszuhalten vermag und „sein Ding" (würden wir heute sagen) macht, aber dadurch dem Typus sehr nahe kommt, den wir inzwischen als den zugleich pragmatischen als auch innerlich gehetzten Manager seiner selbst kennen – und dadurch sich wieder verhängnisvoll an die von „außen" geforderten und Wertschätzung garantierenden Leistungsmuster anpassen muss. Immer im Kampfmodus ...

Ich weiß, dass dieser Zusammenschnitt mehr als mangelhaft ist, denn selbstredend gab und gibt es sowohl in den USA als auch sonst auf der Welt eine große Zahl an Menschen, die sich in solche Raster nicht einpassen lassen und als kreative, empathische, weltoffene Individuen Wege gehen, die sich nicht in solche allgemeine Schablonen einpassen lassen. Doch dass sie in der Minderheit sind, nicht nur in Amerika seit 1950 und schon viel früher, und dass unsere Gesellschaftsstrukturen, ob „kapitalistisch", „sozialistisch", und seit neuestem wieder vermehrt geradezu„völkisch"-nationalistisch, alle mehr oder weniger seelenmordenden Massenideologien folgen, daran dürfte kein Zweifel sein. Die (auch historischen) Ursachen dafür sind hochkompliziert und ich habe nicht die Kompetenz, ihre vielfachen Wurzeln zu verfolgen. Allenfalls zu schauen, welche Bedingungen sie eher verstärken, als „mündige Bürger" hervorzubringen – eine idealistische Vorstellung meiner Studienzeit in den 60er Jahren, als noch keiner mit hypnotisiertem Blick auf sein Smartphone bei Rot über den Zebrastreifen ging und noch nicht einmal alle Haushalte selbstverständlich einen Fernsehapparat hatten – mit würdig-steifen Nachrichtensendungen, Familienserien, Sendeschluss um Mitternacht.

Neil Postmans Analyse, 35 Jahre nach Riesmans umfassender kulturellen Analyse veröffentlicht, befasst sich denn auch mit dem Phänomen einer bereits gewandelten Medienkultur. Er stellt fest, dass einst rein sachlich mitgeteilten Fakten wie etwa Nachrichten, Wetterberichte und selbst politische, „sachlich" daherkommende Sendungen, inzwischen entsprechend einem ewig reizhungrigen (und infantilisierten) Publikumsgeschmack, mit wenig Geduld für komplexe Zusammenhänge, aufbereitet werden wie Unterhaltungssendungen. Wo nicht, sind sie dem an permanente „Animation" gewöhnten Zuschauer zu langweilig, und er schaltet rasch um auf gefälligere Sendungen.

Auf diese Weise entsteht eine unentwegt in sich selbst kreisende Art unserer Weltwahrnehmung und Weltbeschreibung: Als gesellschaftlich relevant und wissenswert wird von den Medien aufbereitet, was das (verengte) Interessenspektrum der Masse befriedigen, womöglich bestätigen könnte, dieses wiederum wird auf einem weltanschaulich wenig differenzierten Niveau immer aufs Neue reproduziert. Um die dabei unvermeidliche Monotonie dieser sogenannten „Informationen" zu überspielen, wird die Art der Präsentation den Animierbetrieben der Unterhaltungsindustrie angepasst (immer mehr auch mit Stimmungsmusik unterlegt, wie ich feststelle), bis sie davon in manchen Sendungen kaum noch unterscheidbar ist. Dazu ein Satz von Postman:

Problematisch am Fernsehen ist nicht, dass es uns unterhaltsame Themen präsentiert, problematisch ist, dass es jedes Thema als Unterhaltung präsentiert.[16]

Dies wiederum verhindert bei wirklich erschütternden Berichten, die emotionslos serviert werden, als würden sie sich nicht von den neuesten Sporttabellen unterscheiden, jedes Mitgefühl. Nicht nur durch zusammenhanglose Folgen als auch durch die „sachliche" Kürze. Auch die gleichbleibend freundlich-gefällige Präsentation durch ansprechend gestylte Sprecherinnen und Sprecher verhindert eine wirklich seelenaufwühlende Betroffenheit und tiefgehende Empathie des Zuschauers.

Zu dieser seelenmörderischen Mechanik wird später noch etwas zu sagen sein.

Zunächst aber zurück zum Problem der Weltvermittlung, in die wir als „Außengeleitete" eingesponnen sind.

Hoffnungslos?

Nicht, wenn wir „mündig" werden und unsere Kritikfähigkeit und Selbstverantwortung wiederfinden.

Das wäre eine pralle Frucht aus dem Korb meiner Hoffnungsführerin!

---

16   Neil Postman, Wir amüsieren uns zu Tode – Urteilsbildung im Zeitalter der Unterhaltungsindustrie, Frankfurt 1992, S. 110

Außenleitung und mediale Realitätsformung

Nicht wenig spricht aber dafür, dass David Riesmans hellsichtige Prognose von 1950, des Typus der „außengeleiteten" Mentalität in den seither vergangenen mehr als 70 Jahren längst weltweit im Zunehmen ist – nicht zuletzt durch die rasante Entwicklung der Medien, in ihren raffiniertesten technischen Errungenschaften längst omnipräsent und aus dem Privatleben des Einzelnen kaum mehr wegzudenken.

Wie stark allein das Medium Fernsehen (dessen Spielarten sich seitdem ebenfalls ins Unübersichtliche vervielfältigt haben) unsere Weltwahrnehmung und damit unsere Realität bestimmt, hat in enormer Gründlichkeit und Deutlichkeit der Soziologe und Systemtheoretiker Niklas Luhmann (1927-1998) untersucht und ausgeführt.

Ein Satz aus seinem Buch „*Die Realität der Massenmedien*"[17] wird inzwischen wie eine Art „Markenzeichen" an verschiedensten Orten zitiert (auch Neil Postman dürfte ihn in ähnlicher Form gekannt haben): „*Was wir von Gesellschaft und ihrer Welt wissen, wissen wir (fast ausschließlich) durch die Massenmedien.*"

Ich hatte viele Jahre lang an meiner Pinnwand eine noch einprägsamere Formulierung hängen, die leider irgendwann einer Auf- oder Abräumaktion zum Opfer gefallen ist, sodass ich den genauen Wortlaut nicht mehr weiß, und auch nicht mehr feststellen kann, wo ich nachschlagen könnte. Wie ich ihn in Erinnerung habe, lautet der Satz aber so:

Jeden Morgen und jeden Abend senkt sich unausweichlich das Netz der Nachrichten auf die Erde nieder und legt fest, was gewesen ist und was man zu gewärtigen hat.

Was mich an diesem Satz tief erschreckte, war nicht nur sein Inhalt, sondern eine für den sonst eher begrifflich trockenen Luhmann nicht unbedingt charakteristische symbolische Bildsprache: Das

---

17   Niklas Luhmann, Die Realität der Massenmedien, 1995, Opladen 1996

Bild des wie von außen über uns geworfenen *Netzes* der (durch gezielte Auswahl für uns aufbereiteten) Nachrichten, das unsere Weltwahrnehmung, und damit unser Leben bis in letzte Gedanken- und Gefühlswindungen bestimmt, absichtlich oder nicht. Wir alle also „im Netz": Im Netz einer Beschreibung der Welt Gefangene, die unsere Aktionen und Re-Aktionen bestimmt – sofern wir uns nicht die Mühe machen, unsere eigene Wahrnehmung und unser Denken einzuschalten und die Mechanismen, nach denen dieses „Netz" funktioniert, hinterfragen und durchschauen lernen.

Als Außengeleitete, unserer Eigenwahrnehmung – und das heißt auch unserer selbst, unserer Seele – Entfremdete, ja, mehr und mehr Enteignete, Beraubte – werden wir fremdbestimmt bis in Tiefen hinein, in denen eine noch lebendige Seele angesichts der sachlich kurzgefassten und freundlich mitgeteilten Barbareien und Tragödien aufschreien und sich mit Grausen abwenden würde und abschalten. In den Worten Neil Postmans: *„Man sollte meinen, dass einige Minuten, angefüllt mit Mord und Unheil, Stoff genug für einen Monat schlafloser Nächte bieten."*[18]

Doch wir wundern uns schon nicht mehr über die abschließende Einladung der Sprecherin/des Sprechers, bald „wieder dabei" (bei der nächsten Veranstaltung dieser Art) zu sein, sondern glauben eine „seriöse" und notwendige Informationspflicht erfüllt zu haben. Und wundern uns inzwischen nicht einmal mehr darüber, dass uns zum nachfolgenden Krimi mit brutal inszeniertem mörderischem Kindesmissbrauch und anderen Greueln (ein Realprozess, der einem solchen „Fall" im Gerichtssaal gemacht wird, wurde gerade als unverzichtbare „Information" vorgeführt), *„gute Unterhaltung"* gewünscht wird.

Was ist da mit unseren Seelen passiert?

Sind sie längst tot, zu Stein erstarrt, erstickt, ermordet durch eine permanente Desensibilisierung, gegen die wir nicht aufbegehren, weil wir all das für „normal" halten?

---

18   Neil Postman, S. 110

Psychologen und Pädagogen wissen, wie stark die Psyche (oder Seele) gerade auf *Bilder* reagiert – viel stärker als auf Buchstaben, Worte. Und welche Verwirrung eine Überflutung mit Bildern, die uns in Schrecken und Dauerspannung versetzen in uns anrichtet – wir können sie nicht einfach beiseite schieben, vor allem, wenn sie noch mit entsprechend bedrängender Musikkulisse unterlegt sind. Das trifft uns emotional in der Tiefe, und wo man meint, sie durch schnelle Überlagerung durch irgend ein läppisches Spaßprogramm loszuwerden, werden sie in bewusstseinsmäßig unzugängliche Abgründe verdrängt und richten von dort aus größte Schäden an: Permanente Unruhe, generalisierte Ängste, seelische Verhärtungen.

Bei den üblichen schnellen Schnitten der Bildregie nehmen wir zudem manches kaum bewusst wahr: Die durchschnittlichen Kameraeinstellungen werden immer kürzer, betragen oft nur wenige Sekunden, sodass das Auge nie zur Ruhe kommt, geschweige denn einen Ablauf klar erfassen und einordnen kann.

Und Ähnliches gilt genauso für Häufungen von sogenannten „Informationen" in dokumentarisch daherkommenden Sendungen. Gar nicht zu reden vom illustrierenden, oft völlig aussagelosem Bildmaterial in Nachrichtensendungen. Was kann etwa ein dekorativ verschlungener Kabelsalat in einem Bericht über sogenannte „künstliche Intelligenz" sachlich dem Bericht über einen neuen Riesenrechner an Information hinzufügen, es sei denn eine Emotion der Unentwirrbarkeit des Problems hervorrufen? Was löst das in Unschärfe getauchte Gesicht einer Verbrechers während einer Gerichtsverhandlung aus – außer einer Verfremdung in die Unheimlichkeit überall unter uns weilender „unmenschlicher" Ungeheuer?

Unbemerkt werden wir überschwemmt und manipuliert von Bildern, die uns daran hindern, in konzentrierter Weise uns selbst und unsere direkte Alltagsumgebung wahrzunehmen, und wir leben in konfusen Scheinwelten, immer in der Illusion, der nächste Klick aufs Handy wird uns daraus befreien, erlösen aus diesem feingesponnenen Albtraum, in dem wir zunehmend die Orientierung verlieren und längst nicht mehr „uns selber sein" können. Was wiederum kompensiert werden soll durch überspannte

Individualismus-Attitüden – die letztlich nur als reaktiver Zerrspiegel auf den herrschenden Meinungskonformismus ersonnen werden. Und damit grundiert sind von der Unterwerfung unter den selben Totalitarismus, den wir dann für „Freiheit" halten sollen.

Überall herrscht dieselbe Entertainment-Regie – und letztlich werden Unterhaltungsparameter zum natürlichen Rahmen aller medialen und scheinbar privaten Darstellungsformen.

Fernsehen und „neue Medien" haben daran wesentlichen Anteil: Ein Schnipsel Greuelmeldung hier, ein Schnipsel Wohlfühlpflaster oder Privatidyll da verhindert, dass wir uns von den banal oder sensationell vorgeführten Schicksalen wirklich berühren lassen. Sie wirken stattdessen als regelrechte *„Empathiezerstäuber"* – ein Ausdruck der mir einfiel, nachdem ich kürzlich eine Zeitungsnotiz gelesen hatte, dass ein Wissenschaftlerteam das Handy-Ragout, das für so viele zur Dauernahrung geworden ist, als *„Aufmerksamkeitszerstäuber"* bezeichnete.

Und sie meinten damit nicht nur die schulischen zunehmenden Aufmerksamkeitsstörungen (die den Lehrern inzwischen regelrechte Animateurkünste abverlangen). Sie meinen vielmehr damit unsere gesamte gestörte emotionale Beziehung zu unserer „Umwelt" und Mitwelt: Immer deutlicher fehlt der Welt das Bewusstsein für den *„seelischen Zusammenhang"*, denn alle Bereiche sind von Übereilung und Kurzschlüssen betroffen, die Politik keineswegs ausgenommen: Ihr „Radar" gilt kaum mehr langfristigen Zielvorstellungen, sondern Umfragestatistiken und der „Wählergunst", die wechselt wie das Aprilwetter. Woher sollte auch reflektierte Urteilsfähigkeit kommen, woher der „mündige Bürger", einst idealistische Zielvorstellung in der Pädagogik der 60er und 70er Jahre, bei dieser „Zerbröselung"?

Aber bestehen denn überhaupt Chancen, diese Zerbröselung aufzuhalten und den „seelischen Zusammenhang" wiederzufinden?

Nur ja die *Hoffnung* nicht aufgeben, winkt mir meine Schreibtischfreundin zu. Denn wenn er überhaupt nicht da wäre, gäbe es auch keine Welt mehr, und diese Ahnung ist in uns allen keimhaft vorhanden, wenn auch zumeist unbewusst.

Unbewusst des großen Geheimnisses der unentwegt schaffenden, verbindenden, schöpferischen *Anima Mundi*, der „Weltseele", von dem ich im zweiten Teil erzählen möchte, die *„vor der Welt Anfang"* schon da war und *„ewiglich bleiben"* wird, die „allenthalben" ist, *„so weit der Himmel ist und so tief der Abgrund ist."* So sagt sie selbst von sich in dem apokryphen (bei der ursprünglichen Zusammenstellung der Bibel ausgelassenen, also vor der Gläubigenwelt „verborgenen") Weisheitsbuch des Jesus Sirach (Sir 8, 7-9), das seinerseits, obwohl erst etwa 200 Jahre v. Chr. verfasst, auf 3-4000 Jahre ältere altägyptische Weisheitstexte zurückweist. Uraltes Menschheitswissen also, das aus der kollektiven Menschheitsseele nicht ohne weitere verschwindet – weil wir sonst gleich mit verschwänden ....

In ihrer innersten Substanz kann also Seele, ob des Einzelnen oder der Welt, zwar beschädigt, aber nicht völlig verloren gehen oder gar vernichtet werden. Darin besteht auch meine Hoffnung, dass die Menschheit wieder „zu sich" kommen kann.

Voraussetzung dafür wäre aber, dass sie schnellstmöglich ein Bewusstsein für die zerstörerische Gewaltsamkeit der herrschenden unmenschlichen Beschleunigungs- und Geschwindigkeits- und Machbarkeits- Ideologie bekäme und grundlegende Zusammenhänge wieder erlernen würde, anstatt das mangelnde Bewusstsein dafür durch Häufung von statistischen Daten (genannt „Information") mechanische Rechenprogramme (genannt „künstliche Intelligenz") zu ersetzen.

Denn wie ich den Quantenphysiker Hans-Peter Dürr (1929-2014) in einem seiner Vorträge im Stuttgarter Hospitalhof pointiert sagen hörte (am 18. 11. 2004), bleibt man, wenn man *zuviel* Information verarbeiten muss, genauso dumm, wie wenn man gar keine Information hat. Und ganz ähnlich ist es mit der berühmten „künstlichen Intelligenz": Schon ihr Name führt in die Irre, weil sie immer nur reproduzieren kann, wie klug oder wie dumm bzw. beschränkt der Wahrnehmungshorizont der programmierenden Personen sind! Ist

38

ihr Blickwinkel verengt auf ein paar Funktionssegmente, bleibt bei noch so imposantem Design nur ein beschränkter Automat übrig, dessen Programm auch entgleisen kann, oder aber durchaus mörderisch perfekt funktioniert, wie der „Fortschritt" der Kriegsmaschinerie längst bewiesen hat.

Eine dagegen harmlose „K. I."-Humoreske passierte vor einiger Zeit unweit unseres Hauses, die ich einstreuen möchte:

Vermutlich hatte der Besitzer beim Aussteigen aus seinem „selbstfahrenden" Auto einen winzigen „Klick" vergessen – jedenfalls machte sich das Spielzeug selbstständig, fuhr los, und richtete auf der kaum befahrenen Nebenstraße am Wald entlang auch keinen Schaden an. An der Kreuzung jedoch, wo es hätte entscheiden müssen, wie weiter, versagte seine vermeintliche „Intelligenz", und schließlich stellte es sich einfach quer und blockierte den Verkehr. Polizei musste anrücken etc. Ein Wunder, dass nicht mehr passiert war. Zum Lachen?

Ungeheure Energie, ohnehin knapp, wird in solchen Humbug verschwenderisch investiert. Gockelhaftes Größenspiel auf Kosten der *„Armen ... beladen mit dem ganzen Schmutze"* (s. Rilke), der dabei gleichzeitig auf vielfachen Ebenen entsteht – und Fragen über Fragen aufwirft. Warum, um Himmelswillen (oder in Dreiteufelsnamen) sollen Autos denn fahrerlos fahren? Schlicht betrachtet dient dieses Gefühl, sich in ein Auto zu setzen und es zu dirigieren, vielleicht auch einem Rest von Selbstbestimmung, wie im Negativ-Extrem die in Wildwestmanier veranstalteten illegalen „Poser" Spiele zeigen. Ein Ersatz, ja, aber ich kann das Gefühl von Macht, das dabei mitspielt, sogar nachvollziehen, denn gern gebe ich zu, dass auch ich im Auto bisweilen genieße, mich ohne eigenen Kraftaufwand sanft den Berg hinaufziehen zu lassen ...

Welche positive Vision sollte aber darin liegen, die Garagentür aufzuschließen und mein Auto „Gassi" zu schicken – ohne mich? (Nicht einmal meine Hunde sind gern allein spazierengegangen ...).

Verstopfen nicht schon zu viele und unnötig große Automobile die Straßen, die einst idyllische Landschaften zerstückeln und das Klima belasten? Einmal ganz abgesehen von den ungeheuren

Energiemengen, welche die Entwicklung und Produktion dieser ganzen Spielereien verbrauchen: Ein Protobeispiel, dass diejenigen, die hier auf „energiesparend" machen, genauso so wenig „in Zusammenhängen" denken wie die zunehmende Zahl an Schülern, die zwar Texte brav entziffern, aber nicht mehr sinnerfassend lesen können, geschweige denn den darüber hinausgehenden Horizont erfassen.

Ähnliche Bedenken beschleichen mich bei „klimaschonenden", „erneuerbare Energien". Was soll klimaschonend sein an riesigen Windparks, deren Produktion enorme Energien verschlingt, zumeist zuerst Baum-Seelenmorde en masse, die fatal in natürliche Lebensräume von Tieren eingreifen, und bei ihrer voraussehbaren Abnutzung ebenfalls mit enormem Energieaufwand „entsorgt" (wie die euphemistische Vokabel uns suggerieren will) werden müssen?
Gar nichts wird da „entsorgt", sondern kurzsichtig lauter neue Folgeprobleme geschaffen, die Umwelt und Klima belasten. Von der leidigen E-Mobilitäts-Euphorie und ihrem Ressourcenverschleiß mag ich schon gar nicht mehr reden. Wer kümmert sich schon um Leib und Seele derer, die in den Abbaugebieten der dafür gebrauchten „seltenen Erden" regelrecht „verbraucht" werden, um die Seele der Landschaften, die dafür ebenfalls irreparabel zerstört sind. Schlimmer Zusammenhang – aber ob nun vielleicht der schreckliche Krieg endlich spüren lassen wird, dass wir dringend *bescheidener* werden müssten, Energieverschwendung eher vermeiden, als steigern, kindisches Anspruchsdenken auf ein „Mehr" reduzieren – das wir letztlich, wie die Weisen aller Zeiten wussten, gerade *nicht* dort finden, wo es uns versprochen wird? Aber stattdessen nimmt die hypertrophe Phantasie zu, durch noch mehr technischen Schnickschnack die entstandenen Schäden zu kompensieren, wodurch in exponentiellem Maß dadurch wieder neue entstehen ...

Gewiss, mancher lebt durchaus was alle anderen inzwischen für unzumutbaren „Verzicht" an „Lebensqualität" sehen: Doch für wen in dieser konsumbesessenen Massengesellschaft scheint das einen Lebenswert zu bieten? Vom geringen Prestige ganz abgesehen, von dem unsere „außengeleitete" Massenmentalität gnadenlos abhängig ist, macht sie nicht nur blind für immer mehr Kontrollverlust, sondern auch für ihre Reduktion auf äußerliche Sortierklischees.

Auch dazu fällt mir gerade ein kleines persönlich erlebtes Beispiel ein:

Es muss etwa in den 80er Jahren gewesen sein, und wir fuhren damals einen Renault Kangoo mit stolzen 65 PS. Mit Dachzelt in den Ferien zugleich ideal für unsere Streifzüge durch Frankreich. Und sehr praktisch für Transporte aller Art, die für Besitzer von Nobelkarossen mit ihren winzigen Kofferräumchen unmöglich wären.

Als Architekt leitete mein Mann damals ein großes Projekt im Stadtteil. Als er einmal zur Baustelle kam und aus dem Auto ausstieg. sagte ein Arbeiter ungläubig: „Was, *Sie* sind der Architekt? In *dem* Auto?"

Damals wurden wir tatsächlich durch Beruf und Stellung meines Mannes überschwemmt von Angeboten zum Probefahren von Jaguar, Porsche und allerhand neu auf den Markt gekommenen Sportlimousinen. In der Vorstellung (nicht nur) des kleinen Moritz gehörten Architekt/Geld/Nobelvilla/Nobelkarosse untrennbar zusammen. Dass wir einen ganz anderen Lebensstil ohne Zurschaustellung von Statussymbolen pflegten, war dem Blick solcher Leute völlig unverständlich – und ist es bis heute geblieben. So auch für unsere neuen, karriereorientierten jungen Nachbarn, die das vormalige alte Forsthaus zu einer hochglanzgazettenkonformen, großfenstrigen Kistenburg mit Sauna auf der Dachterrasse und statt Garten sterilem Rasengelände umgedreht haben. Für sie ist unser Landschaftsgarten nur voller unordentlichem „Gestrüpp" ...

Es ist nicht daran zu rütteln: Die Art, wie die Medien – und nicht nur Fernsehen, Werbung, Lifestyle-Journale die Welt in Szene setzen, schafft Modelle dafür, wie die Welt aussehen soll und wir gehen in einem Meer von „Trends" unter, die unsere Seelen „zerbröseln".

Und hinter diesem Seelenverlust steht nicht etwa ein sichtbar gewalttätiger Totalitarismus, wie wir sie in westlichen Faschismusdiktaturen schon erlebt haben und wie sie – schrecklich zu sehen – heute gerade in der ganzen Welt wieder aufleben.

Nein, das Erschreckende ist: Wir leben ja in freiheitlichen Demokratien! Wobei man nicht überhören darf, dass gr. *kratos* „Herrschaft" bedeutet und *demos* zwar auch „Volk", aber auch „Masse", und C. G. Jung nicht nur an *einer* Stelle seines gigantischen Gesamtwerks bemerkt hat: *„Je mehr Menschen zusammengehäuft werden, desto dümmer und suggestibler wird der Einzelne."*[19]

Und so gleicht das, was passiert und sich zunehmend durch „Zusammenhäufung" aller Sorten sogenannter „Information" immer noch verstärkt, einer Art sich unmerklich einschleichender Gehirnwäsche (Abb. 2, S. 42)), eines Entmündigungs- und Unterwerfungszwangs unter einen *heimlichen* (und unheimlichen) Totalitarismus, der uns im Gewand scheinbarer Meinungs- und Selbstdarstellungsfreiheit unterwandert und zur Kompensation eines Mangels an substanzieller Sinnorientierung dient. Ein Totalitarismus, der auf leisen, weichgespülten Socken daherkommt, mit verführerisch funkelnden Bildern und schmeichelndsuggestiver (oder sinnlich aufreizender) Musikuntermalung: *„Jeder ist heute glücklich"* (Huxley, Schöne neue Welt.) Unser *natürliches Resonanzvermögen*[20] ist uns abhanden gekommen, verstummt in Verdinglichung und totalen *Verfügbarkeit* unserer selbst.

Es ist, in Neil Postmans Worten, *„eine wortlose Ideologie, die aufgrund ihrer Wortlosigkeit* [und Bildmächtigkeit, B. R.] *nur umso mächtiger ist. Damit sie sich fortsetzen kann, bedarf es nur einer Bevölkerung, die inbrünstig an die Unausweichlichkeit des Fortschritts glaubt...* Es bedarf der Masse von außengeleiteten Einzelnen, die daran glauben, *„dass uns die Geschichte einem vorausbestimmten Paradies entgegen führe und dass die Technik dabei die treibende Kraft sei. (S. 192)*

---

19   C. G. Jung, GW 18/II, § 1387

20   Vgl. Hartmut Rosa, Resonanz, eine Soziologie der Weltbeziehung, Berin 2016 und ders. Unverfügbarkeit, 2018, Wien/Salzburg

Abb. 2
Beschwörungsversuch im Netz der Informationsflut, Collage, Brigitte Romankiewicz. 2019
Eine einst individuelle Person ist nicht mehr zu erkennen. Sie ist bereits völlig durchdrungen vom konformisierenden Totalitarismus einer Informationsflut, welche sie bereits innerlich bereits farb- und gestaltlos gemacht hat und gleichgeschaltet mit den omnipräsenten auf sie einwirkenden Fremdwirkungen. Gleichwohl versucht er/sie noch Einhalt zu gebieten.

Aber was steckt hinter diesem sklavischen Glauben an „die Technik"? Ist es nicht auch unsere infantile, anspruchslose Bequemlichkeit? Hat der vietnamesische Lehrer Thich Nhat Han nicht recht, wenn er sagt (1988!):

Wir stellen zu wenig Anforderungen, sind zu bereit, alles anzusehen, was auf den Bildschirm [oder anderen Medienträger B. R.] kommt, sind zu einsam, zu bequem, oder zu gelangweilt, um unsere eigenen Leben zu schaffen. Wir schalten das Fernsehgerät ein und lassen es an, erlauben so jemandem anderen, uns zu führen, uns zu formen und uns zu zerstören. Uns auf diese Weise zu verlieren, heißt, unser Schicksal in die Hände anderer zu legen ...[21]

Es ist diese verteufelte Mischung aus Selbstaufgabe, Anspruchslosigkeit und Technik, die uns zu blinden Gefolgsleuten von allen möglichen Spielarten von Technik und „Techniken" macht. Von programmiertem „Kompetenz"-Geraune und Mechaniken, die alle Lebensbereiche besetzen. Als hätte man uns die wesenseigenen Organe zur Selbstbestimmung herausoperiert! Sogar Programme kirchlicher Bildungshäuser sind voller Kurse zum technisierten Selbstmanagement, Rhetorik, erfolgreichem Auftreten im Beruf etc., in denen uns andere meinen sagen zu müssen, wie wir sein und uns verhalten sollen.

Was uns letztlich wieder zu Fragen bringt, die ich am Anfang schon angesprochen habe: Zuallererst zur Omnipräsenz vom Effizienzdenken in einer vom Gott der Ökonomie bestimmten Gesellschaft.

---

21   Thich Nhat Han, Die Sonne, mein Herz, Freiburg 1997, S. 48 ff

Die Diktatur von Effizienz, Ökonomie, Konsum und dem Machbaren Oder: Welches Menschenbild haben wir?

Diese Frage nach dem Menschenbild ist wohl die Kernfrage unserer Existenz, wie der Schriftsteller und Journalist Dirk Kurbjuweit schon vor fast 20 Jahren in seiner engagierten und nachdenklichen Studie über den Zustand unserer Gesellschaft schreibt:

Es hat wohl nie eine größere Diskrepanz gegeben zwischen dem Menschen, wie er ist, und dem Menschen, wie er sein möchte, als derzeit. Wir leben mit einem Bild im Kopf, das aus Hollywood kommt, wenn es um Schönheit geht, und einem Bild, das von McKinsey kommt, wenn es um Leistungsfähigkeit geht. Dieses Bild quält und bedrängt uns ... Es ist darum unser Bestreben ... uns in dieses Bild zu verwandeln. Es ist der Wunsch nach Perfektion. Dabei gehen wir mit uns selbst um wie die Berater von McKinsey mit einem Unternehmen."[22]

Mit sich selbst wie „die Berater von McKinsey" umgehen aber bedeutet, sich selbst zum „Humankapital" zu degradieren, zum marktgerecht formbaren Verfügungsobjekt zu machen, sich gewaltsam zu verdinglichen, aus einem Gefühl der Bedrohung heraus – was oft kaum noch wahrgenommen wird. Eine Angst und Anspannung umklammert uns, zieht uns innerlich (und auch meist körperlich) zusammen, verengt unsere Wahrnehmungsweise. Die Folge ist eine „Verdunkelung des Blickes für die Folgen des eigenen Gewalthandelns".[23] Einer seelischen Gewaltsamkeit, die wir so gut wie möglich verdrängen, sowohl die uns zugefügte als auch diejenige, die wir weitergeben.

Warum tun wir uns das an?

---

22   Dirk Kurbjuweit, Unser effizientes Leben, Reinbek 2003, S. 80
23   Wolfram Eilenberger über den Scharfblick der Philosophie von Simone Weil angesichts der Kriegsbedrohung 1939/1940, in:, Feuer der Freiheit, Stuttgart 2020, S. 237

Weil in uns ständig ein Gefühl des Nicht-Genügens erzeugt und wach gehalten wird, der Minderwertigkeit, der existenziellen Bedrohtheit dadurch. Zugleich auch die Angst vor dem Zu-kurz-Kommen – und der Ohnmacht dagegen. Darum müssen wir immerzu trachten, es „recht" und „richtig" zu machen – und was das ist, bestimmen andere. Sie geben die Erkennungsmerkmale vor, die vorzuweisen sind, die Parameter, was man alles können und haben muss, um akzeptiert zu werden. Und da es immer andere gibt, die mehr können und haben, ist nie genug, was wir haben und leisten. Wir müssen perfekt werden wie die künstlich erzeugten Idealbilder, denn was für andere machbar ist, muss auch von uns erreicht werden, damit nur keiner merkt wie anders (also unzulänglich) wir uns fühlen, und jedes „Sich selber-Sein", jedes unverfügbar Machen ist von Ausgrenzung bedroht. Und je mehr sich unser außengeleitetes Ich anstrengt, desto mehr wachsen Macht und Profit derer, denen es gelingt, uns unsere Ohnmacht spüren zu lassen.

Was aber ist das für ein *Menschenbild*, das uns so beeinflusst?
Es ist eben dies: Ein Menschenbild unerbittlichen Perfektionsstrebens nach vorgegebenen Bildern und – als Kompensation – des unaufhörlichen Konsums von Gütern und betäubenden Ersatzbefriedigungen zur Angstlinderung, möglichst billig zu haben. Beschränkt auf wohlfeile, jederzeit verfügbare Objekte – vorausgesetzt, unsere angstgesteuerte Gier ist effizient und beweglich genug, um stets das „beste" Tiefstpreisangebot auszumachen. Und obwohl wir inzwischen in der Regel genau wissen, auf welch grausame Art wer und wie und was dafür geopfert wird, lassen wir uns mitreißen oder abgewandten Blicks mittreiben mit dieser Konsum-Spaß- und Effizienzwelt, die, wie Kurbjuweit am Ende seiner Studie einigermaßen resigniert feststellt, *„keine Seele"* hat.[24]
Und wir – wir *verlieren* die unsere dabei. Wir nehmen die ganze Trugwelt, wie sie Rilke beschreibt (buchstäblich) „in Kauf", samt

---

24   Kurbjuweit, S. 179

den schrecklichen Begleiterscheinungen und Folgen, die er in der (vor)letzten Strophe bedrückend schildert.

Warum? Weil wir unter dem Druck eigener Entmündigung und Unterwerfungszwänge deren Gewaltsamkeit gar nicht mehr seelisch wahrnehmen können, abgestumpft werden auch durch den unaufhörlichen „Betrieb" (Adorno), der uns den Atem (den ursprünglichen göttlichen Geisthauch!) nimmt. Das Ergebnis ist Entpersönlichung, seelische Desensibilisierung, latente oder offene Aggression, und zunehmender Konsum von narkotisierenden Massenveranstaltungen oder aggressiv geladenen filmischen Sensationsproduktionen einerseits, oder sentimentalem Kitsch in Fernsehprogrammen und massenproduzierte „Wohlfühl-Deko" im Haus samt Baumarktkitsch in den Vorgärten.

Trotz dieser schrecklichen Diagnose aber gibt es eine, starke Hoffnung: Im Grunde *weiß* unsere *Seele* um den Trug. Und dieses verschüttete Wissen kann, im Gegensatz zu unserem manipulierbaren Denken und Handeln, niemals verloren gehen, denn es ist uns aus einer „anderen Welt" geschenkt. Verloren aber wird unsere *emotionale und geistige Verbindung* damit, unser instinktives Gespür, unsere Fähigkeit zu einem stillen Gespräch mit ihr. Und zu dem, was die Kräfte dieser „anderen Welt" zu geben hätten. Denn was wir in dem, was wir „Realität" nennen, sehen, ist nicht die *ganze* Wirklichkeit. Es ist eine hypnotische Gefangenschaft in einem Netz von kurzgestrickten Täuschungen ohne echten Zugang zu dem, was der Mensch ist und sein könnte für die Welt.

Allerdings, fürchte ich, sind in dieses „Netz" (s. Luhmann!) allzu viele Menschen auf der Welt eingesponnen, besonders in unserer westlichen sogenannten „Zivilisation", wo die Anpassungsgewohnheit durch das technisch Machbare und Konsumsteigernde so stark bestimmt ist. Damit ist jedes differenzierende Gespür für die offensichtlichsten Zeichen eines Fehlwegs verloren. In dessen schabloniertes Menschenbild wir längst eingescannt sind wie in einen Drei-D-Drucker.

Eines dieser offensichtlichsten Zeichen dafür ist für mich dies: Warum etwa zucken wir nicht jedes Mal zusammen, wenn wir in (offiziell „seriösen") Wirtschafts- und Vermarktungsfragen ungeniert und unentwegt als „Verbraucher" bezeichnet werden? Ich jedenfalls tue das: Es beleidigt mein Menschenbild! Es beleidigt *mich!*

Diese unverschämte Erniedrigung und Reduktion des Wunders „Mensch"!

Selbst wenn auch ich selbstverständlich immer wieder etwas kaufe: Erwerbe ich etwa ein Kleidungsstück um es zu „verbrauchen", das heißt abzunutzen, in seiner Substanz zu *vernichten?* Und nicht um Freude daran zu haben, wenn ich es trage? Kaufe ich Schuhe, um sie möglichst schnell abzulaatschen, überhaupt alles, um es herunterzuwirtschaften, damit ich möglichst schnell wieder etwas Neues kaufen muss um das Konsumrad anzutreiben?

Ich mache doch auch keine Reise, um Zeit und Geld und die Arbeitsleistung anderer zu verbrauchen! Und ich kaufe auch kein Gemüse oder anderes Lebensmittel, um ihm den Garaus zu machen, sondern um es zu einer guten Mahlzeit zu veredeln. Gewiss, die Suppe, für die ich geduldig Zutaten schnipple und möglichst fein würze, wird verspeist. Der Kuchen, den ich backe und den ich mit Freunden zusammen verzehre, wird nach dem Fest nicht mehr da sein. Aber wir haben ihn nicht „verbraucht", sondern ihn gefeiert, ihn genossen!

Letztere Bedeutung, das Genießen, steckt tatsächlich ursprünglich auch noch im lateinischen *„consumere"*, aus dem wir den „Konsumenten" gemacht haben, der aber im Prinzip gleich betrachtet wird wie der „Verbraucher": Einer, der sich Käufliches aneignet, so viel, so gut und vor allem so billig, wie er es haben kann. Oder aber, um sein Prestige damit aufzuwerten, seinen Selbstwert dadurch zu steigern – welche Wirkung zumeist nur für kurze Zeit anhält und dann in ihrem Glanz verblasst ist, abgenutzt, verbraucht, zum Abfall geworfen wird und zu neuen Bedürfnissen führt. Zugleich wird der Abfall oder Müll in seinen vielfältigen Formen und vergiftenden

Substanzen zunehmend zu einer riesigen Bedrohung für Mensch, Natur, Erde.

Auf die Gefahr hin, mich zu wiederholen:

Wenn ich vom „Verbraucher" reden höre oder lese (ein Wort, das täglich x-fach in den verschiedensten Medien auf mich und meine Mitmenschen bezogen fällt), fühle ich nicht nur *mich* herabgewürdigt zu einem beliebig manipulierbaren Objekt, dessen Wert auf sein „Konsumverhalten" zusammenschrumpft, auf ein Verhalten, mit dem er zum Profit irgendwelcher „Anbieter" beiträgt. Und den Gottheiten „Markt" und „Wirtschaftswachstum" dient, die längst in alle Lebensgebiete menschlichen Daseins eingedrungen sind, selbst in „Freizeitverhalten" und „Kulturkonsum" – eine unheimliche, totalitäre Unterwanderung unseres Menschen-, Welt- und Gottesbildes, von Sein und Sinn überhaupt. Von der immer noch zunehmenden gewissenlosen Ausbeutung sogenannter „Dienstleister"[25] gar nicht zu reden.

Die Frage bleibt dringend und drängend:
Welches Menschenbild haben wir?

Wie weit diese markt- und warenorientierten Bilder vom Menschen als „Verbraucher" und „Kunden" selbst in die Bereiche eingedrungen sind, von denen man eher die Kultur einer anders aufgeladenen sinnhaften Gegenwelt erwarten sollte, habe ich einst bei einem Jahrestreffen der Evangelischen Briefseelsorge, zu deren Mitgliedern ich damals gehörte, erlebt: In München in einem kirchlichen Gebäude, wohin wir aus allen Himmelsrichtungen angereist waren, hörte ich beim Einführungsvortrag einen Diakon unentwegt von unseren „Kunden" sprechen, und wie deren Betreuung auf effizienteste Art zu geschehen hätte.

Ich war fassungslos. Die Hilfesuchenden, seelisch Derangierten und Verzweifelten, teilweise in Gefängnissen Einsitzenden, die

---

25 Vgl. den verstörenden Artikel „Wer zahlt, schafft an" von Hans-Joachim Graubner in der Stuttgarter Zeitung vom 15./16. Mai 2021 – der Titel deutet schon an, dass diese Spezies der „Arbeitgeber" eher die Mentalität von Zuhältern angenommen hat

in ihren Nöten Trost und Rat von mir erwarteten: „Kunden"! Als wollten sie bei mir Bratwürste kaufen! Ich war zutiefst empört – und sagte das auch, vermutlich ziemlich heftig. Aber sonderbarerweise schien das niemand sonst unter den Anwesenden zu berühren, und schließlich begriff ich, dass es derzeit kein Tabu mehr war, auch die Kirche als Unternehmen und „Dienstleistungsbetrieb" zu betrachte: McKinsey hatte sich gegen „Gott" (oder was man als solchen „verkaufen" wollte) durchgesetzt. Nur ich, die ich sonst mit dem Gemeindeleben nicht viel zu tun hatte, hatte das noch nicht begriffen. Auch wir Ehrenamtlichen waren also nichts als Verkäufer einer Ware, unsere Schützlinge nichts als „Verbraucher" unserer Einfühlung, unserer liebevollen Briefgestaltung!

Um Atem ringend blieb ich noch bis zum gemeinsamen Mittagessen, versuchte mit den Nächstsitzenden ein Gespräch – und begegnete reiner Indifferenz. Mir wurde übel.

Man war anteilnehmend, brachte mir Kreislauftropfen und auf meine Bitte einen Stuhl in den Flur, auf dem ich noch eine Weile abwartete, bis ich wieder halbwegs bei mir war. Dann ging ich zum Bahnhof.

Bei einem Treffen bin ich nie mehr gewesen. Meine Korrespondenzen führte ich weiter bis es meinen „Briefseelen" besser ging. Dann kündigte ich die Tätigkeit auf zum Bedauern der Leiterin, die mich schätzte.

So weit ich sehe, ist die Kirche inzwischen von solcher Haltung abgekommen – wenn nicht die permanente Forderung nach „niederschwelligen" Angeboten eine Variante der „Kundenjagd" ist.

Wie auch immer: Gesamtgesellschaftlich ist diese Reduktion zum „Verbraucher" kollektivseelisch zur dominanten Reaktionsform geworden und bestimmt das Leben jedes Einzelnen durch eine komplizierte Vernetzungsmechanik. Sie hat uns längst in ihre Gewalt gebracht, mit entsprechenden gesellschaftspsychologischen und markt- mechanischer Rückkopplungen. Hat uns entmündigt, um eine andere Sprache gebracht. Warum bin ich, wenn ich etwas kaufe, nicht einfach eine Käuferin, meinetwegen „Verwenderin"?

Es ist ein *circulus vitiosus*, ein (seelen)verderblicher, kreisläufiger Denk-zwang entstanden, aus dem kein Entkommen möglich zu sein scheint, und das nicht erst seit heute, denn die ganze kapitalistische Ideologie braucht den *Ver*-brauch, für dessen unentwegte Steigerung auch notfalls Bedürfnisse, die keiner je zuvor gehabt hat, künstlich suggeriert werden – um jeden Preis sozusagen.

Schon 1956 schrieb der Soziologe und Gesellschaftsanalytiker Helmut Schelsky (1912-1984) im Vorwort zur deutschen Ausgabe von David Riesmans Buch über *„die einsame Masse"*, was Riesman 1950 für Amerika erkannt habe, gelte für jede industriegeprägte Gesellschaft. Nämlich:

... nach ihm [Riesman] muss jede industrielle Gesellschaft an einem bestimmten Punkt ihrer Entwicklung – nach der Durchsetzung der Massenproduktion jeder Art – eine Höhe des Güterausstoßes erreichen, die sie zwingt, unter allen Umständen die Bedürfnisse und den Verbrauch zu erhöhen. Das Konsumpotential einer Gesellschaft wird in diesem Stadium wichtiger als etwa das Rohstoff- Bevölkerungs- und Arbeitspotential. Die wegen des Bestandes und der Erweiterung der industriellen Grundlage wirtschaftlich aufgedrungene Steigerung des Verbrauchs, die erhöhte Konsumpflicht der Gesellschaft, dringt als das primäre soziale Ansinnen in alle Verhaltensschichten des Menschen ein: in seine Stellung zur Kultur, zur Freizeit, zum Sport, zur Politik; sie bestimmt die Art der Kindererziehung und prägt die Rolle von Mann und Frau neu; sie wird zur Grundlage des sozialen Selbstbewusstseins und des sozialen Prestiges.[26]

Das ist vor über 70 Jahren gesagt und seither nicht nur das *„primäre soziale Ansinnen"* geworden, sondern prägt unser gesamtes Menschenbild, unsere Seelen: Ein Mensch, der nicht „konsumieren" kann (was auch immer es sei), läuft Gefahr, in seelische Leere ab-

---

26   Helmut Schelsky, Vorwort zu David Riesman, Die einsame Masse, S. 13

zustürzen, isoliert und gesellschaftlich ausgeschlossen zu werden.

Und da zwang dann plötzlich ein gefährlich ansteckendes und sehr wandlungsfähiges Virus namens „Corona" (oder Covid 19) die Gesellschaft nicht nur in eine Art Schockstarre der „Konsumunterbrechung". Sie erzwang etwas, was die kollektiv genormten Gewohnheiten auf krasse Weise unterbrach: Denn das Wirksamste, das die Virenverbreitung verhindern kann, schien eine massive Einschränkung der Kontakte zu sein: Die auf „Außenlenkung" und Extraversion gepolte Massengesellschaft, die bisher ihr größtes Vergnügen in der „Crowd-Bildung", Riesenevents, Kaufgedränge gesehen hatte, sah sich mit der Schließung von Einkaufs- und Vergnügungsstätten, Schul- und Restaurantschließungen und nächtlichen Gelageverboten konfrontiert. Statt dessen galten Abstandsregelungen, Maskenpflicht, Appelle, Reisen einzuschränken und möglichst zuhause zu bleiben. Die Depressionen nahmen zu, beengte Wohn- und Lebensverhältnisse führten zu Aggressionen, gestaut oder gewalttätig ausagiert, denn nur die wenigsten Mitbürger leben ihr Leben aus selbstbestimmten, innengeleiteten, selbstmotivierenden Interessen heraus. Sie brauchen den ständigen Input von außen, den Spiegel des Schwarmverhaltens. Und sie wollen nichts weniger, als an unser aller Verletzlichkeit erinnert werden, des einzelnen sowie konditionierten Normlebens.

Einen findiger Bürgermeister einer bekannten schwäbischen Universitätsstadt brachte das auf die glorreiche Idee: Wir machen unsere Läden für die „Verbraucher" konsumermöglichend wieder auf, ebenso wenigstens die Außengastronomie, bauen an der (fiktiven) Stadtmauer jede Menge Schnellteststationen auf, und wer Covid-negativ getestet ist, bekommt ein „Tagesticket" mit dem er – wie in einem zeitgenössischen Erlebnispark – frei durch die Stadt flanieren und endlich. endlich wieder „shoppen" kann, und warm vermummt, auf Holzstühlchen vor Cafés und Bistros eine Pizza oder einen Salat essen. Das Ganze erklären wir dann zum „wissenschaftlich begleiteten Pilotprojekt".

Und die Mengen strömten. Nahmen lange Warteschlangen im kalten Frühlingswetter auf sich, und kamen nicht etwa nur aus dem Umland, den schwäbischen Provinzen, sondern reisten aus anderen Bundesländern an: Ich hörte im Fernsehen in einem Kurzinterview ein strahlendes (soweit das die Masken erkennen ließen) gut gekleidetes Mittelschichtpaar, angereist aus Mainz (!) sagen: „Endlich wieder bummeln und einkaufen dürfen, Kaffeetrinken, endlich wieder *Freiheit und Lebensfreude!*" Kopfnickend bestätigt durch die Umstehenden.

Kaufen, konsumieren = Lebensfreude!

Ich schaue fragend hin zu meiner Hoffnungsfigur auf dem Schreibtisch. Gibt es in deinem Korb wirklich keine anderen Lebensfreude-Früchte, von denen die verarmten Seelen nichts mehr wissen?

Lächelt sie womöglich? Aber ihr Geheimnis gibt die nicht preis.

Und ich will ja auch kein Spielverderber sein: Auch ich kenne das Gefühl von Leichtigkeit, an einem schönen warmen Tag ohne Zeitdruck durch die noch unverdorbenen Teile meiner Stadt zu bummeln, zur Post mit dem großen Sondermarkenschalter gehen samt Kurzplausch mit dem dort Angestellten, der in meinem Stadtteil wohnt, ein Gang durch die Markthalle, ein Kaffee oder Tee in einem Lieblingscafé, Leute beobachten, in einer guten Bäckerei noch etwas Feines mitnehmen, vielleicht noch bei „meinem" Galeristen vorbeischauen, der eine neue Ausstellung hat: Das kann durchaus schön sein. Aber meine „Lebensfreude" hängt davon nicht ab, und schon gar nicht würde ich derartig mühsame Reglements bei überall sichtbaren Zeichen von Notstand auf mich nehmen und das „Freiheit" nennen.

Die „Freiheit" des Freizeit- und Konsumprojekts des Städtchens musste jedenfalls bald wieder zurückgefahren werden, weil trotz aller komplizierten Verfahren die Summe der statistisch ermittelten Ansteckungen sich inzwischen verdoppelt hatte – es ist eben doch nicht alles machbar, was man gern erzwingen möchte. Vielmehr zeigt es, wie sehr wir, um mit Rilke zu sprechen (3. Strophe), vom Konsum-Trug „geäfft" sind, zuinnerst haltlos, *„klein und ausgeholt"* von all diesen vergänglichen Geschäften, mit denen wir unseren Seelenverlust und den verloren gegangenen Kontakt zu unserem „wahren Wesen" übertünchen wollen?

Dabei sieht es noch viel schlimmer sieht es für und in denen aus, die an dem ganzen Konsum-Sinnersatz gar nicht teilnehmen können, weil das „Anwachsen des Geldes" bei den Privilegierteren ihr Ausbluten bewirkt. Man stelle sich vor: 5% der Weltbevölkerung besitzen oder kontrollieren über 95 % des Reichtums und der Lebensgrundlagen der Welt. Immer mehr Menschen, ganze Volksgruppen, verarmen. Sie trifft das Schattenschicksal, das Rilke vor seinem Appell an den Leser in der letzten Strophe seines großen, noch immer gültigen Städte-Gedichts schreibt. Ich will die ersten Zeilen darum hier noch einmal zitieren:

Und deine Armen leiden unter diesen
und sind von allem, was sie schauen schwer
und glühen frierend wie in Fieberkrisen
und gehn, aus ihrer Wohnung ausgewiesen,
wie fremde Tote in der Nacht umher ...[27]

Schon lange wissen wir, sehen wir, dass die Zahl der Armen, die nicht einmal ein Anrecht auf den Ehrentitel „Verbraucher" haben, zunehmen. „Die Wirtschaft" und ihre Gewinner schert das wenig. Ob sie dadurch ihr persönliches Sinn-Defizit ausgleichen können, ist eine andere Frage.

---

[27] Dazu wieder eine aktuelle Nachricht während des Schreibens, die mich fassungslos macht: Das Land Baden-Württemberg, mit grünem Ministerpräsidenten, wollte ein Quartier mit 28 Wohnungen für landeseigene Sozialwohnungen abreißen, hat den z. T. fast ein halbes Jahrhundert darin lebenden Mietern gekündigt, weil man einen Neubau als „Verfügungsgebäude" für die Büros der obersten Landesbehörde benötige (eine konkrete Nutzung stand noch gar nicht fest). Und das, obwohl sich Stadt und Land vollmundig verpflichtet haben, dem riesigen Notstand in dieser teuren Großstadt abzuhelfen! (Stuttgarter Zeitung vom 18. 10 21) *„Aus ihrer Wohnung ausgewiesen ...)*

Zwischenspiel: Das kalte Herz

An dieser Stelle fiel mir ein Märchen von Wilhelm Hauff (1802-1827) ein, das mich seit Kindertagen begleitet. Märchen sind jedoch nicht nur Geschichten für Kinder, sondern haben eine überzeitliche Botschaft.

1. Hauffs Märchen

Es beginnt mit einer folkloristischen Beschreibung zweier grundverschiedener Typen von Schwarzwäldern, die jeweils auf der einen und der anderen Seite des Mittelgebirges leben.

Auf der badischen Seite leben die Glas- und Uhrmacher, entsprechend ihrer eher künstlerischen Veredelungsgewerbe, die eine verfeinerte Natur spiegeln, in feiner Tracht und guten Sitten.

Auf der anderen, württembergischen Seite findet man einen ganz anderen Schlag: „Sie handeln mit dem Holz, fällen und behauen die Tannen" – das heißt, sie gehen völlig unsensibel mit dem Wald um, behauen die ehrwürdigen Tannen zu Balken, machen Bretter daraus: Für sie sind sie nur Rohmaterial, für das man „schweres Geld" bekommen kann, wenn man sie in Flößen zusammenbindet und bis zum Rhein hinabflößt. Ein grobes Geschäft, und entsprechend grob sind sie auch von Statur und Tracht. Sie tragen ungeheure Stiefel und ein Ledergewand, in dem wie ein „Ehrenzeichen" ein Zollstock steckt. Unübersehbar, dass es für sie vor allem um quantifizierbares Maß und Gewicht und große Rechnung geht, Menge, Material und Geld.

Und, wie könnte es auch anders sein, den Gebieten dieser charakterlich grundverschiedenen Menschengruppen entsprechen der Sage nach auch zwei grundverschiedene „Schutzgeister", die kaum je einer zu Gesicht bekommen hat: Auf der einen Seite das „Glasmännlein" (Abb. 3, S. 57), eine zierliches, feines Gestältchen, das aus einer zartblauen Glaspfeife raucht, auf der anderen Seite der „Holländermichel" (Abb 4, S. 57), ein schrecklich anzuschauender, ungeschlachter Riese mit einem gigantischen Knüppel oder

Flößerstange. Und mit seinem Namen hat es folgende Bewandtnis: Einst soll er einem der Holzherren seine Dienste angeboten haben, ein Floß zu begleiten. Und da man an seinen Kräften kaum zweifeln konnte, wurde ihm zugesagt. Als nun das Floß abfahren sollte, erschien er mit einem Bündel Tannenstämmen, so groß, wie sie bisher noch keiner gesehen hatte, band sie flugs an das schon fertige Floß und los ging es, unter seiner Regie und mit einer Geschwindigkeit, dass den erfahrenen Flößern der Wind um die Ohren fuhr. So kamen sie in kurzer Zeit schon in Köln an, wo sie üblicherweise die letzten Stämme verkauften, doch der Michel lachte sie aus: Warum nur bis Köln: Die Holländer zahlen den vierfachen Preis, und wenn sie auch nur die Hälfte davon ihren Herren ablieferten, könnten sie mit der anderen Hälfte in Saus und Braus leben.

Also auf nach Rotterdam, und es kam, wie es der Michel vorausgesagt hatte. und nun verspielten und verprassten sie ihren Zusatz-Gewinn in der Gesellschaft von Matrosen und üblem Gesindel und brachten die übelsten Flüche, Prahlereien und schlechte Sitten aus Holland zurück in den Schwarzwald: Das hatte der Riese, fortan „Holländermichel" genannt, bewirkt. Der aber verschwand spurlos. Doch es fiel auf, dass von da an einige der Flößer sich noch mehr als andere hervortaten im Prassen und Prahlen auf den Tanzböden der Wirtshäuser – und doch immer die Taschen so voller Geld hatten, dass sie damit um sich werfen konnten. Aber beliebt wurden sie sich damit nicht – eher unheimlich, aber weil sie reich waren, wollte es keiner mit ihnen verderben.

Es lebte nun tief im Wald eine arme Köhlerswitwe, der vor kurzem der Mann gestorben war, sodass nun der junge, erst 16 jährige Sohn dessen einsamen und rußigen Beruf übernehmen musste. Der Vater hatte nie darüber geklagt, doch wenn der Junge an Sonntagen einmal hinunter in ein Wirtshaus kam, sah er mit Neid, was für ein Leben dort geführt wurde. Zwar war er in seiner schmucken Glasertracht ein hübscher, schlanker Mensch, der manche Blicke auf sich zog – doch sobald man ihn erkannte, hieß es, ach, es ist ja nur der Kohlenpeter, und alle Aufmerksamkeit flog wieder den

Abb. 3
Das Glasmännlein aus Wilhelm Hauffs Märchen „Das kalte Herz", Illustration von Beatrice Braun-Fock aus der Droemerschen Volksausgabe von 1952
Wir sehen den ebenso listig-merkurialen wie mächtigen Waldgeist in seiner bevorzugten eichhörnchenartigen Verwandlungsform, vom Baum freundlich herabschauend auf den Held der Geschichte, den „Kohlenpeter", dem er nicht in seiner wahren Gestalt erscheinen kann, weil dieser den Anrufungsspruch nicht mehr genau weiß.

Abb. 4
Der Holländermichel aus Wilhelm Hauffs Märchen „Das kalte Herz", Illustration von Beatrice Braun-Fock aus der Droemerschen Volksausgabe von 1952
Der Holländermichel, zum Riesen angewachsen, wie er den Kohlenpeter in sein furchterregendes Reich in einem tiefen Abgrund auf der Hand herunterholt, nachdem dieser sich entschlossen hat, die Hilfe dieses bösen Zauberers anzunehmen, um reich zu werden. Dabei stehen Peter vor Angst die Haare zu Berge und sein Hut wird ihm im Sturm vom Kopf gerissen: Wie auch der Gesichtsausdruck des Michels üble Vorzeichen dessen, was geschehen wird.

reichen Protzkerlen zu, vor allem dem, der auf dem Tanzboden die höchsten Sprünge machen konnte, während der Kohlenpeter gar keine Chance hatte, dort mitzutun.

Und so zog er abends betrübt nach Hause, und da er beim Bewachen des Kohlenmeilers in seiner Einsamkeit viel Zeit zum Grübeln und Nachdenken hatte, ließ ihn der Gedanke nicht los, wie er selber auch aus seinem misslich empfundenen Stand herauskommen könnte.

Schließlich fallen ihm die Sagen vom Glasmännlein auf seiner Seite und vom Holländermichel auf der anderen Seite ein, über deren zaubrische Fähigkeiten allerhand geraunt wird, und er befragt die Mutter danach. Vor allem vom Glasmännlein hatte er Gutes gehört, wie es armen Menschen aus ihren Nöten geholfen hatte. Auch erinnert er sich an ein Sprüchlein, mit dem man etwa das Glasmännlein rufen könnte – aber immer nur drei Verse davon, die letzte Zeile bringt er beim besten Willen nicht mehr zusammen, und auch die Mutter kann ihm nicht helfen. Doch es gibt Hoffnung: Die Mutter weiß, dass sich das Glasmännlein nur Sonntagskindern zeige, und er ist tatsächlich an einem Sonntag geboren!

Da lässt der Peter alle Bedenken fahren ob des unvollständigen Sprüchleins, und so bald es möglich war, zog er seine besten Kleider an und machte sich auf zum Tannenbühl, den höchsten Ort mit den prächtigsten Tannen, die keiner zu schlagen wagte. Dort hieß es, zeige sich bisweilen das Glasmännlein. Hoffnungsvoll grüßt er ehrerbietig in den Wald, doch alles bleibt still. Da wagt er sein unvollständiges Sprüchlein aufzusagen, und sogleich meint er eine kleine, feine Gestalt mit klugem Gesichtchen hinter einer dicken Tanne hervorschauen zu sehen – aber sogleich wieder verschwinden. Er ruft ihr noch nach, ja, rennt gar dorthin, wo er sie gesehen zu haben meinte – aber nur ein flinkes Eichhörnchen turnt einen Baum hinauf, scheint plötzlich die Glasmännleintracht zu tragen (vgl. Abb. 3) und ihn zu verspotten, wird wieder zum Eichhörnchen, putzt sich, turnt lustig herum, schaut herunter und verschwindet wieder. Dem Peter scheint, das ginge nicht mit rechten Dingen zu, und er verlässt den zaubrischen Ort so schnell er kann, gibt auf den Weg nicht mehr recht acht, die Bäume scheinen immer dunkler und dichter zu werden und schließlich packt ihn ein Grauen, er fängt an zu rennen, und erst als er in der Ferne Hunde bellen hört und eine Hütte sieht, wird er ruhiger. Als er aber näher kommt, sieht er, dass die Leute in der Hütte die Tracht der Holzfäller tragen, doch da es schon spät ist, bleibt ihm nichts übrig, als sie um ein Nachtlager zu bitten.

Er wird auch freundlich aufgenommen, man fragt nicht weiter nach woher und wohin, es gibt ein gutes Nachtmahl, und nach dem Essen setzen sich alle gemütlich zusammen, während man draußen Sturm aufkommen hört, der die Hütte umheult. Die jungen Enkel wollen hinaus, das Schauspiel zu sehen, aber der Großvater ruft sie streng zurück: Wer jetzt hinausgehe, käme niemals wieder, denn der Holländer baue sich in der Nacht ein neues Floß.

Nun aber wird er bestürmt mit Fragen, und so erzählt er ihnen und dem Gast die Geschichte des Michels und wie der zu seinem Namen gekommen ist.

Es wurde eine unruhige Nacht, und der Kohlenpeter hatte schwere Träume. Doch gegen Morgen hörte er drei Burschen vorbeiziehen, die ein Liedchen sangen, und obwohl es mit dem Glasmännlein rein gar nichts zu tun hatte, fiel ihm plötzlich eine vierte Reimzeile für sein Sprüchlein ein, und so holt er Hut und Stock und nimmt Abschied von den gastfreundlichen Leuten und macht sich wieder auf den Weg – geradewegs auf den, auf dem er hergekommen war.

Da vertritt ihm plötzlich ein riesiger Kerl in Flößerkleidung den Weg, und dem Peter werden die Knie weich, als der furchtbar anzuschauende Gesell anfängt stumm neben ihm herzugehen, denn er weiß ja nun, mit wem er es zu tun hat.

Und irgendwann fängt der Riese denn auch an, ihn mit dröhnender Stimme anzureden, mit Namen. Er weiß, wohin Peters Weg führt, weiß, was er dort will, bedroht ihn gar gewalttätig, als er ihm nicht alles sagen will. Um zugleich seinen klugen Gegenspieler und dessen Künste herunterzumachen und Peter mit einem Beutel Geld zu sich zu locken. Doch diesem wird bei dem allen angst und bang und er fängt an zu laufen, da die Grenze schon in Sicht ist, die der Michel nicht überschreiten kann. Dieser wirft ihm gar noch einen Knüppel nach, der sich in eine furchtbare Schlange verwandelt und Peter vernichten will – doch da rauscht ein riesiger Auerhahn hernieder, packt sie beim Kopf und entführt sie, während der Michel heult und tobt und schreit, denn er weiß genau, wer ihm seinen Zauberstab genommen hat.

Erschöpft und zitternd kommt Peter schließlich auf dem Tannenbühl an, macht seine Verbeugungen, obwohl er niemand sieht und fängt an, das nun von ihm ergänzte Sprüchlein zu sagen – und siehe da, es wirkt, obwohl sein Reim nicht genau stimmt: Das Glasmännlein erscheint.

Natürlich weiß es sehr genau, was geschehen ist, war er doch selber der Auerhahn und kennt auch Peters Anliegen. Doch er redet ihm ins Gewissen, ob seiner oberflächlichen Wünsche nach einem Leben, das letztlich seinen Charakter verderben wird – er soll das Handwerk seiner Voreltern nicht gering schätzen und gegen müßiggängerische und leichtfertige Prahlhans-Spiele eintauschen wollen, redet so ernst und eindringlich, dass der Peter erschrickt. Und doch wirbt er um Verständnis, dass er keinen gar so geringen Beruf haben will, auch von den Glas- und Uhrmachern wenig angesehen.

Es gibt ein langes Gespräch, in dem das weise Glasmännlein versucht, ihn umzustimmen, weil man immer etwas sehe, das man für etwas Besseres hält und so nie zu Zufriedenheit kommt.

Nicht ohne weitere Warnungen gibt aber das Glasmännlein schließlich nach, vorausgesetzt, dass Peter sich etwas „Gutes und Nützliches" wünschen wird. Drei Wünsche gibt er ihm frei – doch wohl ahnend, dass wenig „Gutes und Nützliches" gewünscht wird, behält er sich vor, den dritten nicht zu erfüllen.

Und natürlich wünscht sich der unreife 16-Jährige das Allerdümmste zuerst: „Tanzbodenkönig" will er werden und so viel Geld in der Tasche wie der jetzige.

„Schämst du dich nicht", ruft der Waldgeist, „dich so um dein Glück zu betrügen? Was nützt es dir und deiner armen Mutter?" Er wird sein Geld an einem Tag im Wirtshaus verspielen, und hinterher wieder nichts haben.

So wünscht sich der Peter jetzt etwas, was ihm besser erscheint: Die schönste Glashütte im Wald und Geld, um sie zu leiten. Dazu noch Pferde und Wägelchen.

Da wirft der weisheitsvolle Glasgeist vor Unmut seine Pfeife gegen einen Baum, dass sie in tausend Stücke zerspringt über diese Dummheit: Was nützt auch hier das Geld, wenn er sich nicht auch den Verstand und Einsicht wünscht, ein solches Unternehmen zu leiten? Wagen und Pferde wären dann von selbst gekommen.

Und er versagt ihm einen dritten Wunsch. Gibt ihm aber ein Beutelchen mit Geld – und sagt ihm, gerade sei der alte Besitzer einer großen Glashütte gestorben, die könne er jetzt erwerben – und solle nie wiederkommen um Geld zu fordern, sonst würde er ihn an der höchsten Tanne aufhängen ... Statt dessen soll er fleißig sein, er würde ihm auch mit Rat und Tat beistehen. Und entlässt ihn nicht unfreundlich.

Der Kohlenpeter aber eilt beglückt davon, kauft die Glashütte, wird Tanzbodenkönig – und das Schicksal nimmt seinen Lauf, wie es der „Schatzhauser" vorausgesehen hat.

Ohne Verstand und nur auf seine Protzereien bedacht, wirtschaftet er die Hütte in Kürze herunter, macht Schulden über Schulden, und eines Tages steht der als gnadenlos bekannte Amtmann vor der Tür: Entweder zahlen oder Turm oder noch Schlimmeres.

Er sucht Trost im Wirtshaus, doch als er in die Tasche greift, ist sie leer, und er wird mit Schimpf und Schande hinausgejagt.

Wie betäubt geht er hinaus und spürt plötzlich, dass jemand neben ihm geht: Es ist das Glasmännlein. In seiner Wut beginnt er es unflätig zu beschimpfen, es sei an allem schuld. Was Verstand und Klugheit, die er sich hätte wünschen sollen: Sofort müsse er ihm nun den dritten Wunsch erfüllen und „zweimalhunterttausend Taler" geben und ein neues Haus, und ... Und packt ihn am Kragen.

62

Doch schreiend zieht er die Hand schnell zurück, denn das Glasmännlein hatte sich in glühendes Glas verwandelt und verschwand.

Man ahnt es: Nach einigen weiteren dramatischen Wirtshausszenen und zunehmender Enttäuschung sah Peter plötzlich den bösen Holländermichel neben sich stehen – und macht sich in seiner Verzweiflung am nächsten Tage zu ihm auf, der ihn schon erwartet.

Furchterregend schon der Eintritt in dessen unterirdisches Höhlenreich (vgl. Abb. 4). Fürchterlich auch der „Handel", mit dem ihn der Michel reich machen will – und herz-und seelenlos. Denn für sein lebendiges Herz wird er ihm eines aus Stein einsetzen, damit er nie mehr von Mitgefühl geplagt wird. Und er zeigt ihm in einer Kammer die Herzen all derer, die der Peter ob ihres Prahlens und ihrer Hartherzigkeit bewundert hatte: Auch das des „Tanzkönigs" und des gnadenlosen Amtmanns und vieler Skrupelloser, die er kennengelernt hat, dabei.

Noch schreckt Peters natürliches Herz und Gefühl mit Entsetzen und Grausen zurück. Aber der Michel weiß ihn zu überreden, sie trinken zusammen, und als Peter wieder zu sich kommt, ist es geschehen.

Von nun an ist er reich. Doch ohne jedes Gefühl für die Armut der Mutter, für irgend jemand. Geld und Geiz bestimmen sein Leben. Zwei Jahre lang fährt er durch die Welt, um überall die schönsten Merkwürdigkeiten anzuschauen. *„Aber es freute ihn nichts, kein Bild, kein Haus, keine Musik, kein Tanz, sein Herz von Stein nahm an nichts Anteil und seine Augen und Ohren waren abgestumpft für alles Schöne. Nichts war ihm mehr geblieben, als die Freude am Essen und Trinken und der Schlaf"* – er kann nicht einmal mehr lachen. Und *„es war nicht Heimweh, Wehmut, sondern Öde, Überdruss, freudloses Leben, was ihn endlich wieder nach Hause trieb"*, schreibt Hauff.

Er stürzt sich in Aktionen, baut ein Haus und macht ein großes Vermögen mit Holzhandel, Korn und Geld, und *„den halben Schwarzwald zu seinen Schuldnern".* Die Zahlungsunfähigen treibt er mitleidlos von Haus und Hof, schafft sich scharfe Hunde an, damit sie sich nicht bettelnd und flehend vor seinem Haus einfinden. Selbst die armgewordene alte Mutter wird vertrieben. Und wenn seine gute und schöne Frau, um die er um seines Ansehens willen geworben und sie auch bekommen hat, doch heimlich jemand einen Groschen zusteckt, droht er ihr Prügel an.

Und so steuert die Geschichte schließlich auf ihren katastrophalen Höhepunkt zu:

Einstmals, als der Gatte unterwegs ist, erbarmt sich seine seelen- und mitleidsvolle Lisbeth eines alten, schwachen Männleins, das ächzend und keuchend unter einer schweren Last fast zusammenbricht. Sie holt ihm Wasser, und da sie den Gatten fern glaubt, schließlich auch Wein und dazu ein gutes Stück Brot. Das Männlein dankt ihr unter Tränen und sagt zu ihr: „Solch ein Herz bleibt nicht unbelohnt." „Nein, und den Lohn soll sie auf der Stelle haben!" schreit eine schreckliche Stimme – nämlich die des plötzlich mit zornrotem Gesicht dastehenden Peter. Und er dreht die Peitsche um, die er in der Hand hält, und schlägt seine Frau mit dem Griff so heftig auf die Stirn, dass sie tot hinstürzt.

Da erschrickt selbst der Hartherzige und will sehen, ob noch Leben in ihr sei. Aber da hört er die wohlbekannte des Glasmännleins: *„Gib dir keine Mühe, Kohlenpeter. Es war die schönste und lieblichste Blume im Schwarzwald, aber du hast sie zertreten, und nie mehr wird sie wieder blühen."* Da gerät der Peter nach dem ersten Schreck in rasende Wut und er brüllt das Männlein nieder: Er selbst sei an dem ganzen Unglück schuld, habe ihn betrogen, sodass er dem Holländermichel habe sein Herz verkaufen müssen. Doch kaum hat er ausgesprochen, da wächst der Waldgeist zu übermenschlicher Größe und Flammen blitzen ihm aus Augen und Mund, und er packt den Peter im Genick, wirbelt ihn herum und wirft ihn zu Boden, dass ihm alle Rippen knacken:

Zertreten könne er ihn, den Erdenwurm, tönt der mächtige Geist, er habe gegen den Herrn des Waldes gefrevelt. Aber um dieses mitleidsvollen Weibes willen gebe er ihm acht Tage Zeit, sich zu besinnen. Falls er sich nicht zum Guten bekehre, käme er wieder, um ihn zu zermalmen in all seiner Sündhaftigkeit. Und verschwindet.

Erst gegen Abend wurde der wie tot Daliegende gefunden und kam langsam wieder zu sich. Er dankte den Männern schlich ins Haus und suchte nach seiner Frau – doch sie war verschwunden. Nun fingen ihn doch seine Schandtaten an zu quälen, und von nun an hörte er jede Nacht Lisbeths Stimme, die ihm sagte: *„Schaff dir ein wärmeres Herz, Peter."* Gedanken an den Tod und was danach sein würde, kamen ihm, er flüchtete sich ins Wirtshaus, versuchte mit seinen Kumpanen darüber zu sprechen, doch deren steinerne Herzen kümmerte sein Elend nicht.

Sechs Tage trieb er das so, dachte dabei immer an den Waldgeist, und am siebten hielt er es nicht mehr aus und machte sich auf zum Tannenbühl, sagte das altvertraute Sprüchlein.

Und tatsächlich kam das Glasmännlein hervor, aber düster und traurig sah es ihn an und fragte mit dumpfer Stimme, was er denn von ihm noch wolle.

Schüchtern erinnerte ihn Peter daran, dass er noch einen Wunsch frei habe, doch der Waldgeist erinnerte ihn seinerseits, dass er ihn auch versagen könne.

Der Peter aber will nur noch eines: Sein warmes Herz zurück – das Glasmännlein weist ihn zurück: Da muss er zum Michel gehen. Mit dem hat er den Handel gemacht. Doch der Peter lässt den Kopf hängen und weiß zu gut, dass der tückische Riesenkerl es ihm niemals mehr zurückgeben wird.

Und schließlich erbarmt sich der Schatzhauser seiner und will ihm zumindest seine Hilfe nicht versagen. Und diese Hilfe besteht in einem ebenso klugen wie raffinierten Rat des Waldgeistes: Mit

Gewalt kann man gegen den dummen Riesen nicht ankommen, aber vielleicht ihn überlisten.

Diesen Plan besprechen sie nun, und als wichtigste Hilfe gibt ihm das Glasmännlein ein kleines Kreuzlein aus reinem Glas mit, das Peter zunächst gut verborgen halten soll.

Mit großem Dank verabschiedet sich darauf der Peter und macht sich auf zur Behausung des Unholds, der auch mit bösem Grinsen sogleich erscheint. Er weiß um die schreckliche Tat, denkt dass Peter nun kommt um Geld zu erbitten, damit er einige Zeit außer Landes gehen kann.

Doch solange nun der Michel zu seiner Schatztruhe geht, fängt Peter an, ihn zu provozieren: Er habe ihn belogen, als er ihm sagte, er habe ihm sein Herz herausgenommen, das könne nur ein Zauberer. Es kommt zu einem immer hitziger werdenden Disput, der Kohlenpeter beharrt darauf, all die Herzen in den Gläsern seien nur aus Wachs, der Michel sei ein böser Lügner, bis dieser ihm beweisen will, dass das Herz im Glas das seine ist, ihm das Wams aufreißt, das lebendige Herz einsetzt und den Stein ihm vor die Nase hält.

Doch als er danach den Tausch rückgängig machen will, tritt Peter einen Schritt zurück und hält ihm das reine Glaskreuz vor's Gesicht. Da schrumpft der Bösewicht zusammen, wird klein und kleiner und windet sich wie ein Wurm, der Peter aber geht so schnell er kann rückwärts hinaus, läuft was er laufen kann, während ein furchtbares Gewitter um ihn her losbricht und stürzende Tannen ihn fast erschlagen. Atemlos erreicht er das Revier des Glasmännleins, spürt freudig sein lebendiges Herz – und zugleich fühlt er das ganze Entsetzen über das Leben, das er geführt und was er angerichtet hat und beim Glasmännlein angekommen, das ruhig seine Pfeife raucht, bricht er weinend zusammen.

Und will nur noch sterben – das Glasmännlein soll ihn töten, er hält die Last seiner Schuld nicht aus.

Gut, sagt schließlich das Männlein. Meine Axt habe ich immer bei der Hand, aber bevor du stirbst, sieh jetzt noch einmal hinter dich.

Da sieht der Peter seine Frau lebendig stehen und neben ihm die Mutter, und beide lächeln ihm freundlich zu.

Sie wollen ihm alles verzeihen, mit ihm zurückgehen und wieder mit ihm leben. Doch es geht nicht zurück in sein protziges Haus, das hat das Unwetter bis auf den Grund niedergebrannt.

Sondern dahin, wo er her kommt, zur Köhlerhütte, wie das Glasmännlein sagt.

Freudig stimmt nun der Kohlenpeter zu, dankt dem Waldgeist tausendmal für seine Güte, und als sie nach Hause kommen, steht an Stelle der Hütte ein einfaches, schönes Bauernhaus, versehen mit allem Nötigen.

Und so endet die Geschichte, wie es sich für ein Märchen gehört, in Wohlgefallen, und fortan übt der Kohlenpeter das Handwerk seiner Väter mit Fleiß und Umsicht aus und wird ein geachteter Bürger, dem zudem übers Jahr ein Söhnchen geboren wird, mit dem Glasmännlein als Paten.

2. Das kalte Herz als zugleich überzeitliche und aktuelle Parabel

Hauffs Märchen ist vor rund 200 Jahren geschrieben – aber auch wenn ich es heute lese, überläuft es mich: Spricht es nicht von allzuviel Parallelen zu dem, was wir heute erleben, individuell wie kollektiv?

Da ist zuerst die Figur des Kohlenpeter: Ein unreifer Jüngling, der sich weder in der Tradition seiner Ahnen verwurzeln will, und „nicht sich selber sein", der nicht weiß, wer er ist. Nur nicht im Einfachen bleiben, hier: den „Schatz" des Kohlenmeilers hüten, der eine wesentliche Rolle in der Alchemie der Glasbereitung spielt, im geheimnisvollen Verwandlungsprozess der vom Wald geschenkten Naturgabe in einen Zustand seelischer Sublimierung, für welchen Glas als Symbol steht. Womit Peter aktiv teilhätte am schöpferischen Erhalt der Verfeinerungsarbeit, welche durch die Lebensart der Menschen auf dieser Seite des Schwarzwalds symbolisiert wird. Er begreift nicht, dass sein einfaches Handwerk wichtig ist für eine große Verwandlungskunst. Und dass das Annehmen dieser Aufgabe zugleich auch elementar wäre für seine persönliche Reifung zur Mündigkeit, die für sich geradesteht, weil sie um ihren wichtigen, individuellen Auftrag für das Ganze weiß.

Aber der junge Peter hat keinen Vater, kein sinngebendes Vor-Bild mehr, der ihm den Wert der nur scheinbar „niedrigen", sondern im Gegenteil unentfremdeten, eigenständigen Arbeit jetzt noch vorgelebt hätte. Ihn darauf aufmerksam machen würde, welcher Unterschied darin liegt, den „heiligen", natürlich geschenkten materiellen Grundstoff seines Waldes im schöpferischen, persönlichen Bezug zu verwandeln, und welches Feingefühl, welche Beobachtungskunst und volle Zuwendung zu diesem letztlich alchemistischen Werk einen Köhler auch als selbstbestimmten Lebenskünstler auszeichnet.

Und damit sieht er auch nicht, dass seine Arbeit eigentlich wertvoller ist als das Geschäft derer, die den Wald nur als verfügbare, verkäufliche Rohmasse betrachten, deren man sich ohne jeden Bezug zu dem, was zukünftige Käufer damit anstellen werden, einfach gewaltsam bemächtigen kann und sie zum Höchstgewinn verschachern. Gewiss müssen auch sie hart arbeiten, und das Flößebauen und Flößen ist auch eine Kunst – aber es geht nur um materiellen Gewinn (der bei „Profitmaximierung" sogleich völlig sinnlos „verspielt" wird). Desgleichen wird die Gefühlsbindung an die Materie, mit der man „handelnd" (im Doppelsinn) umgeht, weitgehend aufgehoben.

Dies wiederum führt im weiteren zu einer Indifferenz gegenüber *allen* Lebensgrundlagen, die – je größer die erzielten Geldgewinne, desto mehr zu einer „Inflation" (wörtlich Aufgeblasenheit) eines innerlich nicht mehr solide verankerten Selbstwerts führt: *„Das Geld schwillt an, hat alle ihre Kräfte, und ist wie Ostwind groß und sie sind klein"*, heißt es bei Rilke. Und der daraus resultierende Bezugsverlust trifft alle Lebensbereiche, die innere wie äußere Orientierung, und die so erlebte Selbstentwertung verlangt ewig fordernde infantile Kompensationen und Ersätze, wie sie in Hauffs Märchen die Holzhändler mit ihrem Alkoholkonsum und ihrer Gier, der Macht- und Vergnügungssucht den beeindruckbaren „Zurückgebliebenen" ständig vorführen müssen.[28]

Ist es nicht, als erkennten wir in diesem Märchen das ganze Grundmuster, das die große Mehrheit und ihre Vortänzer und menschlich versteinerten Machtmenschen auch heute im Griff hat?

Wie wir heute immer mehr und mehr, sind diese Größen-Süchtigen geblendet vom ständigen Blick nach Außen auf die innerlich haltlosen „Erfolgreichen", von deren Protzen und Prahlen. Und so ist es kein Wunder, dass auch der emotional unreife Peter dadurch verführt wird, weil ihm niemand hilft, die primitive Kompensationsfunktionen zu durchschauen. Keinen Vater, das heißt kein sinnorientiertes persönlich internalisiertes Leitbild, das ihm den Rücken stärkt, keinen, das ihm die Augen öffnen könnte für die Hohlheit und Entseeltheit dieses außengeleiteten Imponiergehabes und seiner Gefahren, und so erliegt er genau dieser undurchschauten Außenleitung und Größenphantasie, die ihn von sich selber weg treibt.

Insofern verdirbt den Kohlenpeter exemplarisch ein zerstörerisches Symptom unserer Zeit, dem wir je nach Machtmitteln alle ständig folgen – oder, bei etwas fortgeschrittenenem Bewusstsein, doch immer wieder in Gefahr sind, ihm zu erliegen: Wir schauen nicht auf das Gegebene und in welchem inneren und uns übersteigenden Bezug dazu wir stehen, wir sehen nicht, dass die *Art und Weise*, wie wir unsere eigene Situation sehen, die wahre Ursache unserer Unzufriedenheit mit dem Gegebenen ist: *„Wir schauen immerzu nach draußen und nicht auf uns selbst"*[29], und wenn etwas nicht nach diesem unserem außenvermittelten Blick und Wunsch verläuft, sind wir schnell bereit, andere dafür verantwortlich zu

---

28   Alexander Mitscherlich hat diese Vorgänge schon vor einem halben Jahrhundert analysiert und sie in seinem epochalen Werk „Auf dem Weg zur vaterlosen Gesellschaft", Neuausgabe München 1973, vielschichtig dargestellt. Ich beziehe mich hier besonders auf die Seiten 203/204

29   Joko Beck, Zen im Alltag, München 1990, S. 48

machen in einem uferlosen und manipulativen Anspruchsdenken, das durch das, was durch eine raffinierte, Steigerung und Größe versprechende „Bedürfnisweckungsindustrie" noch gefördert und internalisiert wird.

Wir haben das in vorangegangenen Kapiteln schon angesprochen, mit welchen Methoden Abhängigkeiten erzeugt werden, die uns entwerten und entmündigen, unser Selbstbewusstsein schwächen. So fühlen wir uns schließlich „klein" und minderwertig, weil wir unserem „Mehr-sein-Wollen" keine sinnorientierten Grenzen setzen können, was sich dann auch in einer immer stärkeren Identifikation mit dem Massenbeifall äußert. Doch im Grunde entspringt das einem Ausweichen vor der eigenen Identitätsfindung, denn sie würde ja die eigenständige Mobilisierung selbst gestaltender Kräfte erfordern, Förderung des Eigenen, zu dem auch Aushalten von Unzulänglichkeit und Unlustgefühlen und zeitweiliger Isolation gehört. Vor allem aber eine kritische Distanz zum kollektiv „Angesagten" und Gruppenzwängen im „großen Haufen" (engl. *„crowd"* – s. Riesman!).

Ist es „Zu-Fall", dass ich gestern Abend in Epiktets „Handbüchlein der Moral" folgenden Aphorismus las? Ich musste fast lachen, nachdem ich zuvor gerade meine Deutung des Hauffschen Märchens noch einmal durchgelesen hatte, lachen über unsere Tendenz, Anschluss an den „großen Haufen" zu suchen. Hier also Epiktet:

So wie schlechte Theatersänger nicht allein singen können, sondern nur mit vielen zusammen, so können manche nicht allein sein. Mensch, wenn du einer sein willst, geh auch allein und sprich mit dir und verkrieche dich nicht in den großen Haufen. Denke nach, schau dich um, damit du erkennst, wer du bist.[30]

Aber isoliere dich auch nicht in einer Wahnwelt: Wer das Bewusstsein dafür verliert, wer er *ist*, welche sinnvolle Melodie er auch für sich alleine und ohne großes Theater singen kann, wie unperfekt

---

30   Epiktet, stoischer Philosoph, geb um 50 n. Chr., nach „Epiktets Handbüchlein der Moral", hersg. Von Heinrich Schmidt, Leipzig 1909, Nr. 28, S. 82

70

auch immer – und in unseren heutigen Gesellschaft gibt es dafür immer weniger dazu ermutigende Instanzen – der wird nurmehr in eine ständige diffuse „Sehnsucht" (Hauff) nach irgendeinem „Größer und Mehr" getrieben. Und er wird der Grundstimmung, den Mächten der Welt hilflos ausgeliefert sein, der Sinnlosigkeit, Desorientierung, Unruhe, Angst, Neid und (mehr oder weniger unterschwelliger oder ausagierter) Aggression, wie wir sie heute individuell wie kollektiv stark erleben nicht mehr viel entgegenzusetzen haben[31]

Viktor Frankl (1905-1997), der bekannte Wiener Therapeut, der durch die Hölle des KZ gegangen war, war der Meinung, dass den damals meistpraktizierten Formen der Psychotherapie etwas fehlt. Etwas, das über das „Kurieren" zeitweiliger Symptome hinausgeht. Durch seine eigene Geschichte und seine ärztliche Erfahrung hatte er erkannt, dass dem „modernen Menschen" nach den beiden Kriegskatastrophen etwas Entscheidendes abhanden gekommen war: In seinem Leben einen tragenden *Sinn* zu finden. Aus dieser seiner Erfahrung ging das hervor, was wir als „Logotherapie" kennen – gr. *logos* ist ja ein tiefgründiger und breit gefächerter Begriff, der nicht nur „Wort", „Verstand" („logisches" Denken), sondern auch „Sinn" impliziert. Und in seinen leidenschaftlichen Vorträgen fehlte selten dieser Hinweis, der sozusagen den Grundmotor seiner Psychologie auf den Punkt bringt:

Im Gegensatz zum Tier sagt dem Menschen kein Instinkt, was er muss, und im Gegensatz zum Menschen in früheren Zeiten sagt ihm keine Tradition mehr, was er soll – und nun scheint er nicht mehr zu wissen, was er eigentlich will. So kommt es denn, dass er entweder nur will, was die andern tun – und da haben wir den Konformismus –, oder aber er tut nur, was die anderen wollen, von ihm wollen – und da haben wir den Totalitarismus."[32]

---

31   Alexander Mitscherlich, Auf dem Weg zur vaterlosen Gesellschaft, etwa S. 203.
32   Viktor Frankl, Der Mensch vor der Frage nach dem Sinn, München, Neuausgabe
      1985, S. 16

Beides hatte er in seinen Extremen erlebt und erlitten und sah mit Sorge die seelisch- geistige Verödung und Orientierungslosigkeit in der Welt samt der Verengungen des Willens zum Selbst-Sein als der großen Gabe des Menschen, der nun meist auf unbefriedigendes rein konsumistisches Wollen, Mehr-Wollen reduziert wurde, anstatt auf existenzielle Sinnfindung.

Nun, in Hauffs Märchen vom „kalten Herz" haben wir gesehen, dass die Zeiten, in denen Tradition Sinn geben konnte, schon vor 200 Jahren auf unsicheren Füßen stand – die Französische Revolution hatte einen gewaltigen Kulturbruch bewirkt, an dem gerade Wilhelm Hauffs Generation sich abarbeitete: „Tradition" als einstmals noch haltgebender Vaterarchetyp war nicht mehr das, was unter dem missverständlichen Schlagwort „Freiheit" wirkliche Freiheit zur *echten* Individuation führt. Die „Väter" (Fürsten, Kirchen, Fabrikherren usw.) waren in ihrem Eigennutz entlarvt und hatten jede Achtung verloren. Und an ihre Stelle war für die wenigsten etwas getreten, was noch hätte Vertrauen und Verlässlichkeit in das Leben vermitteln können: Der einzige Weg schien immer weitere Libertinage – und die Enttäuschung, dass auch sie nicht die „Erlösung" bringen konnte, die man sich davon erwartete, ja mehr und mehr forderte.

Und, wenn ich recht sehe, stehen wir an diesem Punkt trotz inzwischen errungener (labiler) demokratischer politischer Formen und Freiheiten (oder was wir dafür halten), mehr denn je und sind in gewissem Sinn wieder regrediert auf kindhafte Vasallen einer dunklen „Großen Mutter" namens „Wirtschaft" oder „Markt" oder „Geld", die uns einerseits als „Verbraucher" mit überquellenden Angeboten „Konsumfreiheit" verspricht, und uns hinterrücks versklavt durch die stete Angst vor „Liebesentzug" in Form von Verlust von Arbeitsmöglichkeit, Anerkennung und sozialem Abstieg, der gleichzeitig Ansehensverlust und *ungewollte* Isolation – und Verzweiflung bedeutet.

Um aus diesem verhängnisvollen Kreislauf herauszukommen bedürfte es einer neuen Anstrengung zur Emanzipation von den „außengeleiteten" Zwängen, welch in der Lage wäre, die Frage nach dem Sinn ganz anders zu stellen und wirklich „mündig" zu werden, wie es Rilke am Schluss seines aufrüttelnden Gedichts fordert. Und es bedürfte statt ständiger Animation und Aufputschung unserer Erwartungshaltung an das, was wir für „Leben" halten, wohl eher einer Ermutigung zu einer Haltung, wie sie Viktor Frankl uns immer wieder ans Herz legt: *„Wir müssen lernen und die verzweifelten Menschen lehren, dass es eigentlich nie und nimmer darauf ankommt, was wir vom Leben noch zu erwarten haben, vielmehr lediglich darauf, was das Leben von uns erwartet."*[33]

Zurück zu Hauffs Märchen. Wenn wir das Happy End anschauen, könnten wir kurz und trocken sagen: Letztlich hat der Kohlenpeter gelernt, was „das Leben" von ihm erwartete, hat seinen Beruf angenommen, mit Engagement ausgeübt und ist ein angesehener Bürger geworden. *Märchen müssen* so enden.

Doch der Weg, die dem Helden „Verstand und Einsicht" schließlich ermöglicht hat, führte über furchtbare Verwirrung, Scheitern und den tiefen Fall gar in eine Gewalttat, deren Opfer seine eigene Frau war, Symbol des „Schwächeren" und doch Seelentragenden überhaupt. Es war ein Weg, der geprägt war von einer Irrfahrt zwischen zwei extremen Gegensatzkräften: Im Märchen werden sie repräsentiert durch das weise, feine, hilfreiche und integre Glasmännlein und die böse, groß aufgeblähte, brutal zerstörerische, herz- und seelenmordende Gestalt des Holländermichel. Der eine ist, beweglich und wandlungsfähig himmelnah in den Kronen der Tannen zuhause, der andere, wie es sich für höllische Kräfte gehört, plump und gewalttätig verbunkert in unterirdischer Tiefe. Aber durchaus fähig, seine (und auch unsere) globale Hybris charakterisierenden Verführungs- und Riesenkräfte in aller Welt zur Wirkung zu bringen.

---

33   Viktor Frankl, Der Mensch vor der Frage nach dem Sinn, München 1979, S. 173

Nehmen wir die beiden als *innerseelische* Kräfte der Gegensatzspannung zwischen dem in jedem Menschen vorhandenen schwierigen Konflikt zwischen positiv seelenleitendem Genius (Glas = Symbol der Seele!) und seinem katastrophal destruktiven, entmenschlichenden Schatten, die auf märchenübliche Art in äußeren, magisch eingreifenden Figuren verbildlicht sind, so sind wir im Zentrum der Aufgabe, der wir heute gegenüberstehen: *Im Menschen selbst* müssen diese Gegensätze in Balance gehalten werden, indem wir sie genauestens wahrnehmen, erfahren, annehmen und – aushalten, ohne Schuldzuweisung an andere.

Noch einmal zusammengefasst: Im Glasmännlein, das der Kohlenpeter zuerst aufsucht, erkennen wir trotz seiner merkurisch-tricksterhaften Beweglichkeit eine nicht nur höchst menschliche, sondern auch weise, die Reifung des jungen Peter fördende Seelenkraft, mit durchaus auch „väterlichen" Zügen: Er weiß, dass dem Jungen in seiner Krise die richtige Wahrnehmung und Einsicht fehlt. Dazu könnte er ihm verhelfen, doch in seinem fremdbestimmten Unverstand ist Peter fixiert auf Torheiten, suggeriert durch seine außengelenkten Größenphantasien, seinen unreifen Mangel am „Sich-Selber-Sein".

An sein Versprechen gebunden, aber erzürnt und mit massiven Warnungen gibt das Glasmännlein den Wünschen nach – die allesamt voraussehbar in die erste Katastrophe führen – und direkt zur zweiten überleiten: Sich der Macht des machtgierigen Herz- und Seelenmörders auszuliefern, sein Herz, sein Gefühl, seine Seele gegen einen Stein und den daraus folgenden Seelenverlust zu verkaufen. Diese Erfahrung scheint nun unvermeidbar.

So nimmt das Schicksal seinen grausamen Verlauf und am Ende steht der Mord an seiner Frau, der letzten „Seelenrepräsentanz" in seinem Leben, der ihn wenigstens zu so weit zur Besinnung bringt, wozu ein „kaltes" Herz aus Stein, Verlust aller Menschlichkeit, noch fähig sein kann.

Zu diesem bitteren Fall ins Bodenlose musste es also kommen, um den Geblendeten zur Einsicht zu bringen, die Hoffnungslosigkeit klar zu machen, in die ihn seine primitiven Wünsche gebracht hatten.

Erst jetzt kann eine Wende eintreten und sein innerer Führer zum Guten steht ihm bei, das unmöglich Erscheinende möglich zu machen, wodurch Peter zugleich erkennt, wie es um die von ihm einst bewunderten Großhänse – und damit im Grunde um alle in der Welt der gefühllosen Erfolgreichen bestellt ist: Sie alle haben für ihren äußeren Erfolg ihr mitmenschlich fühlendes Herz gegen einen kalten Stein eingetauscht. Die enorme innere und äußere Gegensatzspannung, in der wir alle stehen, kollektiv wie individuell, führte sie nicht zu irgendeiner Form der Erkenntnis und so zu einem schöpferischen Neuanfang, sondern sie blieben dem dunklen Pol verfallen, der herrschenden „Großmacht des Bösen", wie C. G. Jung drastisch sagen würde (s. Zitat am Buchanfang).

Wann immer ich an dieses Märchen denke, packt mich ein Schrecken und ich frage mich: Wie viel Gewalt, wie viel Morde, wie viel Herz- Vernunft- und Seelenverlust werden noch nötig sein, um in unserer heutigen Welt, in der das Grauen, das kalte Kalkulieren, die Gewalt täglich zunimmt, eine Wende herbeizuführen?

Bei Hauff ist es nun ein starkes religiöses Symbol, welches die „Erlösung" bewirkt. Seine gläsern-durchsichtige Beschaffenheit repräsentiert eine nicht nur „christlich" fixierte seelisch-geistige Wirklichkeit, sondern weist auf eine darüber hinausgehende Durchlässigkeit des Religiösen, des Spirituellen überhaupt.

Aber es ist an dieser Stelle zu früh, diesbezüglich eine Deutung zu wagen, die sowohl eine traditionelle religiöse als auch psychologisch stimmige Dimension umgreift.

Werfen wir darum zuerst einmal einen Blick darauf, in welch vielfältigen Formen sich auch heute überall Erlösungssehnsüchte zeigen oder verbergen.

TEIL II

Erlösungssehnsucht und ihre Flussbetten

Wilhelm Hauffs Märchen vom „kalten Herz" zeigt uns auf drastische und dramatische Weise, dass selbst das Hineinschlittern in „kaltherziges", seelen- und verantwortungsloses Handeln letztlich einer unreifen Erlösungssehnsucht entspringt.

Erlösung wovon oder woraus?

Von oder aus einem Leben, das wir als bedeutungslos, glanzlos und trivial empfinden. In dem wir uns klein und minderwertig fühlen, weil wir den Bezug verloren haben zu einem „höheren Sinn", der sich im Lauschen auf eine weisheitsvolle innere Stimme offenbaren und uns unsere „Bestimmung" als Individuen und als Mensch fühlen lassen würde. Auch: Unser Eingebettetsein in eine größere Wirklichkeit, aus der wir ständig symbolische Winke empfangen – doch da wir fixiert sind auf das, was in der Welt zu glänzen scheint, haben wir kein Sensorium mehr dafür, keinen *„sensus"* (gr. *aisthesis* = Wahrnehmung, Empfindung[34]) für den uns leitenden Mythos, für das geistige „Darüberhinaus", *den Ruf der Weisheit*, die zu uns spricht (Spr 8,22). In biblischer Überlieferung ist sie weiblich – doch wie der „Heilige Geist", nicht fassbare Erscheinungsform, kann sie jede Gestalt annehmen – wie das Glasmännlein in Hauffs Märchen: Ein Naturgeist, der eng mit der christlichen Religion verbunden ist, wie das Glaskreuzlein zeigt, das er seinem Schützling mitgibt und vor dem „das Böse", gewaltsam Aufgeblähte zum kläglich sich windenden Nichts wird.

So ist es eigentlich die *Religion* und ihre Symbolik, die den Peter „erlöst" und ihn auch wieder in eine nicht ausbeuterische Verbindung bringt mit der Natur, seiner Aufgabe und den größeren Sinnzusammenhang und Ordnungsgrund. Mit der Natur, beseelt und geistbelebt, wie der wandlungsfähige und zaubermächtige Waldgeist beweist.

---

34 Friedrich Christoph Oetinger, Biblisches und Emblematisches Wörterbuch, Stuttgart 1776/1987

Beim jungen,wenn auch unreifen Kohlenpeter war davon immerhin noch eine Ahnung lebendig – während die „Holzleute", die Herz und Seele dem Michel verkauft hatten, längst alle religiösen Verbindung mit einem „Urgrund" (Wolfgang Schadewaldt, 1900-1974) verloren hatten. Das aber beraubt sie ihrer Menschlichkeit, denn die Religion gehört – wie Schadewaldt sagt- zu den *„Uran-gelegenheiten der Menschheit"*[35] – Und der Mensch, der aus dem „Ein-verständnis mit dem Seinsgrund" gefallen ist, (Schadewaldt), erlebt vor allem ein *„Zerfahren und Zerstreutwerden, dass man sich hingibt an eine Zweckwelt und für sie lebt und meint, für sie leben zu müssen. So zer-spaltet sich ihm das Dasein in eine Fülle von Einzeltätigkeiten isolierter Art, ohne Zusammenhang, wobei über dem Einzelnen das Ganze verloren geht. Dabei verfällt die Welt in den Charakter des Alltäglichen, wie es am deutlichsten in der großen Erscheinung der Technik zu beobachten ist, die eine technisierte, verwaltete Welt geschaffen hat. Das Merkwürdige an ihr ist, dass sie dem Menschen den Schein der größten Sicherheit gibt."*[36]

Den *Schein*, wohlgemerkt! Doch damit verliert der Mensch auch die Fähigkeit, zu fragen, was er eigentlich *ist*:

Man weiß nur noch, was man damit [mit der Technik, B. R.] machen kann. In dieser Sicherheit einer Welt der Vorschriften und Apparate ist der Mensch in Wahrheit im tiefsten wurzellos und heimatlos. Die Folgen davon sind uns heute deutlich. Aber das ist nicht etwas, was erst seit heute da ist, sondern hängt mit der Gefährdung des Menschen als des Wesens der Freiheit zusammen. So hat er die Aufgabe, die leider nur bei wenigen auch nur als Verlangen gespürt wird ... über die partielle Sicherung der technischen Welt und der Hingabe an das rein Zweck-hafte hinaus, sich neu zu begründen. Ich glaube, es gibt nur drei Berei-che, wo dieses Sich-wieder-Rückbegründen [lat. religare!, B. R.] in den Seinsgrund dem Menschen möglich ist...[37]

---

35   Wolfgang Schadewaldt, W. Die Anfänge der Philosophie... Frankfurt 1973, Bd 1, S. 17
36   Schadewaldt, S. 32
37   Schadewaldt, S. 32/33

Und Schadewaldt benennt diese drei *„Weisen des sich Wiederbegrün-dens"* schematisch als Impuls zum Weiterdenken: *Glauben (Religion), Schauen (Kunst) und Wissen (Philosophie)*.

Inwiefern aus philosophischer Sicht der Mensch ein „Wesen der Freiheit" ist – darüber haben sich Philosophen und Theologen seit Jahrhunderten, ja Jahrtausenden den Kopf zerbrochen.

Eines jedoch ist sicher: Dass es sich bei dieser „Freiheit"[38] um etwas handelt, das den Menschen über ein reines Triebwesen hinaushebt, und gewiss nicht um das, was der Kohlenpeter als unser Protagonist meinte mit viel Geld kaufen zu können, auch nicht um Freiheit von jeglicher Verantwortung, sich selbst, seinen Mitmenschen, der Um-und Mitwelt gegenüber, um uferloses „Spaß haben".[39]

Solche „Freiheit" nämlich führt allenfalls zu noch mehr Orientierungslosigkeit, Süchten und Sehn-Süchten, wie die Erfahrung lehrt, aber ganz gewiss nicht zu irgendeiner Form von „Erlösung" vom Joch der Trivialitäten.

Doch ich bin ziemlich sicher, dass unerkannt an der Wurzel der Flucht in all diese „Zerstreuungen" zutiefst das dringende Bedürfnis nach einem „Sich wieder Rückbegründen" (lat. *religare*) in einen tragenden Seinsgrund besteht, das im Menschen archetypisch angelegt ist. In einem Bedürfnis religiöser Zugehörigkeit zu einem transpersonalen, größeren Ganzen: Religion als „Urangelegenheit des Menschen".

Ich habe nun ganz bewusst im Text keinen Theologen zitiert. Und auch mein nächstgenannter Gewährsmann zum Thema Religion ist keiner. Und trotzdem gilt die bahnbrechende, den religiösen, sinnsuchenden Bedürfnissen des Menschen gewidmete, der sachlichen Betrachtung verpflichtete Studie des amerikanischen Psychologen und Philosophen William James (1842-1910) noch heute als

---

38   Dazu auch Jörg Lauster, Der Heilige Geist, München 2021, Kap. &, S. 142 ff
39   Erhellend ebenfalls Jörg Lauster: „Der Heilige Geist", München 2021, Kap. 6, S. 142 ff

ein Schlüsselwerk auf diesem Feld.[40] Sie untersucht nicht nur die Motive und Grundlagen der Religion, sondern zeigt uns auch die vielfältigen Möglichkeiten zur Abwandlung und Verlagerung, wie wir sie heute beobachten können.

Nicht zufällig hat darum der Philosoph Peter Sloterdijk (geb. 1947) die Neuauflage des Buches mit einer einleitenden *„Notiz zum Gestaltwandel der Religionen in der modernen Welt im Anschluss an einige Motive bei William James"* versehen. Sloterdijk selbst hat sich damit zuletzt in zwei Publikationen (*„Nach Gott"*, 2017 und *„Den Himmel zum Sprechen bringen"*, 2020) in seiner oft provokanten Art auseinandergesetzt.

In den Mittelpunkt seiner William James-Lektüre stellt Sloterdijk dabei vorrangig die Abkehr von den großen Traditionen der „Hochreligionen", gepaart mit der Tendenz der Individuen, deren „Erlösungsgier" ja keineswegs nachgelassen hat, sich Heilsprogrammen zuzuwenden, die heute in bunter Vielfalt über diätetische Ernährungsprogramme, körperliche Optimierungstechniken, „spirituell" kostümiertes psychomechanisches Fitnesstraining, säuselnd oder techno-musikgestützte Gruppenekstasen, fundamentalistische Rituale und allerlei Methodenmischungen, mit „Lebenshilfe" aus dem Angebot der Buchhandlungen, sowie Vitaminen und Spurenelementen aus dem Supermarktregal in reichem Angebot käuflich leicht zugänglich sind.

Nicht zu vergessen die schärferen Mittel „selbstverbrauchender" (Sloterdijk) Süchte und *„Gifte"* (Rilke), wobei in abgeschwächter Form auch vieles bereits Genannte Suchtcharakter annehmen kann – und vor allem leicht auch wieder gewechselt und „weggezappt", wenn der Erlösungseffekt der jeweiligen Ersatzreligion sich nicht gleich einstellt – und die rastlos Erlösungsprogramme konsumierenden Individuen eher in Depression und Erschöpfung, als zur „Erleuchtung" führt.

Und so sieht Sloterdijk in William James einen frühen, zugleich einfühlsamen als auch scharfblickenden Analytiker dieser von

---

40   William James, Die Vielfalt religiöser Erfahrung – eine Studie über die menschliche Natur, deutsch zuerst Olten 1979, jetzt Berlin 2014

der Wurzel her religiösen Suchbewegungen des modernen Menschen, die immerzu von Sinnzufuhr „von außen" gesteuert ist, vor allem vom Zwang pausenloser „Selbstoptimierung", in der sich der Mensch selbst einer gnadenlosen, mechanistischen Selbstobjektivierung unterwirft. Dazu Sloterdijk:

> *Er [William James, B. R.] wusste aus Erfahrung der eigenen Seele, dass Selbstobjektivierung nach mechanistischen Begriffen die Gefahr eines motivationalen Todes zu Lebzeiten heraufbeschwört. Er ahnte etwas voraus von der Heraufkunft riesiger Depressionsproletariate, die vom Zugang der Quellen der Selbstmotivierung abgeschnitten sind und keine andere vitale Perspektive haben als einen kümmerlichen Selbstverbrauch."*[41]

Das ist er, der „kümmerliche Selbstverbrauch". Und außerdem wesentliche Stichwörter zur Diagnose „Seelenverlust", die in diesen Sätzen gegeben werden: *„Selbstobjektivierung nach mechanistischen Begriffen"*, das Abgeschnittensein von den *„Quellen der Selbstmotivierung"* (also authentischer Kreativität) und der *„motivationale Tod"*, den dieses Abgeschnittensein von der Erfahrung der eigenen Seele bewirkt. Wer noch einmal zurückblättert auf die zweite und dritte Strophe des Rilkegedichts, findet dort leicht die dichterische, also poetisch verdichtete Spiegelung dieses Befunds.

Fangen wir mit der „Selbstobjektivierung nach mechanistischen Begriffen" und dem „kümmerlichen Selbstverbrauch" als der einzigen vitalen Perspektive vieler an. Beides hat nichts zu tun mit einer in tieferen Quellen gegründeten seelischen Vitalität, sondern mit der McKinseyisierung seiner selbst (Objektivierung und Aufputschung der eigenen Person nach Effizienzkriterien) und einem Ersatz dafür, dass man sich seelisch von seiner innersten Quelle abgeschnitten fühlt. Einer Vitalität, wie sie uns Fernseh- und Illustriertenwerbungen mittels irgendwelcher Pillen und Säftchen

---

41   Peter Sloterdijk, Einführung in William James, Die Vielfalt religiöser Erfahrung, Berlin 2014, S. 27

mit klingelnden Namen suggerieren; einer Vitalität, die uns zähnebleckende Gesundathletinnen und -Athleten von Plakatwerbungen für Fitnessstudios versprechen, oder auch sanftblickende Heilsversprechende, die uns Erlösung von allen Übeln, körperlichen und seelischen durch einen bunten Methodenstrauß aus fernöstlichen oder schamanistischen Meditationspraktiken (oder was sie dafür halten) andienen und nebenher blühenden Handel mit Kristallen, Kräutermischungen, Spezialsalzen, Räucherwerk, industriell gefertigten „harmonisierenden" Pyramidengebilden und ätherischen Ölen betreiben.

Wobei ich nicht einmal sagen will, dass ich derlei ausnahmslos für reinen Humbug halte: In katholischen Kirchen erfreue auch ich mich am Weihwasser und Weihrauchdüften. Aber nicht, weil mir jemand von *außen* von ihrem Ge- oder gar Ver-brauch Erlösung von all meinen Mühsalen versprochen hat, sondern weil sie für mich *Symbole* sind für die Feier einer „Anderwelt", einer unsere Kauf- und Verbrauch-Realität übersteigende allumfassende Wirklichkeit, in die ich mich eingebettet fühle und durch lange seelische Erfahrung und Übung eine verinnerlichte Zugehörigkeit verspüre. Eine „*religio*", Wiederverbindung mit einer in mir verankerten spirituellen Quelle, anders gesagt, zu dem, was der große Psychologe C. J. Jung das „Selbst" nannte: Mit einer unkorrumpierbaren, wegleitenden Weisheits-Instanz also, meinem inneren *sensus* oder „Genius" (Jung, Hillman), der dem Ichbewusstsein (und damit aller „Selbstobjektivierung") weit überlegen ist. In zugleich tiefsten und höchsten Seelenschichten beheimatet, die ein symbolisches Leben in sich bergen. Dazu aber bedarf es der „Innenlenkung", der Übung der „Versenkung" in das, was dem „Selbersein" zugrundeliegt.

Diese Innenerfahrung aber bleibt, wie zu fürchten ist, denen, die ihre diffus verspürte, aber wurzellose religiöse Zugehörigkeitssehnsucht erhoffen durch Erlösungsversprechen von Außen, von bizarren Gruppenprogrammen, von „Influencern", Werbung, selbsternannten „Coaches", Heilern, Giften oder dem unüberschaubar riesigen Esoterikmarkt zu befriedigen, allenfalls diffus anempfunden.

Was unsere Gesellschaft aber noch viel stärker beunruhigen müsste sind die „Erlösungsersätze" durch die Verführungspropaganda extremer politisch sich aufspielender „Dagegen-Programme", die Rituale zelebrieren, die wir aus unseligen faschistischen Zeiten kennen. Ungeniert übernehmen sie sowohl deren Inhalte als „Heilslehren" (als welche sie auch einst schon verkündet wurden), als auch die gewalttätigen Verhaltensmuster, mit denen sie dazu verführen, gegen alles, was in ihren Augen „fremd" oder minderwertig ist, Vernichtungsfeldzüge zu inszenieren. Und das oft getragen von messianischem, parareligiösem Fanatismus, geradezu ethisch gefühlter Not-Wendigkeit, wovon sowohl alle fundamentalistischen Bewegungen gespeist sind, als auch populistische Kreuzzüge gegen die (nicht immer zu Unrecht empfundene) Alltagsferne und Überheblichkeit der eng verflochtenen Polit- und Wirtschaftseliten, von denen man sich nicht gesehen, gehört, sondern abgehängt, bevormundet und gedemütigt fühlt: Zu Minderwertigen gestempelt durch die Unmöglichkeit, sich hochzuarbeiten und an den Herrschaftssystemen zu partizipieren.[42]

Die Wut gegen dieses Ausgeschlossensein wiederum fließt in Rebellionen, Proteste, Feindbilder, Verschwörungsphantasien vielerlei Art, die durchaus „religiös" eingefärbt sein können, ein. Denn jede dieser Gemeinschaften garantiert für eine gewisse Zeit Anerkennung, Wohlgefühl des Dazugehörens, und vielleicht sogar eine Ahnung dessen, was man sein *könnte*, wenn man nicht früh schon seiner Identität und Eigen-Art beraubt worden wäre, entmündigt durch Anpassungsdruck, Ohnmacht und Hilflosigkeit. Der deutsch-schweizerische Psychologe Arno Gruen (1923-2015) hat sich mit diesem Themenkreis befasst. Der *„Verrat am Selbst"* (1984) steht im Mittelpunkt seiner Analysen. Für seine Studie *„Der Fremde in uns"* (2000), in der er auch aufzeigt, wie sich die Leugnung und Zurückweisung eigener Schwächegefühle und die verfestigte Selbstentfremdung und kaum erfahrene Empathie in einen

---

42   Der amerikanische politische Moralphilosoph Michel J. Sandel (geb. 1953) hat das in einer erst kürzlich erschienen Monumentalstudie am Beispiel Amerika analysiert und dargelegt (M. J. Sandel, Vom Ende des Gemeinwohls – Wie die Leistungsgesellschaft unsere Demokratien zerreißt, Frankfurt 2020)

völligen Mangel an Mitgefühl wandelt und in Gewalt gegen andere entlädt, erhielt der 1936 in die USA emigrierte Jude, der später in die Schweiz zurückkehrte, 2001 den Geschwister-Scholl-Preis.[43]

Weit entfernt von der Differenziertheit der Studien Arno Gruens möchte ich hier nur stark vereinfachend an eine psychologische und pädagogische Erfahrungsweisheit aus der Praxis eines jeden Erziehers erinnern: Nämlich, dass diejenigen, die sich minderwertig fühlen und denen es nicht gelingt, seelische Nähe und Verbindung mit sich selbst zu finden und auch keine kreative Kompensation, ihr Aggressionspotenzial nach außen richten, sehr häufig in übergriffigen körperlichen Gewaltakten gegenüber anderen: Lat *aggredi*, von dem sich unser Wort „Aggression" ableitet, bedeutet aber letztlich einfach *„nahe herangehen"*. Was im weitesten Sinn bedeutet: Wer den Kontakt, die Nähe zu sich selbst und seiner schöpferischen Mitte nicht findet (und dem vielleicht nie dabei geholfen wurde), entwickelt eine Frustration und Wut, die ein irgendwie sinn- und erlösungsverheißendes „Flussbett" sucht. Gesellschaftlich zeigt sich das zum einen in einer Zunahme von Selbstverletzern und bis dahin unauffälligen Einzeltätern (etwa bei Amokläufen), als auch in der Tendenz, sich Gruppen anzuschließen, welche außer der schmerzlich vermissten Zugehörigkeit auch Größen- und Überlegenheitsgefühl versprechen, die dann durch aggressive Angriffe auf Andere als berechtigte Rache für den erlebten „Verrat am Selberseindürfen" abreagiert wird. Und jede Gewaltaktion wirkt wieder zurück und verstärkt den „Seelenverlust".

Womit wir wieder bei meinem Anfangsimpuls wären, der mich fragen ließ: Was hat es damit auf sich, dass überall in den Gesellschaften die Gewalt zunimmt? Gewalt gegen Andersdenkende, Andersfühlende, gegen alles als schwächer und wenig wertvoll Abwertbare?

---

43   Arno Gruen, Der Fremde in uns, Stuttgart 200
      ders .Der Verlust des Mitgefühls – Über die Politik der Gleichgültigkeit, München
      1997

Woher rührt der Mangel an Mitgefühl, der Seelenverlust? Ist es eine alte, tiefsitzende eigene Gefährdetheit, als „schwach" und minderwertig abqualifiziert zu werden in unserer einseitig überfordernden Leistungsgesellschaft? Sind es Angst und Demütigung durch sie – oder der Wunsch, doch auf irgendeine Weise Aufmerksamkeit zu erzwingen und sich so ein Gefühl des Selbstwerts zu verschaffen, wenn auch mit gewaltsamen Mitteln?

Oder bricht sich hier die unterschwellige Gewalttätigkeit in der Leistungs- und Effizienz- Gesellschaft *selbst* Bahn, mit ihrem technizistisch manipulativen Machbarkeitsdenken, in der ständig Tabubrüche stattfinden und alles, was nicht „groß" genug herauskommt, „zerschlagen" wird?

Vermutlich wirkt alles zusammen. Jedenfalls müssen wir eine tiefsitzende Verzweiflung vermuten, und dass die Zugänge zu wirklichen, also wirksam haltgebenden Sinnbezügen und „Erlösungsversprechen" verloren gegangen sind. Und dass sie weder durch selbstbestimmte Leistung noch durch die institutionalisierten Religionsgemeinschaften mehr herstellbar sind – und in der traditionellen Form auch wohl kaum wieder so herstellbar werden, wie sie einst waren, wie etwa die Kirchenaustritte zeigen.

So suchen sich diese sinnsuchenden Urbedürfnisse andere Flussbetten, in denen die ursprüngliche Erlösungssehnsucht kaum noch erkennbar ist – aber sie ist da. Was ihr jedoch fehlt, ist ein kosmisch orientierter Mythos, der die kirchenfrommen „Großen Erzählungen" aus ihren engen Deutungsmustern befreien würde und in eine umfassende, die verfestigten Dogmen überschreitenden und in eine ausweitende Kosmologie überführen. Darin bestünde die *Hoffnung*, Kräfte für eine das Desolate, seelisch Zerbröselte wiederverbindende Utopie zu finden, die positive, noch im Unbewussten liegende Früchte trägt.

Meine Hoffnungsfigur auf dem Schreibtisch scheint sie schon gefunden zu haben. Aber auch in ihrem Korb sind sie nur undeutlich zu erkennen. Aber sie sind *da*, und wir werden schon noch herausfinden, welcher Art sie sind!

Und damit sind wir wieder zurück bei der Frage, was tragende Religion für die Seele sein könnte, wenn sie sich auf ihre tieferen Quellen besänne, und befragen (nicht nur) William James.

Religion und ihr Geheimnis

Einst war den Menschen die Religion eine seelische Stütze. Nicht umsonst wurden ihre Amtsvertreter „Seelsorger" genannt – und werden es noch heute. Für sie sollte das, was „Seele" genannt wird kein Fremdwort sein, und ihre Aufgabe ist es, sich um die Seelen derer zu kümmern, die spüren, dass es etwas über die Trivialitäten des Alltags hinaus Tragendes geben muss. Und dass dieses geheimnisvolle Etwas jenseits des Alltäglichen sie aus ihrem zeitweisen oder anhaltenden Gefühl des „Seelenverlusts" „erlösen", bzw wieder an ihre innersten Quellen und eine größere Ordnung anschließen könnte, ohne dass sie angewiesen sind auf „Kicks", die in „kümmerlichen Selbstverbräuchen" enden. Denn um das Stillen eines den meisten unklaren „Dursts" geht es doch dort, wo suggeriert wird, Konsum, Events, Spaßveranstaltungen, Abenteuer- und Leistungsexzesse oder martialische Tabubrüche könnten unseren kollektiven Seelenverlust kompensieren: *„Wir dürsten nach einem anderen Leben, wenn wir das wirkliche Leben nicht leben, und es bedarf der Einwurzelung im Geheimnis jenseits des Alltäglichen"*[44] schreibt der Religionsphilosoph Raimon Panikkar (1918-2010) .

Das *„Geheimnis jenseits des Alltäglichen"* – das möglicherweise direkt *im* Alltäglichen offen zutage liegt, aber von uns „entweiht" ist: darum geht es. Um den Anschluss an das seelische, symbolische Leben, der diesen Zugang zum Geheimnis des *„wirklichen Lebens"* erschließt, das viel größer ist, als unsere abgestumpfte Alltagswahrnehmung, und bewirken würde, dass wir in unserem Dasein einen Sinn erkennen könnten. Ohne außengeleiteten Ersätze, Statusbeweise oder gar von irgendwelchen selbsternannten dubiosen Heils- und Verschwörungsvereinen.

William James[45], der behutsame amerikanische Psychologe und Philosoph, der bis heute großen Respekt genießt, aber lebenslang eine Zweifler und Suchender in religiösen Fragen blieb, war

---

44   Raimon Panikkar, Das Göttliche in allem, Freiburg 2000, S. 29
45   William James, Die Vielfalt religiöser Erfahrungen, Neuauflage Berlin 2014

überzeugt davon, dass jede Religion etwas enthält, das über das Erleben des trist und banal empfundenen Alltags hinausführt. Schon in der zweiten Vorlesung seines Versuchs über die „Vielfalt religiöser Erfahrung" formuliert er das markant so: *„Das Wesen der religiösen Erfahrung – das, was ihren eigentlichen Wert ausmacht – muss ein Element oder eine Qualität sein, die wir nirgendwo anders antreffen können."*[46]

Dieser Satz kann gar nicht genau genug gelesen werden. Denn all die Ersätze, die bisher genannt wurden, enthalten zwar, oberflächlich betrachtet, irgendein „Mehr", irgend ein Element, das zumindest kurzzeitig das Gefühl vermitteln kann, über Anpassung ans allgemein Übliche hinauszugehen und irgendeinen Besonderheitsstatus zu verschaffen. Aber eine *Sinnqualität*, die in üblichen „Mehrs" und partiell „erhebenden" Ausnahmeempfindungen anzutreffen ist, enthalten sie nicht.

Unpathetisch und in einfachen Sätzen fasst James in einem Resümee der vorangegangenen 19 Umkreisungen des Themas am Schluss noch einmal zusammen, was er bei seinen gewissenhaften Untersuchungen als „Quelle" des religiösen Lebens in all seinen verschiedenartigen Erscheinungsformen erkannt – und vielleicht auch erfahren hat:

Die in allgemeinster Form zusammengefassten Befunde des religiösen Lebens schließen folgende Überzeugungen ein:
1. dass die sichtbare Welt Teil eines mehr geistigen Universums ist, aus dem sie ihre eigentliche Bedeutung gewinnt;
2. dass die Vereinigung mit diesem höheren Universum bzw. eine harmonische Beziehung zu diesem unsere wahre Bestimmung ist;
3. dass das Gebet bzw. die innere Gemeinschaft mit dem Geist dieses Universums – mag dieser Geist „Gott" oder „Gesetz" sein – ein Prozess ist, in dem etwas wirkliches geschieht, durch den spirituelle Energie in die Erscheinungswelt einfließt und dort psychologische und materielle Wirkungen hervorbringt.[47]

---

46   William James, Die Vielfalt religiöser Erfahrung", S. 77
47   Ders. S. 473

Darüberhinaus kommt er zu dem Schluss, dass der „Dreh- und Angelpunkt" aller Religiosität letztendlich das Interesse des Einzelnen an seiner persönlichen Aufgabe oder „Bestimmung" sei, und der religiöse Antrieb die Liebe zum Leben.[48]

Und der Pragmatiker James betont auch, wie sich eine solche religiöse Orientierung doch erstaunlich erweiternd auswirken kann: *...die spirituelle Kraft eines Menschen, der solche Erfahrungen macht, nimmt tatsächlich zu, ein neues Leben eröffnet sich ihm,"* und er gibt zu, dass es *„im Ganzen unserer Seele wirklich mehr Leben [gibt], als uns zu irgendeiner Zeit bewusst ist ... es gibt immer auch einen unmanifestierten Teil des Selbst ...*[49] (Und dass in diesem „unmanifestierten Teil des Selbst" Keime schlummern könnten, denen wir erst noch zur Entwicklung verhelfen müssen, darauf werden wir besonders im bildhaften Symbol der „Madonna mit der Kugel" (Teil V) noch kommen.)

James, der Skeptiker schließt auch nicht aus, dass die mystische Überzeugung, dass das endliche Selbst sich mit dem „absoluten Selbst" (oder „Gott") vereinigen kann, *„weil es mit Gott und mit der Seele der Welt immer identisch war."*[50] Ja, er geht noch weiter, indem er schreibt: *„Die größeren Umrisse unseres Daseins verschwimmen, wie mir scheint, in einer Dimension der Wirklichkeit, die vollkommen anders ist als die wahrnehmbare und bloß „verstehbare" Welt."* Und: *„Insofern unsere geistigen Impulse in dieser Region ihren Ursprung haben ... gehören wir ihr inniglicher an, als wir der sichtbaren Welt angehören..."*[51]

James ist vorsichtig. Durch alle Vorlesungen hindurch bewahrt er sich den distanzierten Blick des psychologischen Beobachters, auch in Hinsicht auf *„die Wirklichkeit des Unsichtbaren"* und der die Religiosität grundierenden Überzeugung, *„dass es eine unsichtbare Ordnung gibt".*[52]

---

48   S. 479/486
49   James, S. 488/490
50   S. 491
51   S. 491
52   Vorlesung III, S. 85

Und doch kommt er in seiner letzten Vorlesung zu Schlüssen, welche durchaus auf die Berechtigung mystischer Erfahrung hinauslaufen, etwa, dass der religiöse Mensch in eine *„kosmische Beziehung"* zu „Gott" (oder dieser unsichtbaren Ordnung) treten kann. Ja, er gesteht zuletzt sogar seine Affinität dazu ein:

Meine ganze Bildung treibt mich zu der Überzeugung, dass die Welt unseres gegenwärtigen Bewusstseins nur eine von vielen bewussten Welten ist, die es gibt, und dass diese anderen Welten Erfahrungen enthalten müssen, die auch für unser Dasein eine Bedeutung haben; und dass, obwohl die Erfahrung jener und dieser Welt unterschieden bleiben, dennoch beide an bestimmten Punkten in Verbindung treten und dabei höhere Energien einsickern.

Und sogar noch dies:

Die objektiv betrachtete Gesamterfahrung des Menschen zwingt mich, unweigerlich über die Grenzen der „Wissenschaft" hinaus. Die wirkliche Welt ist sicher von einem anderen Schlag und viel raffinierter gebaut als es die Naturwissenschaft erlaubt.[53]

Diese Einsicht lässt vermuten, dass James nun doch auch mit dem *„Geheimnis"* der Religion in Berührung gekommen war, von der er anfangs nur vermutet hatte, dass in ihr ein *„Element oder eine Qualität sein [muss], die wir nirgendwo anders antreffen können."* (James, S. 77)

Dieses Geheimnis ist zuinnerst in der menschlichen Seele beheimatet und durch nichts zu ersetzen. Wo wir den Kontakt dazu verloren haben, droht nicht nur eine klägliche Verengung unserer geistigen Wahrnehmungsfähigkeit, sondern auch ein persönlicher *Seelenverlust*.

Der hatte zu Williams Zeiten schon eine große Zahl an Wissenschaftlern und Intellektuellen erfasst, die sich verdächtig gemacht

---

53   S.494, 495, 496

hätten, wenn sie nicht der Spur rationalistischer „Aufgeklärtheit" gefolgt wären und die Welt als „gottfreies" Feld mechanistischer Erforschbarkeit und Machbarkeit betrachtet, Mensch und Natur als Verfügungsmasse.

Wie kennen die Konsequenzen, die uns bis heute verfolgen: Nur sieben Jahre nach William James' Tod trat ein nur halbverstandener „Marxismus" mit brutaler Gewalt in Aktion, der nicht nur das Feudalsystem, sondern auch „Gott" aus der russischen Geschichte fegen wollte unter dem Vorwand, irdische Gerechtigkeit durch „Säuberungs"- und Gleichschaltungsprogramme zu installieren. Auf allen Ebenen usurpierten ideologisch verbrämte Machtmissbräuche die angeblich „gottgewollten" Strukturen um zu zeigen, dass eine Gottesvorstellung obsolet sei. Doch: „ ... *der Aufhebung des Gottesbildes folgt die Annullierung der menschlichen Persönlichkeit auf dem Fuße nach. Der materialistische Atheismus bildet mit seinen utopischen Chimären die Religion jener rationalistischen Bewegungen, welche die Freiheit der Persönlichkeit der Masse überantworten und damit auslöschen*", warnte C. G. Jung in „Aion", seinem gigantischen Werk über die Tiefgründigkeit christlicher Symbolik.[54]

Gewiss, Ähnliches hatte es immer wieder gegeben, aber von nun an traten die selbsternannten quasigöttlichen Führer mit einem weiter denn je reichenden Autoritätsanspruch auf. Hatten in Rom die Gottkaiser die Autorität der über ihnen stehenden Götter noch anerkannt und ihnen gehuldigt, so sortierte man nun Religion und „Gott" skrupel- (und ziemlich bewusstlos) in die Selbstbastler-Werkzeugkästen ideologischer Machtausübung.

Dass die nun angezettelten Kriege mit Gottesdiensten gefeiert und die Soldaten aller Lager mit Koppeln mit der Aufschrift „Gott mit uns" in Vernichtungesschlachten geschickt wurden, zeigt nur eine der perversen Blüten, welche die neue Gottlosigkeit charakterisieren, die auch menschlich und kulturell alles in Schutt und Asche legten, die mitverstümmelten und ermordeten Seelen unter sich begruben.

---

54 C. G. Jung, Aion, GW 9/II, § 170

Die sich ausbreitende Verzweiflung über das Zerstörte wurde anschließend vor allem im Westen durch einen grimmig-pragmatischen Wiederaufbau-Aktivismus kompensiert und bis heute mit einem sich selbst feiernden Technologie- „Innovations"- und Konsumrausch zugedeckt. Mit einer Heilslehre, die Technik, Wirtschaft, Leistung, Effizienz, konsumistischen Hedonismus und neuen Nationalismus samt einer nie gekannten Reisesucht in den Stand von Religionen erheben.

Und wo sind die Kirchen geblieben?

Nun, zunächst sind sie für viele „Gewohnheitschristen" trotz allem ein Hort und Halt geblieben, auch wenn mit der Zeit gewisse Aufweichungen zu beobachten waren: Auf der einen Seite eher in Richtung auf ein Sonntags- und „Kulturchristentum" mit Konzert- und Kunstangeboten, auf er anderen Seite ein Abgleiten in eine Art „niederschwellige" Folklore, „modern" angepasst auch mit Motorradsegnungen und anderen Pop-Angeboten, immer wieder zusammengefasst in Kirchentagsmärkten.

Auf der anderen Seite wurde aber auch ab den 60er-Jahren eine feministische Bewegung mit eigen-sinniger Theologie lebendig, welche die herkömmlichen einseitig männlich konnotierten Gottesbilder und Moralvorstellungen in Frage stellten und so Türen öffneten zu einer neuen Leseweise der biblischen Traditionen. Dies tat etwa zeitgleich auch eine vor allem von Lateinamerika ausgehende „Befreiungstheologie", der sich auch viele westliche Theologinnen und Theologen anschlossen. Sie verstand sich als „Stimme der Armen", klagte Ausbeutung und Erniedrigung der Schwächeren und Abhängigen als unchristlich an.

Beide Aufbrüche flossen in vielen Punkten zusammen, zumal die Ausbeutung und Erniedrigung von Frauen in der sogenannten „Dritten Welt" zum Himmel schrie, und rückte auch die unterschwellig genauso vorhandenen Strukturen im Westen stärker ins Bewusstsein.

Beiden gemeinsam, feministischer wie Befreiungstheologie, war denn auch ein neu erwachender sensibilisierter Blick auf den

Umgang mit der *Natur* – und so litten sie gemeinsam unter einer argwöhnischen Beobachtung sowohl von kirchlicher Seite, wie auch, versteht sich, von Seiten „der Wirtschaft". Doch es schien etwas in Bewegung gekommen zu sein, unterstützt von rebellischen Aufständen der meist studentischen Provokationen gegen die autoritäre Fortführung althergebrachter hierarchischer Attitüden an Universitäten mit dem Slogan „Unter den Talaren der Muff von tausend Jahren", der sich unschwer auch auf das Kirchenwesen übertragen ließ.

Ich selber, Hochschulabschluss 1968, habe noch so einiges davon ungefiltert mitbekommen, und für viele meiner Altersgenossen und Freunde war es damals selbstverständlich, dass „man" (!) „aus der Kirche austreten" muss, da sich Religion immer mehr als „nichts als" „Opium des Volks" herauszustellen schien.[55] Kurz: es schien eines „aufgeklärten" Bürgers oder gar Intellektuellen oder Künstlers einfach nicht mehr würdig, religiöses Leben ernst zu nehmen. Woran allerdings auch feministische und Befreiungs-Theologie nicht viel änderten, weil sie dem Ton nach mehr gesellschaftskritisch oder eben auch „macherisch" grundiert waren. Zuweilen auf feministischer Seite auch mit nicht sehr seelenvollem Pathos, das polarisierende und gar militante Züge nicht ausschloss. Wobei letztere das erklärte Anliegen einer nicht verurteilenden neuen Wertschätzung weiblich-empathischer spiritueller Haltungen eher konterkarierte, zumindest verzerrte und mit ihrem aktionistischen Pathos bisweilen auf kritische Gemüter sogar abstoßend wirkte.

Tragischerweise verblassten mit dem Aufleben der McKinseyisierung des gesamten gesellschaftlichen Lebens (die, wie beschrieben, auch an den Kirchen nicht spurlos vorüberging) die anfangs durchaus kraftvollen Neu-Aufbrüche unmerklich aber stetig und wirkten schließlich irgendwie „gestrig".

Religion war kein ernst zu nehmendes Thema mehr. Man las Freud, der Religion für einen die wahren „psychischen Defekte" verschleiernden bürgerlichen Verdrängungsmechenismus erklärt

---

55   Karl Marx, meist verfälscht in „Opium *für* das Volk", was eine tückische Absicht der „herrschenden Klasse" unterstellt.

hatte, redete frei über alle Spielarten von Sexualität, aber Religion galt als etwas völlig Überholtes, Altbackenes, über das die, welche sich noch mit religiösen Fragen herumschlugen, lieber den Mund hielten, um sich nicht lächerlich zu machen.

Und doch – immer waren auch Gegenbewegungen spürbar – wenn man sie denn spüren wollte. Und zwar nicht nur in kalifornischen Aufbrüchen der eher exotischen Art, sondern auch in der europäischen Literatur wurde ein Mangel empfunden, dem der Luzerner Theologe Christoph Gellner (geb. 1959) in seiner Studie über aufschlussreiche Ansätze im Schreiben moderner Dichter nachgegangen ist.[56]

So konstatierte etwa Uwe Timm in seinem Roman „Rot", dass wir in einer *„transzendentalen Obdachlosigkeit"* leben und der Schweizer Schriftsteller Gerhard Meier (1917-2008) formuliert sein Gefühl, *dass uns heute weniger das Gesellschaftliche zu schaffen macht als das Vakuum an Spiritualität, das uns sozusagen an den Rand eines kosmischen Abgrunds saugt."*

Seine Prosa versteht sich als ein *„beständiges Anschreiben gegen die Einschränkung der Wirklichkeit auf das Sicht- und Greifbare. Dabei besteht das Spirituelle zunächst in einer genauen, geduldigen Wahrnehmungsfähigkeit, die im hingebungsvollen Beobachten die Dinge bei sich selbst belässt und ihnen mit gelassener Präsenz zuschaut.*[57]

Hier wird man hellhörig: Es ist nun nicht mehr von „Religion" die Rede, sondern von „Spiritualität", ein Wort, das zur Zeit selbst innerhalb der kirchlichen Religions- Institutionen geradezu inflationär als Hüllform für ihre lehrsatzgeprägten konservativen Botschaften verwendet wird (um nicht zu sagen: missbraucht ...) und Gefahr läuft, zu einer substanzlosen Verbrauchsvokabel zu verkommen. Im Ansatz aber versteht sich „Spiritualität" durchaus vom freien *„spiritus"*, vom pfingstlichen *pneuma* als *„Geist ... der in allem*

---

56   Christoph Gellner, „...nach oben offen", Literatur und Spiritualität – zeitgenössische Profile, Ostfildern 2013
57   Gellner, S. 17 und 23

rauschen" muss (Gottfried Benn)[58] und sich niemals in eine organisierte Gestalt, wie sie die „Religionen" predigen, einpassen lässt. Aber nach dem rebellischen Rundumschlag auf alle religiöse Bindung im Aufruhr der 60er Jahre (zuvor natürlich längst in den Nihilismen des 19. und 20. Jahrhunderts in Intellektuellenkreisen) lässt sich nach Gellner doch einigermaßen überraschend *„in der Gegenwartskultur seit den 1990er Jahren ein bemerkenswerter* Vorzeichenwechsel *beobachten, ein bedeutsamer* kultureller Klimawandel, ja *„eine neue Aufmerksamkeit und bunt schillernde Aufgeschlossenheit für Religiös-Spirituelles. Gegen alle Erwartungen einer religiösen Zukunft macht auch Jürgen Habermas' Wort einer „postsäkularen" Konstellation von Religion und Gesellschaft die Runde."*[59]

Und Gellner weiter: *„Gegenläufig, ja höchst widersprüchlich lassen sich heute sowohl Prozesse einer fortschreitenden Säkularisierung als auch Phänomene einer Respiritualisierung ausmachen."* (ebd).

Also doch Hoffnung für eine Weiterentwicklung sinntragender Mythen?

Jedenfalls ist eine paradoxe Gleichzeitigkeit von Abschied von der Religion und Versuchen zu beobachten, ihre festgefahrenen Konzepte aufzulösen in Richtung auf eine neue Offenheit, auch gegenüber andersgelebten religiösen Wegen und außerchristlichen Religionen. Der Schriftsteller Hanns-Josef Ortheil (geb. 1951) meinte gar in einem Interview, religiöse Themen seien *„längst wieder gesprächsfähig geworden, weil sie mit den alten Dogmen-Debatten und den kirchlichen Lehrmeinungen nicht ausschließlich in Verbindung gebracht werden"*[60], ebenso wie Habermas ein *„Bewusstsein für das, was fehlt, ja, was zum Himmel schreit,"* spürt. [61]

In wieweit das auch außerhalb der Kreise zutrifft, in denen Ortheil sich bewegt, weiß ich nicht. Allerdings sehe ich bei nicht wenigen Schriftstellern, die mir lieb sind, (nicht nur bei Peter

---

58   Gottfried Benn, Choral, Ausgewählte Gedichte, Zürich 1973, S. 41
59   Gellner S. 21, Habermas-Titat aus seiner Friedenpreisrede von 2011
60   Gellner S. 21/22
61   Gellner S. 28

Handke, Hermann Lenz) eine durchaus „spirituelle" Haltung durchleuchten, auch wenn sie das einschlägige Vokabular meiden.

Dennoch: Auch wenn die Rede von „Spiritualität" in abenteuerlichsten Kontexten wabert, ist die Auseinandersetzung mit religiösen Bilderwelten und ihrer Symbolik, ob christlich oder transkonfessionell, mit Sicherheit noch lange kein Massenphänomen, geschweige denn ein ohne weiteres ansprechbares Thema geworden, wie ich aus meiner Umgebung weiß. Die Freunde, mit denen ich mich in einem wirklich „spirituell" offenen Horizont austauschen kann und konnte (einige sind leider gestorben und ich vermisse sie sehr), lassen sich an den Fingern einer Hand abzählen.

„Spiritualität" – was heißt das eigentlich?

Es ist vermutlich gerade die Unschärfe dieses Begriffs, der ihn so attraktiv macht und ihm zu einem geradezu inflationären Gebrauch verholfen hat, zu einem bedeutungsschwer tönenden, wohlklingenden, möglicherweise modischen Dekorationsstück. Doch das Tönen könnte aus einer gewissen Hohlheit kommen, seelisch nicht erfahren, inhaltlich nicht erlebt, und so auf tönernen Füßen stehend. Vielfach jedenfalls ähnelt die Rede von „Spiritualität" eher einer Geste ins Ungefähre, mit der man etwa andeuten will, dass man sich vielleicht nicht so recht in Übereinstimmung mit kirchlichen Glaubens- und Frömmigkeitsfragen fühlt, aber doch „so eine Ahnung hat", dass es „etwas gibt", das über den transzendenzverriegelten Alltag hinausgeht.

Selbst in konservativen kirchlichen Kreisen spricht man inzwischen lieber von „spirituellen" Angeboten als etwa traditionellen Glaubensunterweisungen, wenn man einen Kreis ansprechen will, der bei einem Wort wie „Bibelstunde" das Kreuz machen würde (falls er darin noch einen Sinn sieht), und sich achselzuckend davonmachen.

So ist „spirituell" zu einem merkwürdig dehnbaren Passepartout geworden, der gleichermaßen Verkaufsstellen von künstlich bedampften und gefärbten Kristallen und konsumorientierte Anbieter von „Selbstfindungskursen" mit verheißungsvoll schillernden Rahmen schmücken kann. Leider vermag das Attribut „spirituell" auch dazu dienen, den geistigen Materialismus reaktionärer, wenn auch „modern" daherkommende Frömmigkeitsprogramme zu verschleiern.

Nach wie vor aber und seinem tiefsten Wortsinn nach meint „Spiritualität auch die ernsthaften Bemühungen um ein über ein fixiertes Gottesbild hinausführendes Bewusstsein, welches das Leben verwandelt. „Klassisch" gesagt: Die Wandlung zu einem „Leben im Geist". Das heißt in ein Bewusstsein, dass wir zwar *„in der Welt"* sind (und da eine Aufgabe haben), aber nicht *„von der*

Welt" (Joh. 8,23). Oder plastischer ausgedrückt, wie es viele seriöse spirituelle Lehrer tun: Dass wir Menschen letztlich „spirituelle" (geistgezeugte) Wesen sind, welche in menschlicher Form über die Erde gehen, und dies in all unseren Erfahrungen schließlich erkennen sollten. In der Rede des Paulus vor dem Athener Areopag ist das unumwunden ausgesprochen: Wir sind *„von Gottes Art"* (Apg. 17, 29).[62]

Sicher ist, dass „Spiritualität" einen wesentlich weiteren Horizont umgreift als unser Verständnis von „Religion", die sich vielleicht zufriedengibt mit einem Aufblicken zu einem irgendwie tröstlichen, Geborgenheit schenkenden „Höheren", den oder das man versucht durch Devotion, Gebet und Einhaltung bibelvermittelter „Gebote" zufriedenzustellen.

Aber schauen wir einmal, ob uns durch eine genauere Betrachtung der Herkunft des fraglichen Wortes ein tieferes Verständnis aufgehen kann.

„Spiritualis" heißt lateinisch „geisterfüllt, geistig, geistlich", als Substantiv „geistliche Macht". *„Spiritus"* ist „das Blasen, Wehen, der Hauch, der Atem, Lebenshauch und Leben". Darüberhinaus auch ganz direkt: „Seele, Wille, Gedanke ... Schwung, Begeisterung", bezeichnet also immer ein bewegtes, belebtes und belebendes Schwingen, und als *spiritus sanctus* natürlich den Heiligen Geist, der in der Liturgie angerufen wird. Alle Bedeutungsvariationen machen aber klar: Das ist nichts Fassbares, mit Händen zu Greifendes, in eine begriffliche oder dogmatische oder modische Zwangsjacke Fesselbares, sondern etwas, das sich jedem gewaltsamen „Zu-Griff", auch jeder Anstrengung[63] entzieht, „unverfügbar" (vgl. H. Rosa),

---

62 Im griechischen Urtext: *„Genos oun hyparchontes tou theou"*, was auch etwas umfassender (und komplizierter) übersetzt werden kann: „Wir sind der Geburt (dem Ursprung, der Herkunft) nach „Uranfänglich-zur-Erscheinung-Bringende des Göttlichen". Was wiederum heißen kann: „Gott" ist das durch uns Menschen immerfort „Aufgehende", das Ereignis des permanenten Schöpfungsprozesses. Alles Seiende ist eine „Epiphanie" Gottes, das zu Feiernde und zu Fördernde, das in individueller Gestalt in Erscheinung tritt.

63 Interessant, dass auch der *Wille* in dieses Bedeutungsfeld gehört, von dem wir im Westen allgemein annehmen, durch „Disziplin", womöglich moralischem Druck sei er machbar, erzwingbar!

unberechenbar in seiner Art, seinem Zustandekommen, seiner Wirkung: *„Der Wind (pneuma) weht (pnei), wo er will und du hörst sein Sausen (phonein/tönen) wohl, aber du weißt nicht, woher er kommt und wohin er geht"* (Joh 3,8), sagt Jesus zu Nikodemus, einem Pharisäer und „Oberen unter den Juden". Der kommt heimlich nachts zu ihm, weil er die Besonderheit des Menschen Jesus und seiner Botschaft erkannt hat und das Gespräch mit ihm sucht.

Hier wird der griechische Name des Geistes, *pneuma*, genannt, verstärkt noch mit dem Verb für „wehen", *pneiein*, aus demselben Bedeutungshorizont, beide Wörter mit einem riesigen Spektrum an Subtilitäten (zu denen auch der Duft gehört!). Wobei die Griechen das *pneuma* auch in der Kraft sahen, die alle Wesen, ja die ganze Schöpfung belebt, weshalb das „wehen" oder „blasen" eben auch im Tätigkeitswort (*pnei*) noch einmal betont wird: Der Geist*hauch* wirkt Beseelung und Belebung in allem, was ist, jeden Augenblick neu, nicht im „Haben", sondern im Sein..

Doch „machen" kann man das alles nicht, sondern nur sich öffnen dafür. Das bezeugen 3 Charakteristika in der Rede Jesu:

1. Der Wind (Geist, Hauch, pneuma, spiritus) weht wo er will;
2. du weißt nicht, woher er kommt und wohin er geht
3. man kann lediglich sein Sausen (phonein heißt eigentlich „tönen") hören, also seine Stimme, seinen Ruf (Kennwort der Weisheit! Spr 8) – falls man überhaupt offen dafür ist, bereit darauf zu hören, zu lauschen.

Letzteres heißt, dass man bereit sein muss, vorrangig auf etwas anderes zu hören als das, was einem von irgendwelchen überflüssige Bedürfnisse weckenden Konsumparolen zugeraunt wird. Und lernt, die unterschwellig darin verborgenen Verführungswinke zu decodieren und kritisch zu hinterfragen: Zeichen dafür gibt es überall, denn der Geist ist listig, spielt auch gern Verstecken im Grobstofflichen und will dennoch darin erkannt werden in seinen tieferliegenden Signalen an die Seele. Will, dass wir uns im seelisch sensiblen Hindurchschauen, Hindurchlauschen durch die triviale Bildüberflutung des Alltäglichen üben, *frei* davon werden,

98

die Sehnsüchte erkennen, die durch ihre seelenlose oder sentimental verbrämte Banalität hindurchscheinen. *Dass wir unser Unterscheidungsvermögen üben* – und das gilt selbst für die abgebrauchten Phrasen unserer Glaubensverwalter, für ihre Dogmen und Doktrinen – und sogar für die Heiligen Schriften, die wir immer wieder neu lesen, befragen, neu deuten müssen im Wissen, dass sie zwar einst „geistlich inspiriert" verfasst worden sind, aber viele, viele Übersetzungen durchlaufen haben, die zu unzulässigen Verfestigungen geführt haben. Wer aber genau hinhört, wird den unablässig schöpferisch und bewegt atmenden „Geisthauch", die implizite Weisheit in *allem* wehen und tönen hören, ihre geheimnisvolle seelische Resonanz auf die „innere Stimme" in uns selber erkennen, unserem meist unbewussten „Selbst", das sich nicht irre machen lässt von fragwürdigen Außenimpulsen. Tatsächlich bezeichnet der lat. *„spiritus"* auch „Selbst-Bewusstsein".[64] Nicht als „Ego-Qualität", sondern als eben dieses innerste Wissen um unsere Herkunft aus einer größeren Wirklichkeit, die wir „Gott" nennen, und um unsere personale Aufgabe in der Welt.

Es geht also um *die schöpferische Gotteskraft in uns.*

Die nämlich hat einst auch Maria erfahren, als „Gottes Geist" sie „überschattete" und sie von einem Engel namens Gabriel (= Kraft Gottes") erfuhr (Abb. 5), dass sie berufen sei, dieses schöpferische neue Selbst-Bewusstsein zu empfangen, auszutragen und „zur Welt zu bringen" in der Gestalt eines Sohnes namens Jesus (Luk 1,26 ff). Dieser sollte, von Anfang an vom Bewusstsein seiner göttlich-geistigen Herkunft durchdrungen, die Botschaft unters Volk bringen, dass wir alle unserer innersten Natur nach „Kinder des Geistes" sind.

Doch das wurde von nur wenigen verstanden. Das befreiende Selbst-Bewusstsein, zu dem der Mann mit der Stimme des göttlichen Weisheits-Geistes aufrief, wurde ihm von den dogmatischen

---

64   Heinichen, Schulwörterbuch Lateinisch-Deutsch,, Stuttgart, Erstauflage 1978

Glaubenswächtern als Anma-
ßung ausgelegt, und die
Geschichte endete für ihn
tödlich.

Doch der weisheitliche
Geist in ihm, der ihm seine
Stimme gegeben hatte, lebte
weiter und zeigte sich, am
Pfingsttag nach seinem Tod
in einer neuen Qualität, wie
wir aus der Apostelgeschichte
wissen (Apg 2). Und zwar
als eine unbegreiflich ent-
grenzende und Gemeinschaft
stiftende Kraft vom Himmel
herab, deren Brausen wie ein
gewaltiger Sturm nun nicht
nur die auf Jesu Geheiß in
einem kleinen Raum in Jerusalem um Maria versammelte
Jüngerschar erfasste, sondern
das ganze Haus erfüllte, in dem
sie waren. Diese Geschichte
ist wirklich so gewaltig (gr.
biaias), dass ich sie hier gern
in den Worten des Lukas,
der als Verfasser der Apostelgeschichte gilt, weitererzählen
will. Da heißt es:

*Und es erschienen Zungen
wie von Feuer, die sich verteil-
ten; auf jeden von ihnen ließ
sich eine nieder. Alle wurden*

Abb. 5
Verkündigung an Maria, Chorfenster, Frauen-
kirche Esslingen, gegen 1330

In wunderbarer Geschlossenheit bestimmen
drei Figuren das Bild: Der Engel Gabriel (=
Kraft Gottes), Maria und über beiden mehr
herabstoßend als schwebend die Taube als
Symbol des Heiligen Geistes und der göttlichen Weisheit. Gezeigt wird der dramatische
Augenblick, in dem Maria, als Repräsentantin
des Menschen, der Menschheit, der Natur und
der Erde, erfährt, dass sie Trägerin der schöpferischen Gotteskraft ist. Das ist ein Moment
eines entscheidenden Bewusstseinsschrittes:
„Gott", Gottesgeist ist nicht länger als außerhalb des Irdischen zu denken, sondern wohnt
Mensch und Erde inne. Und der Mensch ist
gerufen, dieses Bewusstsein zu hüten, auszutragen und „zur Welt zu bringen", das heißt
sich der Geistdurchdrungenheit und Würde
aller Kreatur bewusst zu werden und Verantwortung für die Bewahrung des Lebendigen
und ihrer spirituellen Bedeutsamkeit zu übernehmen.

mit dem Heiligen Geist erfüllt und begannen in fremden Sprachen zu reden, wie es der Geist ihnen eingab.

In Jerusalem aber wohnten Juden, fromme Männer aus allen Völkern unter dem Himmel. Als nun dieses Brausen geschah, kam die Menge zusammen und wurde bestürzt, denn ein jeder hörte sie in einer anderen Sprache reden. Sie entsetzten sich und sprachen: Siehe, sind nicht alle, die da reden aus Galiläa? Wie hören wir denn jeder seine eigene Muttersprache? Parther und Meder und Elamiter und die wir wohnen in Mesopotamien und Judäa, Kappadozien, Pontus und Provinz Asien, Phrygien und Pamphylien, Ägypten und der Gegend von Kyrene in Libyen und Einwanderer aus Rom, Juden und Judengenossen, Kreter und Araber: wir hören sie in unseren Sprachen ... Alle gerieten außer sich und sprachen einer zum anderen: Was hat das zu bedeuten? (Apg 2,3-2, 12)

Ja – was hat das alles zu bedeuten?

Denn auf diese *Bedeutung* kommt es nun an – sie allein kann uns den unserer Spiritualität dringend notwendigen neuen Mythos geben, das Gefühl geben, dass darin etwas Bedeutendes enthalten ist, das uns aus einer schal gewordenen Religiosität „erlöst".[65]

Und tatsächlich bedeutet es nicht mehr und nicht weniger als eine Wegweisung zu einem neuen, erwachten Bewusstsein, das wir in unserer „Geist- und Seelenvergessenheit" bis heute noch nicht geistig eingeholt, geschweige praktisch verwirklicht haben: Die schöpferische spirituelle Geistkraft und die ihr innewohnende Weisheit, die die Welt im Innersten zusammenhält, ist in uns allen, umfasst die ganze Menschheit, egal welcher Herkunft und Religion, als untrennbare Ganzheit. Wir alle sind EINES Wesens, EINER Herkunft aus einer alles durchströmenden unerklärlichen Ursprungskraft, die wir „Gott" oder „Gottheit" oder „Geist" oder „Brahman" oder „Allah" oder „Fülle der göttlichen Weisheit" nennen können – und mit der wir samt allem Geschaffenen auf der Welt eine unauflösliche, dynamische und schöpferische Gemeinschaft bilden. Ein grandioses Zusammenspiel, das in unaufhörlicher Entwicklung

---

65   Dazu C. G. Jung: *„Nur das Bedeutende erlöst"*, GW 11 § 496

oder Evolution begriffen ist und uns fühlen lassen kann, dass wir im Grunde genommen alle Teile *einer Seele* sind.[66]

Das heißt, die große Bedeutung dieser Wahrheit kosmischen Ausmaßes zu erfassen, bedeutet nicht weniger, als Gott, Mensch und Welt einen *gemeinsamen* Mythos der untrennbaren Zusammengehörigkeit zu geben, der in den institutionalisierten religiösen Gemeinschaften seinen Anfang nehmen *könnte*, aber weit darüber hinausführt in eine neue Kosmologie, in der nicht nur die Menschheit aufhörte sich gegenseitig zu zerfleischen, sondern eine völlig andere Haltung zu ihrer *„Mitwelt"* gewinnen ließe und deren Erniedrigung und Ausbeutung ein Ende machen.

Doch unser Verstand allein (dem mancherorts tatsächlich etwas dämmert angesichts dessen, was wir mit der „Globalisierung" angerichtet haben), kann dies nicht in seiner ganzen Tiefendimension erfassen. Es ist unsere *Seele*, diese in uns eingesenkte „Filiale" des göttlichen Hauchs, (lat. *spiritus*, gr. *pneuma*, *hebr. ruach*), der diesen pfingstlichen geistigen Impuls in sich aufnehmen muss – wobei Geist und Seele schwer zu trennen sind. Im Lateinischen ist zwar *„spiritus"* grammatikalisch männlich, im Griechischen (*pneuma*) noch offener im Neutrum belassen – doch im Hebräischen ist dieses Hauchen weiblich, *Ruach*, die göttliche Gespielin und Geliebte, mitschöpferische Weisheit, *Anima Mundi*, Weltseele, *sensus* aus der Körpermitte, aus dem Herzen. Nichts intellektuell Abgehobenes, sondern „natürliche", intuitive, ganzheitliche Wahrnehmungsfähigkeit in uns: frei atmende, *liebende Seele*. Sie allein ist das „Organ", mit dem wir unmittelbar, imaginativ und intuitiv erfassen können, was diese umwerfende Pfingstbotschaft zu bedeuten hat, was uns in den Bildern der Heiligen Schriften dringlich ans Herz, die Seelenmitte gelegt wird: Dass jeder von uns, alles in der Welt in dem was wir „Gott" oder „Gottheit" oder „Gottesgeist" nennen, wurzelt, denselben Atem atmet mit allem. Dieses

---

66   Jung, GW 10, § 180. Auch der zeitgenössische Orientalist Navid Kermani hat das jüngst eindrucksvoll in seinem Buch (Jeder soll von da, wo er ist, ausgehen, München 2022) dargestellt

102

Bewusstsein ist es, was heute in der Seele neu erkannt und wiedergeboren werden muss, und uns befreit von Manipulation.

Und darum auch sehen wir auf vielen mittelalterlichen und spätmittelalterlichen Darstellungen des Pfingstwunders bis zur Reformationszeit *Maria* im Zentrum des Geschehens im kleinen Jerusalemer Versammlungsraum der Jünger (Abb. 6).

Auf sie, Symbol der Seele der Menschheit, kommt „der Geist" herab – in der Gestalt einer Taube, Symbol des „Heiligen Geistes". Die Taube, von Alters her Begleiter weisheitsvoller Göttinnen. Denn „der" Heilige Geist ist auch „Mutter", „Hagia Sophia" [67]- wir werden noch darauf zurückkommen.

Wir haben gefragt, was „Spiritualität" eigentlich meint, wie sie unseren Begriff von Religion ausweitet und überschreitet, und wir sehen: „Spiritualität" erlaubt keinen Reduktionismus auf irgendeinen Schubladen-Begriff. Stattdessen müssen wir, um sie in ihrer ganzen Bedeutungsweite zu verstehen, alles verengende Schubladendenken verlassen und auf das weite Umfeld der Symbolik begeben. Und damit gilt für sie, was auch für jedes Symbolverständnis gilt: Anstatt es auf irgendeinen einfachen Nenner reduzieren zu wollen, müssen wir viel eher die Komplexität ihrer Bezüge noch erweitern und erhöhen – bis wir schließlich wirklich gar nicht mehr „sicher wissen", woher der Wind weht!

Aber das bedeutet auch etwas, was das um einen allmächtigen, guten und lieben Gott kreisendes Kirchenchristentum samt seiner braven Gefolgschaft noch immer nicht wissen will und was tatsächlich schwer zu verkraften ist: Dass nämlich dieser Sturm des Gottesgeistes uns immer wieder auch mit der dem „Göttlichen" innewohnenden *Gegensatznatur* konfrontiert. Und es ist unsere spezielle menschliche Aufgabe, uns dem auch in unserer eigenen Seele zu stellen.

---

67   Georg Koepgen, Die Gnosis des Christentums, Trier 1978, S. 226/227

Abb. 6
Die Herabkunft des Heiligen Geistes am Pfingsttag,
Schedelsche Weltchronik, Nürnberg 1493, Bayrische Staatsbibliothek
(Originalblatt im Besitz der Autorin)
Wie häufig ist auch hier Maria der Mittelpunkt des Geschehens: Auf einem Thron sitzend
erscheint über ihr nicht nur eine Blüte als Heilige Dreieinigkeit, sondern zentral darüber
wiederum die Taube mit ausgebreiteten Flügeln. Insofern ist Maria geradezu gezeigt als Repräsentantin der göttlichen Weisheit, und die Jünger sind halb furchtsam halb andachtsvoll
überwältigt um sie geschart. Dass sie ebenfalls erfüllt sind von der unvorstellbaren und un-
darstellbaren Geistmacht wird hier illustriert nicht durch „Feuerzungen" wie im 2. Kap der
Apostelgeschichte, sondern durch die Heiligenscheine, die alle Häupter umleuchten.

Jakob Boehme (1575-1624) hat diese Gegensatznatur in seiner genialen Vision erkannt – und sie erlitten: *„Es ist ein ewiges Ringen zwischen Finsternis und Licht. Keines ergreifet das andere und ist keines das andere und ist doch eine einiges Wesen"*[68] eine „Nichtzweiheit" (ind. *Advaita)*, die ein komplementäres Ganzes bildet.[69]

Und nicht erst bei Jakob Boehme leuchtet diese Erkenntnis auf. Von den großen Propheten Jesaia (8. Jahrhundert v. Chr.) sind die mächtigen Sätze überliefert, in denen er die Gotteskraft, den Gottesgeist hört: *„Ich bins, und sonst keiner mehr, der ich das Licht mache und schaffe Finsternis, der ich Frieden gebe und schaffe Unheil. Ich bins, der dies alles tut (Jes. 45, 7).*

Dies ist damit die größte „spirituelle" Herausforderung, die mit der „Globalisierung" an den Menschen, die Menschheit gestellt ist, sich diesem existenziellen Problem der innerlich verbundenen und letztlich verbindenden Gegensatzspannung zu stellen, dessen Auftrag in der Geistsendung des Pfingstgeschehens in Geist, Herz und Seele eingesenkt wurde.

Wir werden darauf später noch zurückkommen.

Hier nur so viel über das, was eine wirklich „spirituelle" Haltung von uns fordern würde. Ein Punkt, an dem wir sowohl das Brausen (im Griechischen durchaus mit deutlichem Bezug zu einer gewissen Gewaltsamkeit) als auch sein „Säuseln" wahrnehmen müssen – und uns diesem auch überlassen können: Genau hinhören auf die *Bedeutung,* auf die Zeichen, Winke, Düfte, Märchen, Hymnen, Geschichten und akzidentielle Hinweise die uns „aus der Welt" zugetragen werden. Und sie nicht einfach als gefühlsmäßiges „Nichts-Als" beiseite wischen, sondern ihnen als Signale der Seele lauschen, sie als bedeutsame Wegweiser ernst nehmen, als „Weisungen", in denen die göttliche Weisheit (hebr. *ruach)* uns anruft. Und die uns unsere innere Freiheit wieder bewusst machen will, uns aufruft, *mündig* zu werden, all die überlagernden Strukturen,

---

68   Jakob Boehme, Christosophia (Hrsg. Gerhard Wehr, Freiburg 1975), S. 87
69   Vgl. auch Brigitte Romankiewicz, Sophia kehrt zurück, evangelischen Mystik im Schatten Luthers, Freiburg 2016, S. 109 ff

den Eindruck und Druck, in dem wir aufgewachsen sind, abzu-schütteln. Uns aus der Gefangenschaft unserer Vor-Urteile zu befreien, denn Geist (*pneuma*) und Weisheit (*ruach*) lassen sich von nichts gefangen nehmen: Wo sie wirken, *„da ist Freiheit"* (2. Kor 3,17), echte, nicht affektgebundene Freiheit, die keinem „Netz" in die Falle gerät, sei es auch noch so raffiniert ausgelegt.

Das allerdings mutet uns etwas zu, das wir fürchten: Wir müssen auf Sicherheiten, die Konformität, das bequeme Mitlaufen, aber auch auf unsere dualistische Einstellungen verzichten, auf unsere Idealvorstellungen, wie wir zu sein hätten, ja sogar, wie wir glauben, dass andere zu sein hätten – und unsere haltgebenden Feindbilder ...

Doch nur so können wir unsere verlorenen Seelen wiederfinden, unsere menschliche Herzenswärme, unsere Hoffnung. Und das ist unsere menschliche Aufgabe in der Welt. Denn die „Geistweisheit" will sich inkarnieren, in uns „Wohnung nehmen", aus unserer Ent-mündigung befreien. Und dazu gehört, dass wir ihren Ruf hören, der uns auffordert, uns vom Massendenken zu befreien und „uns selber zu werden". In den Worten von C. G. Jung: *„unser indivi-duelles Leben auf uns zu nehmen"*[70], wie es ist und was es von uns erwartet.

Insofern ist „Spiritualität", wie „Weisheit" auch, nichts Abgehobenes, sondern eine sehr diesseitige Angelegenheit: „Uran-gelegenheit" des Menschen.

---

70   Jung, GW 18/II, § 1552

Geist und Ruf der Weisheit

Die meisten von uns vermuten „Weisheit" immer irgendwo weit von Alltagserfahrungen entfernt. Eine „Erleuchtung" müsste her, ein ganz besonderes Erlebnis, ein erlesenes Geheimnis oder eine verlässliche spirituelle Praxis, die dauernden Frieden und Zufriedenheit verheißt und uns fortan über alle Alltagsniederungen erhebt. Wenn man rastlos danach suche, werde sie schon irgendwo plötzlich aufglänzen, als Schatz, der einem das Gefühl gibt: Jetzt kann mir nichts mehr passieren! So wie man als Kind Strände abgesucht hat nach dem einen, schimmernden Zauberstein, der fortan vor allem Ungemach schützt ...

Aber so einfach scheint es nicht zu sein. Davon erzählt schon das Hiob-Buch (Hiob 28, 12) aus dem 4.-5 Jh v. Chr. Wie heutzutage die Seele, scheint auch der Zauberstein Weisheit gründlich verloren gegangen zu sein, und zwar schon lange. Und so suchen und suchen wir weiter. Manche ahnen zwar inzwischen, dass es nicht genügt, was sie tun, eilen vom einen teurem Erleuchtungsseminar zum nächsten und erhaschen vielleicht ein bisschen Glitzern. Aber das hält nicht an. Denn die Weisheit, scheint sich im Dunklen, Unansehnlichen zu verbergen. Davon spricht eine Schrift des 14. Jahrhunderts, wo wir die Stimme der Weisheit rufen hören:

Wendet euch zu mir von ganzem Herzen und verwerfet mich nicht, darum weil ich schwarz bin und dunkel, denn die Sonne hat mich so verbrannt (decoloravit = eigentlich „entfärbt", B. R.) *und die Abgründe haben mein Antlitz bedeckt und die Erde ist verdorben in meinen Werken, indem Finsternis ward über ihr, da ich versunken bin im Schlamm der Tiefe, und meine Substanz nicht erschlossen worden ist. Daher rufe ich aus der Tiefe, und aus dem Abgrund der Erde spricht meine Stimme zu euch allen, die ihr vorübergehet am Wege: Habet Acht und schauet mich an, ob jemals einer von euch einen fand, der mir gleicht, so will ich ihm den Morgenstern in die Hand geben."*[71]

Ein Text, der unter die Haut geht – vor allem, wenn man die Paral-

---

71   C. G. Jung, GW 14/III, S. 110, *Aurora consurgens*, Übersetzung von M.-L- v. Franz

108

lele zum Schicksal der mitfühlenden in allem Lebendigen wirkenden Seele sieht: verdunkelt, in Abgründe gestürzt, gar von ihnen bedeckt, im Schlamm versunken, in ihrer „Substanz", ihrem Wesen nicht erkannt: Nicht erkannt auch, dass sie selbst im Verdorbenen, Zerstörten vorhanden ist, sodass es Mühe kosten wird, sie überhaupt zu erkennen.

Doch am liebsten wollen wir ja die „Abgründe" in Welt und Seele gar nicht wahrhaben und annehmen und lieber anderen Schuld zuschieben! Wir wollen nicht „in die Tiefe", der Schattenwelt unserer Seelen steigen und schon gar nicht in den „Schlamm" des Alltags.

Aber nur dort, in diesem Schlamm, wäre sie zu finden – samt dem „Heiligen Geist", ohne den es weder uns noch die Alltagswelt gäbe.

Yves Congar (1904-1995), römisch-katholischer Theologe, hat schon vor 40 Jahren den gemeinsamen Bedeutungsraum von Heiligem Geistes und Weisheit auszuloten versucht.[72]

Sein Kapitel über den Geist im (hebräisch verfassten) Alten Testament beginnt mit den Worten

„*Das hebräische Wort* ruach, *fast immer wiedergegeben durch das griechische* pneuma [gr. Geist, B. R.], *bedeutet Hauch, Atem, Wind, Seele.*"[73] Und dieser Geisthauch, ob *pneuma* oder *ruach* genannt (der letztere hebräische Name wird nach Congar im Alten Testament 378 mal verwendet!) ist „*die Lebenskraft, das Lebensprinzip im Menschen (der Atem), der Sitz der Erkenntnis und des Gemütes; die Lebenskraft Gottes, durch die er handelt und handeln lässt auf der körperlichen und geistigen Ebene.*"[74]...

Das heißt auch: „*„Ruach-Hauch" besagt keinen Gegensatz zu „Leib" und „leiblich". Selbst im profanen Griechischen und in seiner philosophischen Verwendung drückt* pneuma *die in den Tieren, den Pflanzen*

---

72   Yves Congar, Der Heilige Geist, deutsch Freiburg 1982
73   Congar, S. 19
74   Congar, S. 19

und allen Dingen diffus vorhandene Lebenssubstanz und Zeugungskraft aus. Es ist mehr eine feinstoffige Körperlichkeit als eine unkörperliche Substanz", und auch biblisch gedacht eine *„Beseelung des Körpers" (ebd)*.

Eine *Beseelung!* Lebenatem! Demnach ist „Geist", Ruach-Pneuma also nicht das Gegenteil von Materie. Sondern göttliche Matrix des Weltalls, „geistige Matrix"[75], aus der alles hervorgeht, die allem leiblichen Sein vorgängige, schöpferische Imaginations- und Gestaltungskraft mit innigem Bezug zur Materie. Ohne sie kann nichts Lebendiges werden. Unser Ich kann sie nicht erklügeln oder zu seiner „Erleuchtung" zwingen, schon gar nicht, sich ihrer bemächtigen.

Doch genau das versucht das Ich beständig und vergisst in seinem Omnipotenzwahn die eigentliche Quelle. Und damit verstößt es nicht nur die Weisheit, sondern die eigene Seele in die „Abgründe". Die „Abgründe" wiederum sind aber nicht Nichts, sondern enthalten sowohl das Alltagsgeschehen als auch die Fülle des Unbewussten, unbewusst Gewordenen. Auch das Reich der Schatten, die vor allem „böse" werden, weil sie uns nicht in Selbstbild und Ansprüche passen. Zwar enthalten auch sie eine riesige Menge schöpferische Kraft, die aber, wenn als „unpassend" verdrängt, unser Ich zu gewaltsamen Übertreibungen aufbläht. Das heißt: das archetypisch Dunkle, das es immer gibt, ergreift als „Inflation" (lat. Aufblähung) vom menschlichen Ich Besitz, als Stolz, via Ichwille „alles in den Griff" bekommen zu können. „Stolz" wiederum kommt vom lateinischen *„stultus"*: dumm, aufgeblasen, töricht und kurzsichtig stolzieren wir mit unserem geschwollenen Alleswoller- und Alleskönnertum über die Erde und verderben sie: *„Die Erde ist verdorben in meinen Werken"* klagt die Weisheit. Und dasselbe gilt für unsere Seelen, wenn wir nicht ihre „Substanz" erschließen

---

75   Walter Nigg, Heimliche Weisheit, Zürich 1959, S. 151

Erkennen, *was* da in Dunkelheit, „Schlamm" und „Abgründe" verdrängt wurde, wäre also das Erste, was echte „Spiritualität" oder Weisheitserkenntnis von uns verlangt.

Denn „Weisheit", „Geist" umfassen ganz offensichtlich nicht nur grammatikalisch ein großes Spannungs- und Gegensatzfeld zwischen sogenannten „männlichen" und „weiblichen", „geistigen" und „körperlichen", „guten" (idealistischen) und „bösen" (heftig reaktiven, affektiv geladenen, ja gewaltsamen) Energien. Das Ignorieren dessen kann nicht nur in unserer Vorstellungswelt, sondern auch in seiner Beseelung der Körperwelt bekanntlich handfeste Symptome hervorbringen, von denen die Psychiatrie, Psychologie und psychsomatische Medizin ein Liedchen singen können. „Störungen", deren Ursachen oft nicht zu greifen sind und die bisweilen recht unheimlich, ja dämonisch anmuten, vor allem, wenn unser seelischer „Denk- und Ordnungsraum"[76] durcheinander kommt. Was dann passiert, wenn wir in unserer Unreife uns einbilden, *wir selbst, unser Ich*, sei dessen allmächtigen Schöpfer und könnten nach Gutdünken über die Welt verfügen, ihr „Ordnungsgeheimnis"[77] missachten.

Das kollektive Wissen aller Völker imaginierte dieses zwiespältige Geheimnis in den seelischen Tiefenschichten schon immer in Bildern des Paradoxen und Unverfügbaren, die zwar ins Leichte und Lichte führen, aber auch unheimlich beeindrucken können: Auch die christliche Kunst kennt diese unheimlichen Gestalten, wie sie uns etwa in Grotesken in romanischen und gotischen Kirchen noch unverhüllt begegnen!

Wir müssen uns also vor Schönfärberei des weisheitlich bewegten Gottesgeistes hüten. Solches Wirken kann wirklich „dämonisch" im üblichen Sinn erscheinen. Sich dann trotzdem seiner Führung überlassen, braucht Mut, und heißt gewiss nicht immer, dass wir auf Wolken (oder Taubenflügeln) schweben. Gerade weil die Geistkräfte gebahnte Wege verschmähen, können sie uns höchst unbequeme Wege führen und uns in Situationen bringen, die nicht

---

76   Gerhard v. Ead, Weisheit in Israel, Neulirchen.Vlluyn 1985, S. 390/391
77   v. Rad, S. 212

geradewegs in gesellschaftliche Anerkennung und Wohlwollen führen, sondern uns in Verdächtigung, ja Isolation zwingen. Mancher Philosoph, mancher Künstler, mancher nicht zu gewünschter Anpassung Befähigte hat das erlebt und mancher, den der Blitz eines ungewöhnlichen Schicksals traf, sah sich vor eine Aufgabe (wie ein Ruf aus den „Abgründen") gestellt, die er niemals frei gewählt hätte.

Nein, der geistig weisheitliche Ruf ist nicht harmlos und bettet uns nicht immer auf Rosenblätter! Er *konfrontiert* uns vielmehr mit dem Sinn unserer Existenz und damit, dass die Stimme des Lebens durch *alles*, was wir erleben klingt, und eine Frage an uns hat. Und das wird uns immer wieder auch mit den Abgründen, den Schatten in uns selbst und der Welt konfrontieren, mit der Gegensatzspannung, welche die elementare Einheit von Gott, Mensch und Welt unübersehbar und unauflöslich durchzieht und uns abverlangt, dass wir uns ihr stellen.

Denn die Stimme des Weisheitsgeistes und der Seele ruft uns, ständig und von überallher. Das weiß schon die Bibel (Spr 8, 1 ff): *„Ruft nicht die Weisheit und lässt nicht Klugheit sich hören? Öffentlich am Wege steht sie und an der Kreuzung und an den Straßen; an den Toren am Ausgang der Stadt und am Eingang der Pforte ruft sie...".*

Diese Stimme bleibt also ein unabweisbarer Impuls, vom Seeleninnern innen oder von außen, von dem wir nicht zurückkönnen. Und wenn wir ihn einmal verspürt haben, wird unsere gesamte Einstellung zu Mensch, Erde und Dingen und Alltag verändert bis in kleinste Verhaltensweisen hinein.

Dass das eine lebenslange Herausforderung ist, können wir auf einer ganz konkreten, sozusagen „grobstofflichen", aber gerade dadurch bildhaften Ebene sehen, wenn wir uns vergegenwärtigen, was im Augenblick unserer Geburt geschieht:

Das Kind im Mutterleib hatte bis zu diesem Moment keinerlei Erfahrung mit demjenigen Element, welches für unsere leibliche Existenz lebensnotwendig ist: Zum Lebensatem, zur Luft. Bisher

112

war es umströmt, ge- und erhalten vom mütterlichen Fruchtwasser. Doch in dem Augenblick, wo es den Mutterkörper verlässt, in ein zukünftiges schöpferisches Eigensein geboren wird, erlebt es eine ungeheure Konfrontation: Nicht nur kommt es an der Hautoberfläche in Kontakt mit der Luft, nein, diese Luft dringt nun auch in das Kind ein, will als lebensnotwendige Kraft, als Atem im Innern aufgenommen werden, die Resonanz herstellen zwischen dem bisher isolierten Organismus und der Weltwirklichkeit.

Ohne irgendwelche neueren psychologischen Untersuchungen zu befragen, stelle ich mir das für das Neugeborene als eine ungeheuerliche, geradezu „dämonische" Attacke vor, eine enorme Konfrontation. Doch, ermöglicht oder erzwungen durch das neue Element, ruft dieser Vorgang eine lebensentscheidende Verbindung und buchstäbliche „Re-sonanz" (Mitschwingen, Mittönen) hervor: Im Schrei des Neugeborenen wird die Atemluft zum tönenden Widerhall aus dem Innern und zugleich zum kreativen Austausch mit der Welt, der zugleich der Beweis ist für die nunmehr einerseits lebenslang anhaltende Konfrontation aber auch den nicht mehr aufhaltbaren schöpferischen Kontakt mit der umgebenden Welt.

In meiner Sicht erlebt das Neugeborene damit auf dramatische Weise sozusagen den ersten Ruf des Geistes und der Weisheit im Gewand der Luft in eine Welt voller Widersprüche, in der es seine persönliche Antwort darauf finden muss. Zugleich tritt es ein in eine lebenbestimmende Verbindung mit der Außenwelt. Und diese konfliktreiche Beziehung wird zugleich auch zur individuellen Quelle des Selbsterlebens und der Bewusstwerdung.

Besonders idyllisch klingt dieses Beispiel sicherlich nicht.

Auch nicht besonders nach dem, was man so „spirituell" nennt.

Und ist dies trotzdem.

Denn dasjenige Element, welches diesen Prozess in Gang setzt, ist jenes numinose Kontinuum, das in einem Feldwissen mit allem anderen in Resonanz steht. Ungreifbar, wie es ist, changiert es unter den Namen (Heiliger) Geist, Weisheit (griechisch Sophia), geistiger Eros, Wind, der weht wo er will, Hauch, Atem – und ich füge ihm

gleich noch einen hinzu: *Anima Mundi*, Weltseele – „Geistpsyche",
nennt sie Erich Neumann.[78]

In diesem Namen wird die weibliche Dimension des Geistes
besonders anschaulich, denn sie ist es ja, die Geistkraft der Seele,
die nicht nur die ganze Schöpfung, alles Seiende durchdringt und
belebt und durch seine verschiedenen Transformationen führt, sondern eben auch in ihrer je individuellen Form jeden Einzelnen in
besonderer Weise mit „Gott", Welt, Weisheit und dem Schöpfungs-
geheimnis verbindet. Und uns in ganz persönlicher Weise in
unsere Lebensaufgabe ruft, uns gestaltend begleitet.[79] Nicht unser
bewusstes Ich hat die Fäden in der Hand. Sondern es ist die ihm
weit vorgeordnete, alles durchströmende Geistseele, wie auch C. G.
Jung schon 1929 und immer wieder betont, indem er die Seele als ist
„eine dem Bewusstsein übergeordnete Ganzheit" sieht, als *„Mutter und
Vorbedingung des Bewusstseins."*[80]

Und diese weisheitliche Seele spricht unaufhörlich zu uns. Wenn
wir aber die Sensibilität für ihre Stimme verlieren, für ihre Zeichen und Winke, die völlig abweichen können vom „mainstream",
dem der im Sinne David Riesmanns „Außengeleitete" folgt (Heidegger sprach vom „Man"), droht uns das, was ich „Seelenverlust"
genannt habe. Zwar verliert man seine innerste Seelenstimme bis
zum letzten Atemzug niemals ganz. Aber die Verbindung dazu, die
kann man verlieren.

Diese Gefahr besteht jedoch nicht erst seit heute – auch wenn
es so aussieht, als sei sie erst heute zu einer riesigen Bedrohung
geworden.

Gerhard von Rad hat in seiner großen Altersstudie „Weisheit in
Israel" gezeigt, wie die „Weisheit" in Israel zunehmend *selbst* gegen
die drohende „Seinsvergessenheit" anspricht und immer deutlicher
personalen Charakter annimmt. Wie sie sich als *„Selbstoffenbarung
der Schöpfung", „Urordnung", „Ordnungsgeheimnis der Welt"*, des
geistigen und weltlichen Kosmos zu erkennen gibt[81] und schließlich

---

78   Erich Neumann, Die Psyche als Ort der Gestaltung, Frankfurt 1992, S. 45
79   Neumann. S. 106
80   C. G. Jung, GW 4, § 782
81   G. v. Rad, Weisheit in Israel, S. 214, 215, 216, 217

114

tatsächlich als göttlich-weibliches Wesen direkt an den Menschen wendet.[82]Und das nicht etwa versteckt und nur an „Auserwählte" gerichtet. Im Gegenteil:

„In aller Öffentlichkeit auf Straßen und Plätzen" ruft sie die Menschen an und zeigt sich mit ihren Rufen als gar nicht weltferne, rein geistige Kraft, sondern als das *„was dem Menschen von der Welt her realiter widerfährt"*[83], absolut welthaltig, ja weltimmanent, wie man in Spr 9 über ihr Tun liest und sie dann direkt rufen hört:

Die Weisheit hat ihr Haus gebaut,

hat ihre sieben Säulen aufgerichtet (Abb. 7),

ihr Schlachtvieh hat sie geschlachtet,

ihren Wein gemischt, auch ihren Tisch hat sie gedeckt.

Sie hat ihre Mägde ausgesandt,

sie lädt ein, oben auf den Höhen der Stadt.

Wer unerfahren ist, kehre hier ein,

wer wenig Verstand hat, zu dem spricht sie:

Kommt, esst von meiner Speise

und trinkt von dem Wein, den ich gemischt habe."[84]

Das ist das große Geheimnis, dass sie nicht nur in diesen „höheren Sphären" weilt, sondern in der *ganzen* Weltwirklichkeit. Sie umfasst alles, auch was wir für unvereinbar und womöglich für zu trivial halten, um in ein „religiöses" Leben hineingenommen zu werden: Es gibt nichts, was nicht durch sie geheiligt wäre, was zu „grobstofflich", zu „weltlich" zu brutal auch anmutet, um in unserem dualistischen Weltbild von uns noch als geisterfüllt empfunden zu werden: die Gewaltsamkeit, die nötig ist, um zu schlachten, mit eingeschlossen. Das veranlasst sie nun auch, *jeden,* aber auch wirklich jeden anzurufen und einzuladen.

Und sie schickt gar ihre Mägde unters „gemeine Volk", ruft *alle* „Hungrigen" ohne Ansehn von Bildung und Person zu sich.

---

82   G. Von Rad, Weisheit in Israel S. 217
83   v. Rad, S. 228
84   Zit. n. v. Rad, S. 217

Ja, sie spricht sogar ausdrücklich diejenigen an, die sonst wohl kaum an festlich gedeckte Tische eingeladen werden, zuallererst die „Unerfahrenen", und das heißt, nicht nur die Ungebildeten, sondern auch die von der Gesellschaft ausgeschlossenen Randexistenzen. Denn für „unerfahren" steht in der griechischen Septuaginta *„aphron"* – was geradezu „von Sinnen" bedeutet, ohne Sinnbezug. Also gerade *nicht* die „Gebildeten" spricht sie an, sondern gerade die, die „vom Verstand gekommen sind" die vielleicht auf Irrwegen sind oder mit dem nackten Überleben zu kämpfen haben, oder eben gedankenlos und seelenverloren nachmachen, was alle tun und ihnen vormachen oder vorschreiben.

Ohne Unterschied will sie alle aufnehmen in ihrem Haus, in der Welt.[85]

Denn die Weisheit, diese belebende Seelenkraft, *„hat ihre Lust an den Menschenkindern"* (Spr 8,31). Sie liebt

---

85   v. Rad, S. 228.

Abb. 7
Die Weisheit und ihre Kinder, Handschrift von 1418, Staatliche Bibliothek des Klosters Eichstätt
Die Weisheit thront in ihrem Haus mit den sieben Säulen. Die sieben Säulen entsprechen den in Jesaia 11,1 genannten Gaben des Heiligen Geistes: „Geist des Herrn", „Geist der Weisheit", „Einsicht (intellectus)", „Geist des guten Rats", „Geist der Stärke", „Geist der Erkenntnis" und „Geist der Gottesfurcht". Dass es dabei Überschneidungen gibt ist typisch für die Weisheitstexte in Israel, sie sollen die gesammelte Vielschichtigkeit der göttlichen Weisheit unterstreichen. Aus den Säulenarkaden schauen uns die „Kinder der Weisheit" entgegen: Glaube, Liebe, Hoffnung: Die Liebe in der Mitte als „die Größte unter ihnen" (1. Kor 13,13). Die Fülle der einzelnen Symbole illustrieren ihre unbedingte und alles verbindende Seelengröße und Liebe, mit der sie die Menschen zu sich ruft, ohne hierarchische Unterschiede zu machen, wie die beiden vor ihrem Haus sich niederwerfende Könige zeigen.

sie, urteilt nicht, verurteilt nicht: Urteile gibt es nur in einem dualistisch gedachten Weltbild. Sie aber will, dass ihre Gäste ihre Liebe und die elementare Zusammengehörigkeit aller Konflikte in einem großen, weisheitlich-ganzheitlichen Ordnungsraum erleben – der sie selbst ist. Und den sie selbst, von Anbeginn zusammen mit „Gott" mit allesverbindender Liebe gestaltet hat. Sie, die Weisheit oder Geistpsyche ist die „Werkmeisterin" (Spr 8,30), welche die „Worte", die Gott dem Mythos nach zur Erschaffung der Welt sprach, in die die konkrete Manifestation der Schöpfung verwandelte, durch ihren Hauch, im engsten Zusammenspiel als die Geliebte. (Spr 8, 30 ff)

Und die ungeheure Bedeutung dieses „Seelenhauchs" wird noch deutlicher, wenn man sie sagen hört: *„Wer mich findet, der findet das Leben ... Wer aber mich verfehlt, der zerstört sein Leben"* (Spr 8,36) – wobei im letzten Satz im Lateinischen statt „sein Leben" zu lesen ist: *„animam* suam" – also seine *Seele:* Leben, Lebendigkeit und Seele sind eins.

Im Licht der Weisheit gibt es kein Entweder-Oder. Sie will verbinden, will uns ermutigen, zu *verstehen.* Verstehen, wie es dazu gekommen sein könnte, dass „die Anderen" dorthin gekommen sind, wo sie stehen, warum sie handeln, wie sie handeln. Und ob das, was wir für so unannehmbar finster halten, nicht letztlich auch ein Spiel des Lichts ist, weil es da, wo sich Lichtwellen kreuzen zuweilen sehr dunkel werden kann.[86] Und vor allem: Ob wir es nicht selbst zutiefst in unseren seelischen „Abgründen" haben und nicht sehen wollen. Und so im Augenblick eben nur unsere eigene Dunkelheit dem anderen zuschieben. Unwillig, zu ver-stehen, uns in der Phantasie einmal in seine Schuhe stellen und sehen, wie *seine* Welt aussieht.

Erst das aber würde eine echtes Verstehen bedeuten, das uns zu einer neuen, verständnisvollen Einsicht und einer echten Verbindung mit dem anderen bringt. Französisch heißt „verstehen"

---

86   Vgl. dazu den Quantenphysiker Hans-Peter Dürr in seinem Buch „Wir erleben mehr, als wir begreifen": *„So kann ja auch Licht bei Überlagerungen nicht nur mehr Licht, sondern auch mehr Dunkelheit und so etwas wie Trennung geben."* Freiburg 2002, S. 39

„connaître". Wörtlich genommen bedeutet das: *Zusammen und mit einer neuen Einsicht wiedergeboren werden!* Ist das nicht ein phantastischer, wahrhaft kreativer Gedanke? „Verstehen" als gemeinsame Wiedergeburt in eine neue Seelenverwandtschaft! Wie anders, wie beseelt könnte die Welt aussehen, wenn wir dies wagen würden!

Doch solche „Einsichten" sagen und schreiben sich leicht. Aber inwieweit wir fähig sind, sie im gelebten Alltag auch anzuwenden, das ist noch eine ganz andere Frage, und bleibt eine dauernde, vermutlich lebenslange Übung, Tag für Tag, auch wenn man weiß, dass die Weisheit als Weltseele, *Alles* erfüllt, Mensch, Pflanze, Freund und Feind, als ein alles verbindendes Element, das *„geht durch alles"*. Weshalb wir keinen Grund haben, irgendjemand, irgendetwas zu verachten, denn sie ist die durch nichts korrumpierbare seelische Urquelle der Liebe-Weisheit.

Jesus Sirach (2. Jh. v. Chr. lässt sie sagen:

Ich bin Gottes Wort ... Ich allein bin allenthalben, so weit der Himmel ist und so tief der Abgrund ist ... allenthalben im Meer, allenthalben auf Erden, unter allen Leuten, und unter allen Heiden. Bei diesen allen habe ich Wohnung gesucht...Vor der Welt Anfang bin ich geschaffen und werde ewiglich bleiben (Sir 23, 2-14).

Gottes *Wort*? Durch das alles geworden ist – hat diesen Titel das Christentum nicht erst mit dem „Sohn" verbunden? In der Tat. Wir würden noch viele solche oft wörtlichen Übereinstimmungen zum „Neuen Testament" finden.[87] Aber dies ist nicht der Ort, dem nachzugehen. Für uns ist wichtig, dass sie uns – wie und durch Jesus – erinnert, dass das göttlich-Immanente in ALLEN Erscheinungen und Ereignissen der Welt ist.

Und eben auch in der eigenen Seele. Mit der Hilfe der Weisheit könnten wir mehr und mehr fähig werden, die Gegensatzspannungen, mit denen wir täglich konfrontiert sind, anzunehmen, auszutarieren und unsere Zusammenstöße mit den Schattenseiten des Lebens womöglich als schöpferische Reifungsimpulse für die

---

87   Vgl. Felix Christ, Jesus Sophia, Zürich 1970

Evolution unseres Bewusstseins erkennen. Wir können sie in uns *wachsen* lassen. Denn nach einem Wort des griechischen Dichters Pindar (5. Jahrhundert), ist die Weisheit ein organisches *„Wissen aus innerem Wuchs"*.[88] Weshalb Weisheit immer auch in einer engen Verknüpfung mit der Natur und pflanzlichen Wandlungsmysterien zu sehen ist, wie ich in einem späteren Kapitel noch zeigen möchte. Auch die Pflanze wächst „aus dem Abgrund" auf, aus der Dunkelheit.

Noch sind wir viel zu sehr verstrickt in die mittelalterliche Vorstellung, den nur guten „Gott" sozusagen auf der Wolke zu suchen, und Mensch und Welt und Kreatur, „himmelweit" davon entfernt. Von unten um Gnade bettelnd hinaufblickend, „sündig" bis in tiefste Seelentiefen. Doch auch in dem dorthin Verbannten liegt Wert und Sinn und ist durchaus auch „Wohnung" oder sogar kosmisch zu denkende Erscheinung der Weisheit![89] Einer alles verbindenden transzendenten und immanenten, Weisheit, die von jeher schon war.

Das ist die neue, *spirituelle* Einstellung, in die Geist und Weisheit uns hineinrufen und in die wir hineinwachsen müssen, wenn wir wollen, dass sich in der Welt etwas ändert.

Dem Sonntagschristen ist das bis heute schwer zu vermitteln, genauso wie die Vorstellung, dass „Gott" nicht nur der „liebe Gott" ist, sondern, wie schon in den Psalmen besungen, „Finsternis und Licht" (Ps. 139, 22 und Jesaia 45, 7).

Und doch ist das, so viel ich sehe, der einzige Weg, unserer Aufgabe als Menschen gemäß die Kluft der Gegensatzspannung zu überwinden – und unsere seelische Ganzheit wiederzugewinnen, unsere Seele.

Doch auch das muss gesagt werden: Die Gegensätze annehmen bedeutet nicht, alle ihre Krassheiten zu billigen. Das wäre nicht menschlich, und auch das Unterscheidungs- und Abgrenzungsvermögen gehört zu einem Menschsein, in dem Gott und Weisheit „stimmige" Wohnung finden können.

---

88   Pindar, Olympien, 2,86
89   Vgl. u. a. Felix Christ, Jesus Sophia, Zürich 1970

TEIL III

Hoffnungsperspektiven:
Der Mythos der Hoffnung

Mit welchen Schmerzen und Krassheiten, uns auch das Leben konfrontieren mag, mit inneren oder äußeren „Abgründen": Es hilft nicht weiter, ausweichen zu wollen, uns davor schützen oder anderen die Schuld zu geben. Wir können die Dunkelheiten auch nicht durch „positives Denken" oder idealisches Pflegen von „Lichtgedanken" und „Gutsein" aus der Welt schaffen (wie manche esoterische Strömungen glauben machen wollen), sondern müssen sie sowohl im Weltgeschehen aushalten als uns auch mit unseren eigenen Schattenaspekten vertraut machen.[90] Nur wenn wir annehmen, was uns quält, wenn wir versuchen, auch die in unseren Augen „Bösen", total falsch orientierten „Feinde" zu verstehen, können wir Hoffnungskräfte in uns befreien. Wenn wir vor der „dunklen Nacht der Seele" (der eigenen und der der anderen) zurückschrecken, die von alters her alle Mystiker kennen, bleibt allerdings jedes betuliche Beschwören von „Hoffnung" nur „religiöser Kitsch".[91] Die „Trübsale" (im Mythos der Hoffnung bei Hesiod: *ta lygra*) wollen mitleben, solange wir uns in der Alltagsrealität der Gegensatzspannung bewegen, ob wir wollen oder nicht.

Es ist darum sinnvoll, einmal zurückzublicken zu jenem Moment, in dem wir in der Geschichte des Mythos zum ersten Mal von der Hoffnung hören. Denn Mythen sind keine beliebigen Fiktionen, sondern, ebenso wie Religionen, Spiegel von „Urangelegenheiten des Menschen" (Schadewaldt, S. 17). Was darin angesprochen wird, sind sowohl Bilder bedeutungsvoller Momente innerhalb der kollektiven Bewusstseinsgeschichte, als auch Brennglas dringender

---

90   Vgl. dazu James Hillman, Suche nach Innen, Stuttgart 1969, S. 101
91   Michael v. Brück, Wie können wir leben? Religion und Spiritualität in einer Welt ohne Maß, München 2004, S. 109

Fragen, die sich auch heute noch jedem Individuum immer von neuem stellen.

Wann also und von wem wird vom Schicksal der Hoffnung zum ersten Mal ausdrücklich gesprochen bzw. geschrieben?

Es war in der Zeit um 700 v. Chr. und der Erzähler heißt Hesiod, und es geht um die Geschichte, die er von der sagenhaften Pandora erzählt.

Damit ist ein großer Rahmen ausgespannt und ich will versuchen, ihn so einfach wie möglich zusammenzufassen.

Pandora („die Allbeschenkte" oder „Allschenkende") ist ein Wesen, das im Zusammenwirken *aller* olympischen Götter gebildet wird. Eigentlich soll sie den Prometheus zu verführen, weil er für die Menschen das göttliche Feuer gestohlen hat. Darum wird dieses Wesen von den Göttern mit ihren eigenen zwielichtigen Licht- und Dunkelseiten ausgestattet – die wir allerdings genauso auch als Menschen haben – nur wollen wir es meist nicht wahrhaben. Hermes, der Götterbote, bringt die Wunderfrau dann zur Erde, als *„Heiliges Gefäs der Gaben aller"* (Goethe.), *Sinnbild* für ein dem Menschen zuvor *unbewusstes „Organ"*, dessen er sich endlich bewusst werden soll: Die *menschliche Seele mit all ihrem wunderbar schöpferischen aber auch dunklen Potenzial.*[92]

Wir kennen Pandoras Bild seit mehreren hundert Jahren als schöne, verführerische Gestalt, mit einer unheilvollen Büchse in den Händen. Doch das führt in die Irre, denn diese „Büchse" (gr. *pyxis*) ist eine reine Erfindung des genialen Erasmus von Rotterdam (1466-1536). Das heißt: Mehr als 2000 Jahre später *nach* dem Ursprungsmythos entstanden. Dennoch hat sich das Märchen von dieser angeblich *nur* unheilbringenden „Büchse der Pandora" in der Hand einer „femme fatale" im kollektiven Gedächtnis unauslöschlich eingegraben. [93]

---

92   Vgl. Brigitte Romankiewicz, Hoffnung neu entdecken, Düsseldorf 2008, S. 38 ff
93   Vermutlich eine Vermischung mit dem Mythos von Amor uns Psyche.

In Hesiods Erzählungen aber[94] gibt es diese „Büchse" gar nicht! Sein Mythos spricht eine andere Sprache: Dort nämlich öffnet Pandora nach der Hochzeit mit Epimetheus, dem Bruder des Prometheus (der sie abgewiesen hatte), *ein* großes *Tonfass*, das eigentlich „*Pithos*" heißt und von Hesiod auch so bezeichnet wird. In solchen *Pithoi* aus gebranntem Ton wurden auf den Dörfern bis in die Neuzeit hinein Vorräte wie Getreide, Öl, Oliven, eingelegte Weinblätter und anderes aufbewahrt. Was also lag für eine frischgebackene Hausfrau näher, als im Keller ihres Mannes die Vorräte in den verschiedenen Pithoi zu inspizieren?

Doch jetzt kommt's: Einer der Pithoi ist nun offensichtlich von anderer Art – der listige Hermes mag ihn da hingeschmuggelt haben.

Und da passiert etwas: Pandora lüpft den Deckel, erwartet handfeste Schätze, aber aus dem geöffneten Fass entweichen nun in hoher Geschwindigkeit ganz und gar unstoffliche Gebilde, nämlich all das was die Götter an ihren ambivalenten Eigenschaften in sie selbst, das *Seelengefäß Pandora* hineingetan hatten: Sowohl Tugenden als auch „Unheil" oder „Übel" (gr. *ta lygra* = *Trübseligkeiten)*, die sich blitzartig zerstreuen und in der Außenwelt niederlassen. Schockiert haut nun Pandora (sehr menschlich) den Deckel des Pithos mit Wucht wieder zu: und ausgerechnet die *Hoffnung* (gr. *elpis)* wird ins Dunkel zurückgeschlagen – schlimmer noch, zwischen Deckel und Topfrand eingeklemmt, vermutlich schwer verletzt. Das ist ihre Situation bis heute: Unsere Hoffnungskraft ist gefangen und schwer beschädigt.

Mythen lieben das Spiel mit verwirrend sich überlagernden Bildern, die wir richtig „übersetzen" müssen: *Pandora, Gefäß und menschliche Seele mit ihrem ganzen Inhalt sind nämlich dasselbe:* Eine Henkelamphore aus dem 5. Jh v. Chr. zeigt darum Pandora bei ihrer Entstehung als Gefäß auf der Töpferscheibe, wobei die Sterne deutlich auf ihre göttliche Herkunft verweisen (Abb. 8, S. 123), d. h. die göttliche Herkunft auch der Seele!

---

94   Hesiod, Werke und Tage, VV 57-105 und der Theogonie, VV 570-590, übersetzt. und herausgegeben von Luise und Klaus Hallof, Berlin/Weimar 1994

Was also ist passiert, wie ist der Mythos zu deuten?

Was wir sicher wissen, ist, dass Hesiod „die Frauen" für die Wurzel alles Verderblichen, Minderwertigen hielt. Er hat das in seinen Tiraden in „Werke und Tage" hemmungslos zum Ausdruck gebracht. Und damit war er weder der erste noch der letzte: Die Schicksale von Frauen, die versteckten Entwertungen und offenen Gewalttaten gegen alles Weibliche in der ganzen Welt bis zum heutigen Tag beweisen es täglich und waren für mich bekanntlich der Ausgangsimpuls für diese Expedition, wie eingangs beschrieben.

Das Weibliche aber in Mensch und Welt ist eben zugleich auch die *Seele*. Auch von deren Minderschätzung und ständigen Vergewaltigungen war schon ausgiebig die Rede. Und immer wieder auch davon, dass man der Mischung von „Gutem" und „Bösen" in sich selbst nach Möglichkeit nicht begegnen will. Lieber „projiziert" man das alles, wirft es sozusagen hinaus (lat. *proicere* = hinauswerfen, wegwerfen) macht andere verantwortlich: Und genau diesen Vorgang stellt Hesiod bildhaft dar: Die „Projektionen" entwickeln eine *Eigendynamik* als „Übel" und Feindbilder – solange wir uns dieser Gefahr gar nicht bewusst sind.

Überlegen wir also einmal, sozusagen mit einfachstem psychologischen Handwerkszeug, wie wir reagieren, wenn aus unserer Seele, unserem tieferen Innenleben unangenehme, schwierige, ängstigende Gefühle aufsteigen, die so gar nicht in unser Selbstbild passen wollen, oder in das Bild, das andere von uns haben sollen und das wir selbst von einer „idealen" Welt haben wollen. Unangepasste, bösartige, gehässige, zerstörerische Regungen, Auflehnung, Schmerz, Angst, primitive Wut, Aggressionen, Neid, Ekel, Scham, Minderwertigkeit: Sobald das aufsteigt, wollen wir schnellstens den Deckel zuschlagen, es „unterdrücken", ja nichts mehr davon wahr-nehmen, wahr-haben. Doch „Unterdrückung" ist ganz einfach das deutsche Wort für „De-pression", Niederdrückung. Und was da *mit niedergedrückt* wird (und schnell mit oberflächlichen Wellness-Gefühlen bedeckt) – das ist die *Kraft unserer Hoffnung, die schwerverletzt eingeschlossen bleibt.*

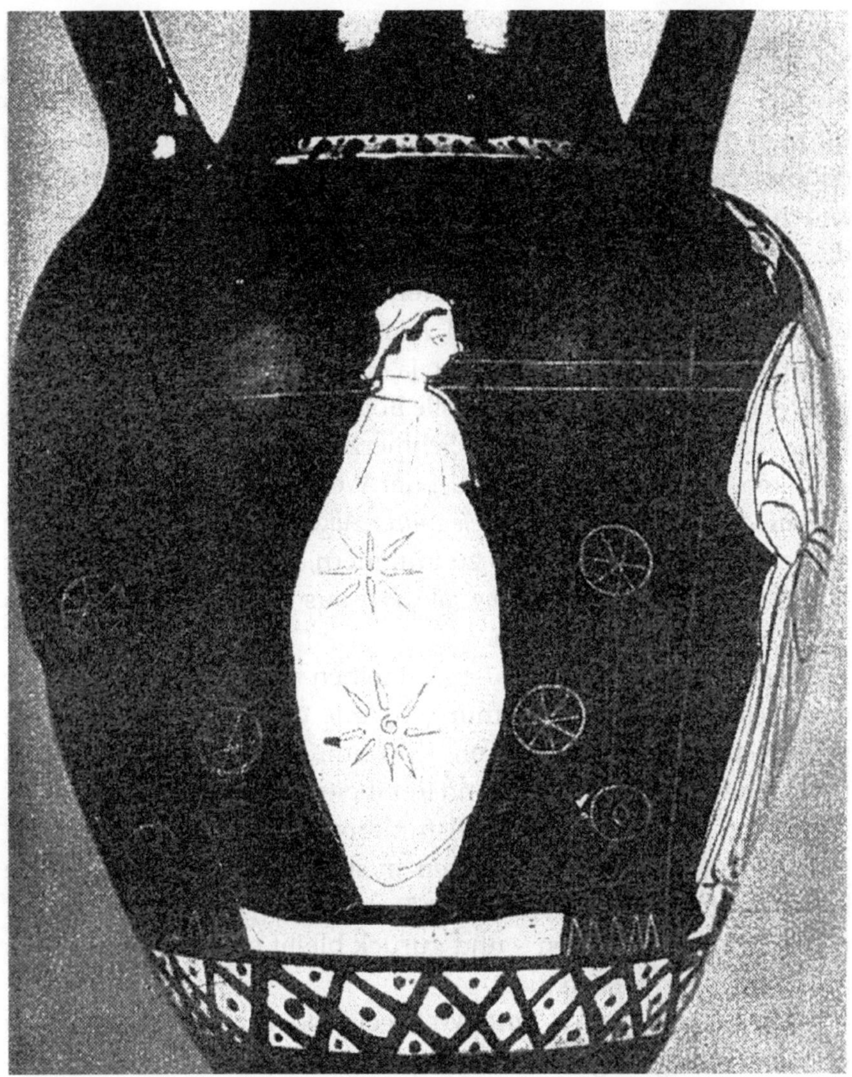

Abb. 8
Pandora auf der Töpferscheibe, Halshenkelamphore, kampanisch, drittes Viertel des 5. Jahrhunderts v. Chr. (Abbildung in Almut-Barbara Renger/ Immanuel Musäus, Mythos Pandora, Reclam Leipzig 2002, S. 45)
Die Darstejlung zeigt deutlich, dass Pandora selbst das sagenhafte (Seelen-)Gefäss ist, in dem die Götter alle ihre Gaben versammeln und zum Menschen senden. In Hesiods Mythos wird es dann in einem für das Spiel der Mythen typischen Überlagerung von ihr geöffnet. Die Sterne, die sich selbst auf dem noch unvollendeten Körper zeigen, weisen deutlich auf ihre „himmlische", also göttliche Herkunft hin. Und da sie aus Lehm geformt wird, entstammt sie symbolisch einer Vereinigung oder einem Zusammenspiel himmlischer und irdischer Kräfte.

124

Und mit ihr beschädigt wird unsere Fähigkeit, die ungeliebten Schattengefühle genauer anzusehen und anzunehmen. Gefühle, die nie „sein" durften, „böse" und unartig genannt wurden („das tut man nicht, das darfst du nicht"), die nie *sein* durften und uns dadurch fremd geworden sind: Wir projizieren sie auf anderes und andere, auf Feindbilder, auf alles Fremde, schmutzig Empfundene, das „man" bekämpfen muss, das man schwächen muss, „wegmachen", eliminieren wie Ungeziefer und Krankheiten, sogar den bloßen Anblick von Elend und Armut. Und wir begreifen nicht, dass das alles auch zu uns gehört, ja *in* uns ist, und schon gar nicht, dass es unter Umständen wertvolle Botschaften für uns haben kann. Dass aus diesem Leid, diesem Schmerz in uns, diesem Leiden der Anderen, dem Leiden der Natur, der Welt ein *Ruf der ganzen Wirklichkeit, der Weisheit aus den Tiefen ihrer Abgründe* an uns ergeht. Der Ruf, uns schleunigst um das zu kümmern, was da „entwichen" ist – und so auch *echte Hoffnungsfähigkeit* aus den „Abgründen" des Topfgefäßes zu ermöglichen.

Wenn wir das aber *nicht* tun, bleiben uns nur kurzschlüssig aufgeschäumte Ersatz-Hoffnungen, mit denen wir das Leiden zuzudecken versuchen, Reisen, Konsum, „feiern", „Spaß haben", Besessenheiten, Heiligkeits- und Reinheitsfimmel, auch „frommer" Art sollen hoffnungsvolle Heilsfunktionen übernehmen, werden religiös aufgeladen, und können in ihren Blindflügen doch nie mehr werden als allenfalls „religiöser Kitsch" – oder faschistoide, parareligiöse Ideologien – und zurück bleibt eine fade „Trübsal", die nach neuen Reizen giert.

Dabei wäre die All- und Weltseele, oder wie wir dies auch nennen, weit genug, auch Zwiespältiges in sich aufzunehmen – und das gilt letztlich auch für unsere persönliche Seele: ein weites Gefäß zu werden, das sich der Gegensatznatur im eigenen Innern bewusst werden darf ohne das Ungeliebte „hinauszuschleudern", auf anderes zu projizieren oder aggressiv auszuagieren. C. G. Jung hat irgendwo einmal gesagt, er sei *„ein Bündel von Gegensätzen"*, und nur wenn er das als objektive Tatsache wahrnehmen könne, könne er sich annehmen.

Damit trifft er das Grundproblem des Mythos von Pandora und der von ihr im Dunkeln eingeklemmten Hoffnung (bei Äsop, etwa 1 Jahrhundert nach Hesiod, ist es übrigens *der Mensch* selbst, der das Gefäß öffnet und wieder zuschmettert[95]). Und wir sind aufgerufen, den Mythos *weiterzudichten* und herauszufinden, wie eine bewusst befreite, zur *geistigen Orientierungskraft* gewordene Hoffnung, die nicht im Affekt hängen bleibt, und die Ernst Bloch in seinem Monumentalwerk „Das Prinzip Hoffnung" eine *„docta spes"*[96] nennt, uns weiterhelfen kann.

Nach einem russisch-orthodoxen Mythos ist die *Hoffnung,* wie auch ihre Schwestern *Glaube* und *Liebe, nämlich* eine Tochter der *Weisheit,* der *Sophia.* Und wenn der Volksmund uns sagt: *„die Hoffnung stirbt zuletzt"* erklärt er sie damit zum Grundimpuls unseres Menschwerdens. Noch Friedrich Schiller versteht sie in seinem berühmten Hoffnungsgedicht als *leitende Instanz,* wenn er sagt: *„Die Hoffnung führt ins Leben ein"* (2. Strophe) und als innere Stimme (wie die Weisheit!) im Schlussvers: *„Und was die innere Stimme spricht, das täuscht die hoffende Seele nicht."*[97]

Damit setzt er sie geradezu gleich mit ihrer Mutter *Sophia,* der Weisheit, der inneren Wegleiterin und weiblicher Geistseite Gottes, untrennbar von weltlicher und spiritueller Ganzheit und Klarsicht.

Dieser Klarsicht in Bezug auf das, was „Ganzheit" ausmacht, und „Hoffnung" erst ermöglicht, bedürfen wir dringend. Und psychologisch gesehen kann die Ganzheit der menschlichen Seele nur wiederhergestellt werden, wenn wir auch die Ganzheit „Gottes" sehen:[98] Dass „die Götter" *alles* enthalten: Finsternis und Licht (Ps 139,7) – oder was wir so nennen.

Das ist das immer wiederkehrende Thema der Gegensatzspannung – ob sie männlich-weiblich betrifft oder heilig-unheilig, gut-böse.

---

95 Romankiewicz, Hoffnung S. 42
96 Ernst Bloch, Das Prinzip Hoffnung, Bd 1, Frankfurt 1977, S. 1. *„Docta spes"* meint eine klar bewusst gewordene Hoffnung, als „kognitive Richtungskraft" (Bloch)
97 Friedrich Schiller, Dramen und Gedichte, Jubiläumsausgabe zum 150. Geburtstag, Stuttgart 1955, S. 1070
98 Romankiewicz, Sophia kehrt zurück, S. 120

126

Eine von Martin Buber erzählte Geschichte über den berühmten Zaddik Baalschem (Baal-Schem-Tow, geb. um 1700) hat sich mir tief eingeprägt:

Ein Weiser ist in der Stadt aufgetaucht und seine Schüler fragen den Baalschem, wie sie herausfinden könnten, ob er wirklich weise sei.

Da sagt Ihnen der Baalschem: Fragt ihn, wie ihr es fertigbringen könntet, dass euch beim Beten keine unheiligen Gedanken mehr stören. *„Gibt er euch diesen Rat, so wisst ihr, dass er der Nichtigen einer ist. Denn das ist der Dienst des Menschen in der Welt bis zur Todesstunde, Mal um Mal mit dem Fremden zu ringen und es Mal um Mal einzuheben in die Eigenheit des göttlichen Namens.“*[99]

Dichterischer und „spiritueller" lässt sich die uns aufgetragene Aufgabe nicht sagen. Immer wieder müssen wir mit dem aus unserem Seelengefäß aufsteigenden „Fremden" (oder durch Sozialisation oder Projektion Fremdgewordenen), mit dem Schwierigen, ins Unbewusste Gefallenen ringen, ihm Raum geben im Bewusstsein und *es „einheben", mithineinnehmen in unser Leben,* dieses unergründliche Geheimnis, das der „Name Gottes" symbolisiert.

Und das, was wir „Hoffnung" nennen, ist letztlich darauf gerichtet, uns in das Verstehen der polaren Bezogenheit der Gegensätze innerhalb dieser elementaren und schwerverständlichen „Eigenheit" zu leiten, welche der uns denk-sprachlich unverfügbare „Name Gottes" symbolisiert. Unsere Hoffnung bewegt sich sicher meist in einem Spannungsverhältnis zwischen Sehnsucht nach Auflösung der Kluft zwischen „fremd" Empfundenen und ungestörten Harmoniewünschen. Ob sie tatsächlich auch *„Inbegriff der Aufhebung dieses Widerspruchs",*[100] sein könnte, wie Michael von Brück meint, bin ich mir nicht sicher. Wahrscheinlicher scheint mir, dass es zuvor um ein eher bescheidenes *Annehmen* der

---

99   Martin Buber, Erzählungen der Chassidim, Zürich 1949/2014, S. 131
100   v. Brück, S. 69

unvermeidlichen Widersprüche des gelebten Lebens geht, ein Leben, das auch Ent-Täuschungen aushält und situativ immer wieder überwindet.[101]

Doch dieses Bewusstsein fliegt den wenigsten von uns so einfach wieder zu, wie es aus Pandoras Fass entfleucht ist.

Was also können wir tun – oder auch lassen, an Ansprüchen etwa? Wann, wie, und welche Art Hoffnung kann uns in einer bedrängten Situation hilfreich sein, welche Einstellung zum Leben, zu den Dingen, wie sie sind, hilft uns, unser Lebensgefühl unter neuen Vorzeichen zu sehen? Zu verändern, wo Veränderung nötig ist, mehr „selber sein" und uns wieder mehr „zu uns bringen"? Zu unserer eigenen Seele und zugleich in eine unmittelbarere und kreative Beziehung zur „Seele der Welt"? Denn zwischen beiden besteht eine unauflösliche Wechselbeziehung: Verliere ich den Bezug zur einen, geht auch der Bezug zur anderen flöten. Diese Entfremdung ist es ja, die wir gegenwärtig erleben.

---

101   Vgl. dazu auch Jürgen Moltmann, Die Ethik der Hoffnung, Gütersloh 2010, S.81 u. a. a. O.

Die Hoffnung befreien und gestalten

Eine Vokabel in der Pandora-Version des Äsop (6. Jh. v. Ch.) lässt uns aufhorchen: *Unbeherrscht* (gr. *akratos*) habe Pandora, habe der *Mensch* das unbehagliche Gefäß der Widersprüche des Lebens zugehauen: Im *Affekt* also. Das heißt: Es ist der *Affekt*, der in unserer Wahrnehmung die Dinge auseinanderreißt, sie in „Gutes" und „Übles" trennt. Es ist der Affekt, in dem wir in der Abwehr stecken bleiben – weshalb die Hoffnung unterm Deckelrand eingeklemmt stecken bleibt.

Sich dieser Affektreaktion bewusst zu werden, und durch aufmerksame Wahrnehmung das Gefangensein darin zu überschreiten, wäre also ein guter Anfang. Zur Besinnung kommen. Vaclav Havel, der Philosoph und einstige tschechische Ministerpräsident sagte in „Fernverhör" von Hoffnung, sie sei

„Orientierung des Geistes, Orientierung des Herzens, die die unmittelbar gelebte Welt übersteigt."[102]

An solchen Betrachtungsweisen sieht man, dass man nicht in der Abwehr des scheinbar Unannehmbaren stecken bleiben muss. Wenn man es als zum Ganzen gehörig sieht, wird es weniger bedrohlich. Man kann den Deckel wieder ein Stück lüften, und erfahren, dass Hoffnung als „Orientierung des Geistes" eine helle, die Verwirrung übersteigende Kraft zu entwickeln vermag. Mitte des 6. Jh v. Chr. erhob sie der Lyriker Theognis die Hoffnung sogar zu einer Gottheit, einem sonnengleichen, sehend machenden Licht, einer geistigen Leitfunktion.[103] Bei allen Kultakten soll man der Hoffnung zuerst und zuletzt opfern.[104]

Von ihm und später auch von Babrios (um 100 n. Chr.) wird sie bereits betrachtet als diejenige Kraft, die uns in die Lage versetzt, das angeblich auf Erden nicht mehr vorhandene dem Topf entwichene Gute zurückzuholen. Wir dürfen und sollen ihr also, wie der biblischen Weisheit, in unserem Geist „Wohnung zu geben". Es

---

102 Fernverhör, Gespräch mit Karel Hvizdala, Reinbek 1987, zit. n. Solnit, Hoffnung, S. 24
103 Zit. n. Renger/Musäus, Pandora, Leipzig 2002, S. 95
104 Renger/Musäus, S. 246

geht ja darum, *alle* „hinausgeschleuderten" (projizierten) und zerstreuten Elemente, in die menschliche Seele zurückzuholen. Nur solange wir sie an die zergliedernd-rationale Betrachtung der Welt geheftet haben, um uns nicht mit dem ambivalenten Eigenleben unserer persönlichen Widersprüchlichkeiten – im Guten wie im Bösen – auseinandersetzen zu müssen, sind sie gefährlich. Genau das hat wohl, wie C. G. Jung meinte, zur „*Weltentseelung*"[105] geführt. Unseren eigenen Seelenverlust mit inbegriffen.

In Rom noch weiß man um die Göttlichkeit der Hoffnung und sie wird in eigenen Tempeln verehrt.[106] Ihren bedeutendsten Tempel bekommt sie in Rom beim *Forum Holitorum* – also dem Obst, Gemüse- und Blumenmarkt –, deutlicher Hinweis auf ihre Nähe zur Natur, zum „Heiligen Hain", Kultort des *Neuen*, des Keimens, Wachsens, Blühens und Gedeihens: *Das* ist die Hoffnung und ihre Symbolik!

Auch eine Hoffnungs-Münze wurde geprägt, (Abb. 9), auf der sie dargestellt ist als schreitende Jungfrau mit gerafftem Gewand, in der Rechten eine Granatapfelblüte haltend (oder mit einer dreiblättrigen, sich entfaltenden Pflanzengestalt – die auch die griechische *Physis* und die biblische *Weisheit* kennzeichnet: Symbol des Aufgehen des Neuen.) Die Hoffnung schreitet, ist in Bewegung, im Aufbruch in Richtung auf künftige, noch nicht verwirklichter Keime und Möglichkeiten, die einst Früchte sein werden: Mein Hoffnungsfigürchen auf dem Schreibtisch ist ihr wohl unmittelbar nachempfunden! Eine starke Kraft also!

Und die sich entfaltende pflanzliche Figur ist in der Ornamentik aller Welt eines ihrer beliebtesten Symbole. Wie auch die Farbe Grün: „Grün ist die Hoffnung" – welche Farbe käme sonst in Frage?

Spontan schmücke ich meine Siegelfigur mit einem grünen Blatt. Möge es dazu beitragen, die hier gesäte Hoffnung gedeihen zu lassen!

Denn wir wissen heute auch, dass physikalisch gesehen, Grün die Farbe mit der höchsten energetischen Frequenz ist: Eine „spirituell"

---

105   C. G. Jung, Psychologie und Religion, GW 11, § 141
106   Der Kleine Pauly, München 1979

Abb. 9
Münzbild der Hoffnung aus der römischen Kaiserzeit
Die Hoffnung, lat. Spes, wurde in Rom bereits als göttliche, staatsschützende Kraft verehrt. Ihr bedeutendster Tempel in der Stadt stand am Forum holitorum (olitor ist der Gärtner, also Kultivator der Natur), dem Früchte- und Gemüsemarkt. Der Ort steht damit im Zeichen des Werdens und Wachsens in der Natur und ihrer Gaben, aber auch ihrer Pflege. Wie die sich immerzu erneuernde, immer dynamisch sich wandelnde Natur sollte auch die Res Publica, also Staatswesen und Volk immer wieder neu erblühen. Insofern wird auch die Hoffnung als schreitende Jungfrau imaginiert, das Haar mit einem Blumenkranz geschmückt, mit der Linken das Gewand raffend, in der Rechten das Ursymbol des sich entfaltenden Lebens vor sich hertragend, als Dreiblatt, in Lilienform, oder als Granatapfelblüte. Diese wiederum symbolisieren den Inbegriff der Möglichen und dessen Fülle.

zu nennende Farbe also geradezu. Auch leiblich spüren wir im Grün der Natur, wie es unsere strapazierten Seelen, unser Vegetativum wieder aufbaut und kräftigt: Nie waren Gärten gefragter als heute, nie zuvor gab es hier eine Mode des „Waldbadens", verzweckt allerdings bereits zur „Therapie". Täte es nicht ein einfacher Wald- oder Wiesenspaziergang zur Befreiung hoffnungsstärkender Seelenkräfte?

Wie lange schon besingen Dichter die Natur, gilt das Streifen durch die Natur Künstlern, Denkern und anderen Sensitiven als belebende Quelle ihrer Inspiration, den Ärzten als heilendes Therapeutikum für alle körperlichen und seelischen Leiden! Die Natur lässt uns aufatmen, wir spüren darin den Atem der unverbrauchten Schöpfung, ja, den Atem des Geistes – und niemand hat die „Grünkraft", die heilige *viriditas* als Urkraft des Geistes, der Weisheit, der Hoffnung und Liebe, ja als Selbstmitteilung Gottes ausdrücklicher besungen als die tatkräftige Mystikerin und Visionärin Hildegard von Bingen (um 1100 bis 1179). Eine ihrer großen, poetischen Inspirationen ist diese:

Ich bin das heimliche Feuer in allem,
und alles duftet von mir,
und wie der Odem im Menschen, Hauch der Lohe,
so leben Wesenheiten und werden nicht sterben,
weil ich ihr Leben bin.

Ich flamme auf als göttlich feuriges Leben
über dem prangenden Feld der Ähren,
ich leuchte im Schimmer der Glut,
ich brenne in Sonne, in Mond und in Sternen
im Windhauch ist heimliches Leben aus mir
und hält beseelend alles zusammen.[107]

„Hält *beseelend* alles zusammen" ...
Ja, von der „*Grünkraft*" ist hier die Rede, von der hohen in ihr ent-

---

107   Zit. n. Ingrid Riedel, Hildegard von Bingen, Stuttgart 2005, S. 11

haltenden Schöpfungsenergie, ihrem geistigen und sich körperlich manifestierenden Feuer, das in allem wirkt, es wachsen und gedeihen lässt. Von der schöpferischen Kraft der Hoffnung ist die Rede, die eine Tochter der himmlischen Weisheit – der *Anima Mundi,* der *Weltseele* ist, die Seele und Geist belebt – wenn wir ihr nicht Gewalt antun!

In Hildegards „Grünkraft" spüren wir die göttlich-weisheitliche Stimme, die mehr ist als nur ein „Hauch". Wir kommen durch ihre Sprachtemperatur in unmittelbaren seelischen Kontakt mit ihr, spüren ihre hoffnungsgeladene Inspiration. Sie weckt und belebt unsere eigene Begeisterungsfähigkeit für die überwältigende Schönheit des Zusammenspiels von „Gott" und „Welt", in das wir einbezogen sind, verantwortlich einbezogen, verantwortlich dafür, zur *Wiederherstellung des Ganzen* (Apg 3,21) beizutragen, mit allen seelischen Kräften, die uns gegeben sind.

Hildegard ist von geistiger Inspiration und natürlichem, weiblich-seelischem Instinkt gleichermaßen durchdrungen. Sie sieht Mikrokosmos und Makrokosmos, Leib, Geist und Seele zuinnerst pulsierend belebt durch diese Kraft, die sie in leuchtendem Grün erschaut, vom Konkretesten bis in höchste spirituelle Dimensionen. Die „heilige Grüne", *„sancta viriditas"* bezeichnet sie als *„Herzkraft himmlischer Geheimnisse"* von unfassbarer Herrlichkeit. Wir können vermuten, dass das, was wir als Farbe Grün, so prangend sie uns auch in der Natur im Frühjahr erscheinen mag, nur ein matter Abglanz der Leuchtkraft ist, welche Hildegards Visionen (die sie übrigens immer bei klarem Tagesbewusstsein hatte) erfüllte.

Ist das vielleicht ein Zeichen, wie sehr wir die Kraft der Hoffnung unterschätzen? Und dass das auch die Kirchen vielleicht nicht erkannt haben, in denen Grün als liturgische Farbe für die „festlose Zeit" steht, Grünkraft die uns dennoch durch alle Mühsal hindurchträgt?

Die unterschätzte Hoffnung, bescheiden wie das Kind in der Krippe ...

Die Alltagsfarbe, bis ins 17. Jahrhundert weit entfernt von jeglicher Naturromantik – trotz Hildegard. Grün als das Gewöhnliche,

Futter für die Tiere, Nahrung für den Leib, Grün, das man achtlos unter die Füße treten kann: *Natur* als das Selbstverständliche, Verfügbare, seines Mythos entkleidet – wie das Weibliche und die Seele selbst.

Da stehen wir heute. Wo bleibt die Pflege, ja Ehrung der Natur, da überall Straßen und Industriegebiete die Landschaft versiegeln und „Zukunft", also Hoffnung, nur noch in „Digitalisierung" und „Künstlicher Intelligenz", zu liegen scheint? In immer noch mehr Naturentfremdung, technischer Raffinesse, um Energieausbeutung und den Seelenverlust noch weiterzutreiben?

Wir brauchen einen neuen Kult. Einen Kult der Hoffnung, Kult des immer möglichen Neuanfangs. Und der Verpflichtung, ihr und der geistigen „Grünkraft", zuerst und zuletzt zu opfern. Wir müssen Räume dafür schaffen. Seelenräume, Zeiträume, Hoffnungsräume, Räume für Visionen, Kulträume für ihre Gestaltung. Denn: *„Eine ungestaltete Hoffnung verfliegt, und eine nicht gefeierte Vision wird blass."*[108]

Im Prinzip müsste ich im Gestalten von „Hoffnungskulten" reiche Erfahrung haben. Nicht nur durch unseren in vielen Jahren entstandenen Natur-Garten, den wir hüten als seelenstärkenden „heiligen Ort", eine Art großen Heiligen Hain, in den keiner eingreifen kann. Sondern auch dadurch, dass ich mich über längere Zeit mit dem, was Hoffnung sein und bewirken kann befasst habe. Wie man sie weckt, pflegt, nährt, wagt, wie man sich Hoffnung machen kann, sich geistig neu ausrichtet, wenn man sie verloren glaubt. Ich habe dazu Bücher geschrieben, die vielen Menschen eine Stütze geworden sind bis zum heutigen Tag – und in denen ich selber immer wieder lese, wenn ich mich wieder „aufladen" muss. Ich habe Bildcollagen gemacht, Vorträge gehalten, die immer große positive Resonanz fanden. Ich habe eine Sammlung von Hoffnungsbildern und -sprüchen angelegt, ein Büchlein für meine Zuhörer, und sie gebeten, mir in kurzen Sätzen hineinzuschreiben,

---

108   Fulbert Steffensky, Wo der Glaube wohnen kann, Stuttgart 1989, S. 46

was für sie „Hoffnung" ist – eine Sammlung, in die ich heute noch gerne hineinschaue, weil darin ebenso tiefsinnige wie witzige Sätze stehen, z. B. „Hoffnung ist heute hellblau", oder, gut schwäbisch, „Hoffnung isch oifach schee", oder tiefsinniger: „Hoffnung ist über den Horizont hinausschauen, die Täler verlassen und in all dem Großen das Kleine wahrnehmen", oder ganz praktisch „Hoffnung ist: Ich weiß, ich schaffe es". Aber auch: „Hoffnung ist Widerstand".

Schließlich habe ich eine Postkartenserie entworfen, eine regelrechte „Aktion Hoffnung" gegründet, von der sich einige anstecken ließen, ein Interview kam in der „für Sie". Und begleitet wurde das alles von einem bei mir sich einfindenden „Arbeitskreis Hoffnung", an dem Freunde aus der C. G. Jung-Gesellschaft, also Psychotherapeuten, eine Künstlerin und eine Theologin teilnahmen und sich austauschten – es war eine überaus lebendige, hoffnungsgeladene Aufbruchsphase, damals, als wir alle auf einen Bewusstseinswandel hofften, und dass mit der Wahl Barack Obamas weltweit eine offenere Atmosphäre auch in der Politik entstehen würde, die sich auch auf neue Einstellungen der sogenannten „Umwelt" und Weltfrieden auswirken würde – und kein Mensch hätte damals gedacht, dass wir jemals wieder in solche brutalen, seelenverachtenden Bewusstseinsverengungen zurückfallen könnten, in denen wir heute feststecken. Und in einer irreversiblen Klimakatastrophe.

Doch was man nicht ständig „kultiviert" und übt, gar zelebriert, sinkt allzuleicht wieder ab. Und so sitze ich, über 10 Jahre nach dem Erscheinen meines ersten Hoffnungsbuchs[109], inmitten meiner reichhaltigen schönen Sammlungen zum Thema Hoffnung, und suche nach Perspektiven, die das Feuer erneut anfachen könnten angesichts einer furchtbaren Weltlage und kollektiver Seelenverfassung, die mich bedrückt. Und mir ist klar, dass diese Perspektiven immer wieder konkrete Verwurzelung in *meiner eigenen* Lebenshaltung brauchen, in meiner „Orientierung des Geistes"

---

109   Brigitte Romankiewicz, Hoffnung neu entdecken, Düsseldorf 2008

(Vaclav Havel) genauso wie in der praktischen Alltagsgestaltung. Da muss es anfangen.

Bis vor kurzem konnte man noch hoffen, die Corona-Pandemie könnte ein neues Nachdenken über unsere unverantwortliche und gedankenlos energieverschwendende Lebenshaltung bewirken, und ein Nachdenken über das Elend, das wir dadurch verursachen. Jetzt das neue, unvorstellbare Elend eines Krieges und der Propagendahörigkeit riesiger Volksmassen – wie einst bei uns in der Nazizeit.

Wie ein Spiegel zeigt ein kürzlich erschienenes Buch mit den bisher unveröffentlichten Tagebuchnotizen der couragierten Schriftstellerin und später SPD- Abgeordneten Anna Haag, *„Denken ist überhaupt nicht mehr Mode"*,[110], die Haltung des deutschen Bildungsbürgertums während der Nazizeit und zuleich das propagandistisch verführte Mitläufertum heute in Russland. Plötzlich versteht man noch besser, welches Gift, welche „Denkgefangenschaft" solche Diktaturen nährt: *Falls* man das mit wachem Kritikvermögen betrachtet – was viele immer noch verweigern.

Aber gerade das Nichtverstehenwollen solcher inneren Mitmachbereitschaft erscheint mir ein Signal, dass wieder bewusst macht, was Hoffnung *auch* sein kann – oder gar sein *muss: „Hoffnung ist Widerstand"* (Rebecca Solnit). Widerstand gegen das kritiklose Mainstreamverhalten, gegen das „Geläufige", wie Heidegger gesagt hat. Wenn wir Hoffnung befreien wollen, müssen wir *„Gegenwelten"* gestalten, in denen wir „Sinn darüberhinaus", Andersmögliches erfahren können. Das ist die Spur!

Aber was bedeutet hier „Gegenwelt"? Kommen wir dabei nicht bei den exaltierten Inszenierungen heraus, mit denen uns lange schon und bis zum Überdruss Stars, Möchtegern-Stars, „Influencer" und Jedermänner- und -Frauen mit bunten Moritz-Schöpfen und irgendwelchen Schrillitäten und Schrulligkeiten in Aufzug und Verhalten anöden? Mit Provokationen und Provokatiönchen,

---

110   Anna Haag, Denken ist heute überhaupt nicht mehr Mode, Tagebuch 1940-1945, Ditzingen 2021

extremem Lebenswandel, angestrengten, künstlichen und künstlerischen Verrenkungen aller Art?

Doch vermutlich sind auch diese Gesten aus einer Sehnsucht geboren, einer latenten Verzweiflung gegen Verzweiflung und maschinenhaften Gleichschaltung, die fast alle Lebensbereiche erreicht hat und die großen Fragen nach dem Sinn des Daseins, vom Zusammenspiel von Mensch, Natur, Gott und Welt unterminieren. Wo angesichts der täglich medial vermittelten Berichte über unübersehbar sich zuspitzende Katastrophen kaum noch Hoffnung zu einer Wende zu schöpfen wäre. Aber auch die Frage: Wie die eigene alltägliche Lebenshaltung und Lebenseinstellung dazu beitragen könnte, *Gegengewichte* zu setzen, seelenstärkende und mutmachende Zeichen für sich selbst und andere, dass Entwicklungen auf ein Werden in einen schöpferischen und friedvolleren Sinnzusammenhang möglich wären? Worauf also käme es jetzt an?

Ich weiß mir keine andere Antwort als diese:

- Erstens, dass das, was ich für richtig erkannt habe, mache und kultiviere, aus meinem eigenen Seeleninneren stammt, salopp gesagt: auf meinem eigenen Mist *gewachsen* ist, unbeeindruckt von anderen Meinungen. Dass es aus meiner eigenen Einsicht und leise rufenden, aber unhintergehbaren Intuition kommt – dem Ruf der Weisheit,

- Zweitens, Widerstand dagegen, sich *unbeherrscht* von tragischen Gefühlen und Befürchtungen miteißen lassen, wie Äsop den Menschen beschreibt, der entdeckt, dass Seele und Welt auch Übles enthalten.

- Drittens gleichzeitig auch „Auferstehungen" aus verfestigten Überzeugungen für möglich halten, die einen dann vielleicht begeistern.

- Viertens (und das lebe und erlebe ich gerade), auch *aktiv und praktisch* im Widerstand gegen alle Diagnosen und dem Gefühl eigener Hoffnungslosigkeit einfach konkret weitermachen.

Als Beispiel: Eine der herrenlosen Katzen, die wir füttern, alt, krank, flüchtete vor allem, was ich anbot, pflegte sich nicht mehr, schien dem Tod nahe – aber ich hörte einfach nicht auf, neue Mischungen zu ersinnen, ihr an die „unmöglichsten" Orte nachzukriechen – und eines Tages nahm sies an, fing wieder an ihre verdreckten Extremitäten zu putzen und scheint (vorläufig) „überm Berg" (Rückfälle eingerechnet).

Es ist viel Mühe jeden Tag. Aber sie nährt meine Hoffnung, dass man vielleicht das zunächst bedrückend Erscheinende doch mit einer gewissen Beharrlichkeit und *poesis* gestalten kann. Das griechische Wort für dieses immer Neues ersinnende, um- gestaltende Machen ist *poiein*, wovon sich unser Wort *Poesie* ableitet. (Auch „Verse *schmieden*" kann Arbeit sein!). „Sich Hoffnung machen" wäre also eine sowohl praktische wie auch „heiße" dichterische Kunst, in dem die Neuronen feuern und altes umschmelzen, um einen eigenen Mythos zu er-finden: *Mein* „Mythos" ist darum einfach: Das immer neue Ersinnen und Probieren ist jetzt meine Aufgabe, Hoffnung hin oder her. Und so habe ich immer wieder das Glück zu sehen, dass sie allmählich neu „ergrünt".

Bei den Mühen um das Leben des Katers weiß ich, dass sich das Leben nicht meinen Wünschen fügt. Und ich bin mir meiner eigenen Gefühle und Affekte bewusst. Meiner Ungeduld. Meiner Frustrationen. Und bemühe mich dennoch um Geduld. Tun, was getan werden kann – und den Rest der *Natur* überlassen. Eine Art gelebte, Alltagshoffnungskultur, Einladung der Hoffnung in meinen Garten, der mir wie ein hilfreiches Lebewesen ist.

Aber ein „Garten der Hoffnung" verträgt kein Rezept. Er ist kein gezielt planbares und auf ein perfektionistisches Vorstellungsbild gerichtetes „Gegenwelt-Projekt", sondern ein *organisches Wachstumsgeschehen*. Ein zuinnerst gegründetes Werden und Wachsenlassen.

Wobei uns aber die *Natur* wirklich eine große Lehrerin sein kann. Unseren Vorfahren war sie noch heilig. Eine Gestalterin, auch Hoffnungsgestalterin, der wir schauend und beobachtend folgen können. Und das erkannte nicht erst Hildegard, sondern davon wussten zuvor schon die alten Griechen – und längst vor ihnen

selbstverständlich schon viele Kulturen und sogenannte „Natur-
völker", die in inniger Beziehung zur Natur lebten. Aber von dem,
was uns schriftlich überliefert ist, ist das, was den Griechen einstmals die *„Physis"* bedeutete, eine überreiche Quelle für vergessene
Zusammenhänge.

Im Bezugsganzen der „Hoffnung", deren sprechendstes Symbol
ja doch die *Pflanze* ist, sollten wir darum unbedingt einen Blick
darauf werfen. Wir werden staunen, wie viel Anregungen sie uns
geben kann!

Der Symbolkreis der Natur

O Natur, du Mutter von allem! Alleswirkende Göttin
Reich an Künsten, und altgeboren und immerschaffend!
Allesbezwingerin, Unbezwungene, leuchtend und leitend
Allherrscherin, Allgepriesene, Erste von allem!
Erstgeborene, blühend und uralt,
Unaufhaltbar in ihrem Laufe, führst die Sterne der Nächte;
Wandelst geräuschlos dahin auf der leichten Spitze der Fersen!
Heiliger Schmuck der Götter, du endloses Ende von allem;
Allen Wesen gemein, und unmittelbar alleine!
Selbergeborene, Vaterlose, ewige Urkraft,
Blütenerziehend, leibverflechtend, allesvermischend,
Anfang und Vollendung, das Leben erteilend und die Nahrung,
allgenugsam, gerecht und der Grazien liebliche Mutter,
herrschend im Himmel und auf der Erde, herrschend im Meere!
Strenge und bitter den Bösen, Gehorchenden gnädig und lieblich!
Du Allweise und Gabenreiche, herrschende Göttin;
Vater bist du und Mutter von allen und Amme von allem!
Schnelle Gebärerin, samenreich und zeitenfüllend,
Künstereiche, Gestaltbildende, immer im Schaffen;
Ewige Immerbewegte, an Kräften reich und an Klugheit;
Schnell ihre Schritte wälzend in unaufhörlichen Kreisen;
Rundvollendete, immerströmend, Gestalten verwandelnd;
Herrlichthronende, die allein vollführt ihren Willen
Allezeit, über Herrscher erhaben, mächtig und donnernd,
Unerschütterlich, festgegründet, flammenatmend,
Allesbezwingend, ewiges Leben, unsterbliche Weisheit!
Alles ist dein. Denn du allein bist die Schöpferin Alles.
Darum, o Göttin! Fleh ich dich an, dass du bringst mit den Zeiten
Frieden, und Gesundheit und allen Dingen das Wachstum.[111]

---

111   Orphischer Hymnos (6./5. Jh v. Chr.); aus: Karl Kerenyyi, Die Göttin Natur, Eranos
       Jahrbuch 1946, S. 85 f, übersetzt von Christof Tobler, hier zitiert aus: Peter Gerltz,
       Mein Totem ist zornig, Olten, 1992, S. 15/16

Dieser atemberaubende Hymnos stammt aus einer Zeit, in dem die Natur – gr. *Physis* – eine Größe war, die wir sträflich unterschätzen.

Und so vermutlich ins Verderben rennen. Wir meinen, uns ihrer, der *„Ersten von Allem"*, *„Allesbezwingenden"*, der *„ewigen Weisheit"* bemächtigt zu haben, sie nach Gutdünken technisch manipulieren zu können und uns mit „KI"-Automaten und anderen „künstlichen" Tricks als ihre Beherrscher aufzublähen, ohne zu bemerken, dass diese sich bereits verselbständigt haben und uns vernichten werden. Uns, unsere infantile Technikgläubigkeit – aber niemals die Natur, die uns alle überleben wird. Auch wenn wir die Klimakrise immer noch nicht ernst genug nehmen, um Dürrekatastrophen, Hitzewellen, Häufung zerstörerischer Hurrikane, Abschmelzen des einst „ewigen Eises", Erdrutsche in den Hochgebirgen, weil der Permafrost die Felsmassen nicht mehr zusammenhält, unerwartete Flutkatastrophen mitten in unserer nächsten Umgebung als drängende Zeichen wahrzunehmen, und meinen, die Macht der Natur mit der richtigen „Technik" dann schon „in den Griff zu kriegen": Wir täuschen uns. Amüsieren und täuschen uns zu Tode.

Dass das nicht nur „Naturschwärmer" so sehen, bewies mir heute eine Karikatur in meiner Zeitung – auch wenn die Darstellungsart bestimmt nichts mit der orphischen Naturvorstellung gemein hat (Abb. 10). Aber vielleicht ist sie für den Zeitgenossen eindrücklicher, als das erhabene Bild des Altertums, in dem die Natur noch gesehen wurde als, Allherrscherin, *„Pantokrátora, gleichsam Matrix alles dessen, was ist. Sie war am Anfang, als die Götter noch nicht waren und wird am Ende sein, wenn die Welt vollendet ist ... Sie wirkt überall, ist ständig als Schöpferin tätig und geht den Lebewesen leitend voran, sie bezwingt alles, beherrscht alles, sie ist der Uranfang aller Dinge, todlos ... die schöpferische Urkraft, ohne die nichts entstehen und nichts existieren könnte... Sie ist autopátur, Selbstgeborene und apátor, vaterlos im Sinne der Zeugung, daher Anfang und Vollendung zugleich"*, schreibt der Theologe und Religionsphilosoph Peter Gerlitz, der den orphischen

Abb. 10
Karikatur aus der Stuttgarter Zeitung vom 27.12. 2021
Nach einer Flutkatastrophe im Ahretal von einem Ausmaß, das man bisher nur aus „fernen Ländern" kannte, illustriert der Karikaturist in eindrucksvoller Weise (auch wenn er die „Natur" hier als technisch ausgerüsteten Giganten darstellt), die ungeheuer überlegene und sträflich unterschätzte Macht der Naturgewalten, die der Mensch meinte, zugleich ausbeuten, vernachlässigen und kontrollieren zu können. Sein hybrider Wahn, mit vergleichsweise lächerlich unzulänglichen „Schutzschirmen" Sicherheit zu schaffen, zeigt sich im Bild des zwergengroßen schlafbemützten naiven Michels, der tatsächlich zu glauben scheint, dem drohenden Unheil ohne wesentliche Haltungsänderung Paroli bieten zu können. Ein pikantes Detail der Zeichnung ist dabei, dass ihm sein vermeintlicher „Schutzschirm" auch noch den Blick auf die Größe der Gefahr verdunkelt.

Hymnos an den Anfang seiner Reflexionen über „Mensch und Natur in archaischen Kulturen" gestellt hat.[112]

Jedenfalls ist „Natur" mehr, viel mehr, als eine „Gesundkost" und Materiallieferantin, oder schöne Dekoration und „Wohlfühloase" für den Menschen, die er nutzen kann und sie seinen Wünschen unterordnen, sie zu seinen Zwecken als Ware „verbrauchen"! Sie ist ein großes schöpferisches Wunder, und Menschen wie Hildegard von Bingen haben das von jeher unmittelbar erfühlt. Sie ist

---

112   Peter Gerlitz, Mein Totem ist zornig, S. 16

das Leben selbst, das *ganze,* ungeteilte, geisterfüllte und sich ständig manifestierende, sich entfaltende, hoffnungserfüllte Leben! Und wir sind Teil ihrer Verwandlungen – und haben im Gegensatz zu anderen Lebewesen die Chance und Aufgabe, das zu erkennen.

Wir können sie verstehen *„als etwas, das mit den großen Erscheinungen des Werdens zu tun hat."*[113] Das liegt selbst noch im heutigen Gebrauch des Wortes „Natur", (lat. *natura* = Geburt in die Erscheinungswelt.) Doch das lange vorher erscheinende (in der Odyssee bei Homer, um 800 v. Chr.[114]) griechische Symbol- oder „Urwort" dafür ist *Physis.* Das Verb dazu ist *phyo,* wachsenlassen, hervortreiben, und die Endung *-sis* bezeichnet eine *Aktivität.* Um ein Symbol des *Bewegens,* eine allesdurchdringende, ungreifbare Kraft, ein Walten aus dem Urgrund (ähnlich der Weisheit in Israel), geht es. Um einen unaufhörlichen Werdeprozess aus sich selbst heraus, der ohne Anstoß von Außen alles, was in Erscheinung tritt aus sich selbst heraus hervorbringt. Was weiter bedeutet: *„dass alles, was an Erscheinungen um uns herum sich andrängt, verstanden werden kann als eine einzige große zusammenhängende Form des Waltens",* ein Lebendiges in Bewegung. [115]

Da liegt der Gedanke nicht fern, dass *„Physis"* und das Feld des Werdens und Waltens, das wir „Gott" in seiner ganzen Weisheitsfülle und Schöpfungskraft nennen, im Innersten verwandt sind. Und in der Tat ist den Griechen die *Physis* etwas Allumfassendes, ja sie ist das primordiale, aller Erscheinung vorausliegende *„erste große Heilige, der Bereich der Elemente, die für den Griechen lebendig sind."*[116] Sie hat selbst-ständige Eigengesetzlichkeit und entzieht sich völlig unserer Verfügbarkeit – und Beherrschbarkeit. [117]

Noch Aristoteles (384-322 v. Chr.) sieht das große Ganze als Walten und Entfalten der Kraft der *Physis,* die *heilig* und *göttlich* ist, und diese Grundvision der Natur oder *Physis* (die eben mehr ist, als unser heutiger Begriff von „Natur"), bleibt gültig bis zum Ende

---

113   Schadewaldt, S. 202
114   Ebd S. 204.
115   Ebd S. 203
116   Ebd S. 206
117   Vgl. z.B. die weltweiten Überschwemmungskatastrophen, s. a.. Abb. 10.

der Antike. Dabei wohnt ihrem Wachsen und Walten grundsätzlich eine *Gerichtetheit* ein (bei Aristoteles wird dann daraus die Intuition der *Entelechie* = das, was sein Ziel in sich selbst trägt): Natur zugleich als aus sich selbst heraus Handelnde verstanden, eine spontane Bewegung aus einem großen Kontinuum heraus, das in seiner jeweiligen *Gerichtetheit* immer auch etwas zur Erscheinung bringen will.

Wir haben im Laufe der Geschichte diese ungeheure, allumfassende Heiligkeit der Physis vergessen und verkürzt auf einen erforschbaren, handhabbaren materiellen Aspekt. Tatsächlich treibt sie auch das, was wir „Materie" nennen aus sich hervor, aber diese „Materie" ist im letzten Grund nichts Materielles. Viel eher ein dynamisches Geschehen, und *„hat überhaupt nichts zu tun mit unserem modernen Materiebegriff"*.[118] Denn ihr Urgrund entzieht sich unserer Erforschbarkeit. Allenfalls unserer Intuition, unseren Ahnungen und Träumen ist er zugänglich.

Ein philosophisches Ausnahmetalent, der überragend begabte Philosoph Friedrich Wilhelm Schelling (1775-1854) jedoch hat das schon in jungen Jahren (1797-98) in seiner Naturphilosophie erschaut und versucht in Sprache zu fassen. Er hat in seiner Schrift „*Von der Weltseele*" (1798) diese (nach antikem Vorbild) als *„die erste Kraft der Natur"* benannt, als ein *„organisierendes, die Welt zum System bildenden Prinzip"*.[119] (Wobei „System" als einheitlich gefügtes und geordnetes Ganzes, als unauftrennbare Einheit verstanden werden muss, nicht als Kategorienraster!).

In Schellings Schau ist die materiebildende Kraft der Natur alias *Physis* alias *Weltseele „das positive Prinzip aller Bewegung, oder die erste Kraft der Natur. Sie selbst ... verbirgt sich hinter den einzelnen Erscheinungen, in denen sie offenbar wird, vor dem begierigen Auge. In einzelnen Materien ergießt sie sich durch den gesamten Weltraum."*[120]

Und in seiner Vorrede zur ersten Auflage schreibt Schelling, dass der Naturforscher bei genauer Betrachtung des Erscheinenden

---

118   Schadewaldt, S. 207
119   F. W. J. Schelling, Schriften von 1794-1798, Wiss. Buchgesellschaft Darmstadt 1975
120   Schelling, Von der Weltseele, Wiss.. Buchgesellschaft Darmstadt 1975, S. 436.

notwendigerweise auf diese Einheit in der Vielheit stiftenden Kraft stößt, nämlich *„auf ein gemeinschaftliches Prinzip, das zwischen anorganischer und organischer Natur fluktuierend die erste Ursache aller Veränderungen [in der Welt] in jener, und den letzten Grund aller Thätigkeit in dieser enthält, das, weil es überall gegenwärtig ist, nirgends ist, und weil es Alles ist und nichts Bestimmtes oder Besonderes seyn kann, für welches die Sprache eben deswegen keine eigentliche Bezeichnung hat, und dessen Idee die älteste Philosophie (zu welcher, nachdem sie ihren Kreislauf vollendet hat, die unsrige allmählich zurückkehrt) nur in dichterischen Darstellungen überliefert ist.*[121]

Man höre: „Nur in dichterischen Darstellungen überliefert...!"

Darum muss man diesen für Schellings komplizierte philosophischen Gedankengänge typischen Satz mit dem *Blick des Dichters* lesen, um ihn zu verstehen. Dann aber leuchten darin plötzlich Bilder aus den biblischen Weisheitsbüchern auf, wo von dieser gesagt wird: *„Sie reicht von einem Ende zu anderen und regieret alles wohl"*. *(Weish 8,1)* Oder, wie schon zitiert, bei Jesus Sirach, wo sie von sich selbst sagt: *„Ich bin allenthalben, so weit der Himmel ist und so tief der Abgrund ist. Allenthalben auf Erden unter allen Leuten, unter allen Heiden...Vor der Welt Anfang bin ich geboren und werde bleiben ewiglich."* (Sir 24, 7-14)

Was für ein krasser Unterschied zu unserem anmaßenden Verständnis von „Naturwissenschaft" heute! Wobei poesiebegabte Physiker wie Hans-Peter Dürr ohne weiteres dem zustimmen könnten, wie Schelling seine Sicht in einem Satz zusammenfasst: ... *„dass ein und dasselbe Prinzip die anorganische und die organische Natur verbindet."*[122]

Das ist bis heute nur bei wenigen angekommen, dabei versucht Schelling mit seiner Gewichtung der verbindenden „Ursprungskraft" der Weltseele bereits vor über 200 Jahren einen verfestigten Dualismus aufzubrechen, dynamisch zu verflüssigen!

Physis, „Weltseele", Weisheit, die „Alles" ist, hebt den Dualismus zwischen Gott und Welt auf. Die Erscheinungen der Welt sind

---

121   Ebd S.401
122   Schelling, Weltseele, S. 404

allesamt „Abdruck" dessen, was wir „Gott" nennen, bzw. ein Zusammenspiel zu einem einzigen, verbundenen Energiefeld. In dieser Radikalität wagen das bis heute nur sehr wenige Theologen (und Schelling *war* ja *auch* Theologe!) zu denken, ohne gleich unter Verdacht des „Pantheismus" gestellt zu werden.

Immerhin kommt heute doch Schützenhilfe aus der Wissenschaft: Dank einem staunenden Perspektivwechsel etwa in Biologie und Physik, sind wir nun endlich wieder, fast 2000 Jahre nach der griechischen Einschätzung der Physis als dem „ersten großen Heiligen" (Schadewaldt), durch biologische Feldstudien (etwa Rupert Sheldrake) und verschiedene rätselhafte Entdeckungen von „Quantenphysikern" ebenfalls zur entscheidenden Aufhebung der dualistischen Spaltung Geist/Materie gekommen. Ein Lieblingssatz des Heisenberg-Vertrauten und Mitarbeiters Hans-Peter Dürr bei Vorträgen (die ich teilweise mitgeschrieben habe) war: *„Ich habe 40 (später wurden es 50) Jahre über die Materie geforscht, um herauszufinden, dass es sie gar nicht gibt."* Und er spitzt zu: *„Im Grunde gibt es nur Geist."*[123] Aber wir haben an anderer Stelle schon gesehen, dass dieser „Geist" nicht nur viele Namen trägt, (*pneuma, spiritus, sophia, ruach, Hauch, Weisheit, Weltseele*) sondern auch nicht reduziert werden kann, auf eine „Jenseitswelt". Sondern durchaus konkret in der „physikalischen" Erscheinungswelt wirkt: Braucht einen *Leib*. Wirkt im Zusammenspiel der Geist-Seele-Leib-Einheit. Die Unberechenbarkeit der „Zufälle" geben uns tägliche Beispiele!

Diese Kraft steht stets in zwar ungreifbarer, aber direkter Beziehung mit allem anderem, uns sichtbar oder unsichtbar – so wie auch die *Physis* in ihrem Ursinn: den Grund, aus dem sie ihre Kraft bezieht, können wir nicht ausloten. Doch wenn wir offen sind für Begegnungen, Visionen, Zeichen und Winke, können wir, wo immer möglich, eine neue sinnbereite Beziehung zu Unvorhersehbarem, Werdenwollendem, zu dem *Auch-noch-Möglichen* aufbauen. Denn was das griechische Physis-Verständnis prägte, gilt

---

123   Hans-Peter Dürr, Warum es ums Ganze geht, Frankfurt 2011, S. 95

unentwegt weiter: *„Die Welt ereignet sich in jedem Augenblick neu"*[124] – aus ureigenem Antrieb und doch in Korrespondenz mit der „Realität" und mit einer Art „Erinnerung", an das Beststehende.

Aber auch: In Beziehung zu den jeweiligen „Erwartungsfeldern", die wir seelisch aufbauen. Wenn wir also in mechanistischen Routinen erstarren, uns an eingeschliffenen Moden und reduktionistischen Sichtweisen orientieren, verantwortungslos mit Natur und unseren Beziehungen zu Mensch, Natur und Dingen umgehen, ist die Wahrscheinlichkeit groß, dass die immensen Möglichkeiten der Physis (Dürr spricht von „Potenzialitäten") unverwirklicht bleiben.

Hoffnungsperspektiven aber erfordern ein selbstständiges, unermüdliches Hin- und Hergehen zwischen mündiger, bejahender, vorurteilsloser Wahrnehmung von konkreten Situationen, in denen wir uns befinden, und der Möglichkeit und Vision eines neuen, schöpferischen Werts. Denn das Mögliche umfasst *„... nicht nur die Träume nervenschwacher Personen, sondern auch die noch nicht erwachten Träume Gottes"*, sagt uns ein Dichter, der einen großen Roman über einen „Möglichkeitsmenschen" geschrieben hat und selbst viele Möglichkeiten des Lebens ausgelotet.[125]

Vielleicht hätte er, selbst Wissenschaftler, nichts dagegen, hier von den Potenzialitäten der Physis (oder der Weltseele?) zu sprechen. Hans-Peter Dürr jedenfalls, ein Wissenschaftler mit viel künstlerischen Fähigkeiten und Intuition sagt uns, dass für ihn der Traum der Anfang des Realisierens ist: *„Ich brauche Träume und Visionen. Auf ihnen gründen sich Hoffnungen. Und eine Hoffnung ist der erste Schritt zum Einstieg in die Gestaltung unserer Wirklichkeit und ihrer Realisierung ... Hoffnung ist eine Artikulation der Wirklichkeit..."*[126]

Hoffnung und Träume als *„Paradigma des Lebendigen"*, wie wir es bei der griechischen Auffassung der *Physis* (oder Schellings *Weltseele* oder der biblischen *Weisheit*) gesehen haben: Und das Bewusstwerden des In-Beziehung-Stehens von Allem mit Allem und der

---

124 Dürr s. 105
125 Robert Musil, Der Mann ohne Eigenschaften Bd I, Hamburg 1987, S. 16
126 Hans-Peter Dürr, Auch die Wissenschaft spricht nur in Gleichnissen, Freiburg 2004, S. 69

aktiven Wahrnehmung und schöpferische Offenheit für seine organische Werdekraft. Was für Dürr in die Vision führt: *„Das Lebendige lebendiger werden zu lassen."*[127]

Lebendigkeit aber verlangt, nicht auf perfekt vorgeplante Stabilität hinzusteuern, sondern auch Zustände von Instabilität hinzunehmen. Was mich eine zeitlang destabilisert, bewirkt Verletzlichkeit und Offenheit und eine erhöhte Sensibilität. Das ist das Paradox: Unter Umständen sind wir genau dann, wenn wir uns am unsichersten fühlen, auch am offensten und lebendigsten. Kreativität, das Werden eines Neuen bahnt sich im „Noch-nicht-genau-Wissen an, gerade in instabilen, sensibilisierten Schwebezuständen. Was das aber für einen konkret gelebten, hoffnungserfüllten Alltag als *„Gegenwelt"* gegen die Zwänge seelen- und gedankenloser kollektivhypnotisierter Aktivismen bedeuten könnte, wozu es uns ermutigen könnte, bleibt nach wie vor eine Aufgabe für die sensible, aufmerksame und unverstellte Wahrnehmung jedes Einzelnen, der den manifesten Anzeichen des Seelenverlustes entgegenwirken will. Für seine Fähigkeit, Unsicherheit zuzulassen, zu träumen, und dennoch etwas zu wagen, auch wenn er nicht weiß, wohin ihn das führen wird.

---

127 Ebd S. 70

„Das Lebendige lebendiger werden lassen"

Nein, es geht nicht um diese modische, aufgedreht künstlich „Lebendigkeit" der Shows. Alle Bücher und Vorträge des Quantenphysikers Hans Peter-Dürr, die ich kenne, durchzieht vielmehr Begeisterung für eine *beseelte* Lebendigkeit, Offenheit Kreativität der *Natur*, die mit dem revolutionären Wirklichkeitsverständnis der neuen Physik erst richtig bewusst geworden ist – besser, bewusst werden *könnte*, wenn man nicht im mechanischen Denken stecken geblieben wäre.

Doch noch immer sind wir Gefangene altgewohnter wissenschaftlicher Gewohnheiten, die Statistikgläubigkeit und mechanistische Vorstellungsfixierung mit unumstößlicher Wahrheit verwechselt. Und unsere Seelen ersticken in Überlagerungen, wie „es" sein müsste, wie *wir* sein müssten, um nicht als unsicher und „lonely" dazustehen. Vor lauter Angst vor dieser Entdeckung erstarren wir im Festhalten an vermeintlichen Sicherheiten – und blockieren damit eine geistige, sensible seelische Weiterentwicklung. Denn die Voraussetzung unserer Sensibilität und Kreativität liegen gerade im „Nicht-genau-Wissen". Dort liegen die *Keime neuer Möglichkeiten*. Aber unsichere Zustände fürchten wir und versuchen sie nach Kräften zu meiden – auf Kosten unserer Lebendigkeit.

Also doch Krise als Chance für eine neue Sinnorientierung?

Die vielfältigen Krisen, mit denen wir heute konfrontiert sind und die uns zu überfordern drohen, sind Ausdruck einer geistigen Krise im Verhältnis von uns Menschen zu unserer lebendigen Welt ... Wenn die neue Physik uns zeigt, dass die Zukunft prinzipiell nicht vorhersagbar und die Natur keine Maschine ist, dann bedeutet das, alle gesellschaftlichen und ökonomischen Strukturen, die sich an diesem überholten Weltbild orientieren, infrage zu stellen."[128]

Aber eben diese Krise lässt uns „*die Brüchigkeit und Unzulänglichkeit unserer säkularisierten, materialistischen Weltbetrachtung immer deutli-*

---

128   Hans-Peter Dürr, Warum es ums Ganze geht, Frankfurt 2011, S. 166

152

cher gewahr werden". Und diese Krise *„besteht darin, dass wir – und hier meine ich vornehmlich uns in der nördlichen, industrialisierten „entwickelten" Welt – in all der Üppigkeit und all dem Trubel unseres Alltags unter einem Hunger nach Geistigem und Sinnhaften, unter einem Gefühl der Verlorenheit und Einsamkeit leiden. Uns werden die tieferen Ursachen unserer Frustration gar nicht bewusst, und wir sind deshalb auch nicht bereit und willig, geeignete Nahrung aufzunehmen."*[129]

Wem käme da nicht Riesmans „Lonely Crowd" in den Sinn?

Doch um unsere Lebendigkeit wiederzugewinnen und sie in allem, was wir tun, auszudrücken, müssten wir uns zuerst der Flucht in die „Crowd" bewusst werden. Dann erst fänden wir Nahrung für unsere Seelen, für Träume, Phantasien, *„das Lebendige lebendiger zu machen"* (Dürr, S. 174)

Kein unentwegt beschleunigtes, hyperaktives und überdrehtes Gemache und Gehampel. Weder spektakuläre Daueraktionismen, die für „Lebendigkeit" gehalten werden, noch kleinliches Sicherheitsdenken. Statt dessen wahrzunehmen, wo wir völlig bewusstlos überdrehtem Agieren oder starren und unlebendigen Mustern und Normen folgen.

Ein einfaches Beispiel:

Wenn ich an städtischen oder kleinstädtischen Vorgärten vorbeigehe, packt mich regelmäßig ein Grausen. Ohne durch irgendwelche Dekrete gezwungen zu sein, scheinen die Besitzer alles daran zu setzen, ihr Gärtchen so stereotyp und leblos zu halten wie möglich (ich nenne das „Grabpflege"...): teppichkurzer Rasen, scharf abgestochen gegen einige Blumenrabatten mit dem gängigen Angebot der Garten- oder Baumärkte, geometrisch zugrichtete und wie mit dem Lineal geschnittene Ligusterhecken, die noch nie blühen durften. Genausowenig wie irgendwelches „Unkraut" in Beet und Rasen; wenn ein Gänseblümchen zaghaft den Kopf hebt, muss das sofort „in Ordnung" gebracht werden. Nur selten einmal ein alter hoher Baum („macht nur Dreck"), der aber bestimmt verschwindet, wenn der Besitzer wechselt.

---

129   Dürr, S. 114

Was ist das?

Ich weiß aus Erfahrung, dass in den meisten Hecken Holunder, Hasel und anderes hochzukommen versuchen, aber unbarmherzig werden sie in regelmäßigem Turnus „gleichgeschaltet": Warum?

Ich weiß von der Pracht blühenden Löwenzahns, vom Zauber ihrer Samenkugelschleier in der Wiese – aber auch von regelrechten Kriegen, die ihretwegen zwischen Nachbarn ausbrechen können.

Nein, es soll alles immer aussehen wie im Baumarktkatalog, und kein Gerät ist zu teuer (und zu laut), um regelmäßig für Aufrechthaltung der Ordnung zu sorgen. Um die Lebendigkeit der Natur (und der Seele) geht es dabei kaum. Eher um den Eindruck von Unterwerfung und Gleichschaltung mit dem Nachbarn. Als ob nicht auch jeder *Ort* eine *Seele* habe, die erspürt und gewürdigt werden will, einen *genius loci!* Unbarmerzig wird er guillonitiniert ...

Aber es gibt gottseidank auch andere Beziehungen zur Natur. Der Förster und Autor Peter Wohlleben (geb. 1964) hat in seinem wohl bekanntesten Buch über *„Das geheime Leben des Waldes"*[130] erneut gezeigt, dass sich die lebendigsten Vorgänge in der Natur (vor allem der Pflanzlichen) in Stille, Langsamkeit und vor allem im Verborgenen abspielen, lange, bevor etwas für unsere oberflächliche Wahrnehmung sichtbar wird. Die Kräfte der Physis, des uranfänglichen, den Alten heiligen Lebens, wirken nicht nur unseren Blicken entzogen, sondern auch in völlig überraschender, statistisch kaum erfassbarer Weise. So etwa im Dunkel des Bodens, von dem Wohlleben schreibt: *„Boden ist für uns Menschen noch undurchsichtiger als Wasser, und das gilt auch im übertragenen Sinne. Während der Grund der Ozeane schlechter erforscht ist als die Mondoberfläche, ist das Bodenleben noch weniger untersucht."*[131]

Für Blick und Gefühl des unsteten Wanderers ist der Boden etwas Festes, Ruhendes, fest-Stehendes, Statisches, in den man seine Trekking-Stöcke rammen kann, Trampelpfade zur Abkürzung nehmen, ohne dass das dort irgendetwas Lebendiges, womöglich Beseeltes beeinträchtigt. Doch nichts, was lebendig ist, ist statisch.

---

130   Peter Wohlleben, Das geheime Leben des Waldes, München 2015
131   Wohlleben, S. 80

154

Lebendigkeit bedeutet komplexe Vernetztheit und Verbundenheit, die – und das gilt nun nicht nur vom Waldboden – per Statistik nicht tabellarisch „fest-stellbar", fixierbar ist.

Doch es geht ja nicht nur um den Bezug zu dem, was man allgemein „Natur" nennt. Es geht insgesamt um das Gefühl für sich immerzu wandelnde *lebendige Bezüge*. Das „rechnende Denken" (Heidegger) hat die natürlichen Einstellungen verändert.

Beispiel Statistik. Nehmen wir nicht ohne Protest Absurditäten hin, von der Sorte „im Durchschnitt" 2,3 Kinder pro Familie? Da wird buchstäblich Lebendiges „durchgeschnitten", aber wir haben uns längst an derlei gewöhnt, auch an sie falschen Prognosen der nötigen Lehrer.

Man klagt über mangelndes Bildungsniveau und überforderte Kinder und Lehrer, entlässt aber die, die sich trotzdem für diesen anspruchsvollen Beruf entscheiden vor den Sommerferien in die Arbeitslosigkeit (weil „statistisch" gerechnet, das Geld fehlt), und die Diäten der Politiker werden erhöht. Man investiert enorme Summen in die ständige Änderung von Lehrplänen, Digitalisierung und Prüfungssysteme, aber vor allem um einer Leistungserfassung (sprich: Verzweckung für Automatismen im Wirtschaftsleben) willen, welche zugleich für alles Lebendigmachende keine Zeit mehr lässt: Nicht für musische (die seelische Entwicklung fördernde) Bereiche, nicht für individuelle Talente und unterschiedliches Lerntempo, schon gar nicht für Langsamkeit. Schnell abhakbar soll alles funktionieren, das Lernen, das Lehren, die Schüler und die Lehrer.

„Das Lebendige lebendiger machen" würde aber von Anfang an Raum für die Entwicklung und Vernetzung *aller* Sinnesfunktionen erfordern, samt der Förderung kreativer Phantasie – und das braucht Zeit, braucht „Lange Weile", um die komplexen Eindrücke, die von alltäglicher Lebenswelt und neu zu Lernendem ausgehen, zu verschalten. „Kopf und Hand" zu einem Ganzen zu verbinden und menschlich zu reifen. Doch das ist nur noch in „Freien Schulen"

möglich, die scharfer Kritik ausgesetzt sind, weil sie die Menschlein und nicht ihre Leistung in den Mittelpunkt stellen.

Unsere Gesellschaft aber scheint, ohne das zu merken, mehr und mehr und auf allen Gebieten an einer Zivilisationskrankheit zu leiden, die in den neurologischen Praxen zunehmend in ihren Extremen beobachtet wird und unter der Bezeichnung „apperzeptive Agnosie" diagnostiziert.

„Apperzeption" bedeutet aufgenommene Eindrücke in ein Gesamtbild sinnvoll einzubauen. „Agnosie" (Nicht-Erkennung) hingegen heißt, dass die Eindrücke emotional erst gar nicht wirklich ins Bewusstsein treten. Insgesamt also geht es um ein *emotionales Defizit*, bei dem trotz intakten Funktionierens der einzelnen Sinnesfunktionen aufgenommene Informationen oder Fakten nicht in angemessene Beziehung gesetzt werden können und ein sinnvolles Gesamtbild der Einzelfaktoren ergeben. Die Interpretationsfähigkeit *komplexer* Faktoren ist massiv gestört – und damit die emotionale Verknüpfung der ganzen Tragweite der Situation.

Die Defizite können in erschreckende Formen münden, wie ich ihr in einer neurologischen Fallstudie schon vor längerer Zeit begegnet bin. Manche Agnostiker erkennen etwa nur noch, was auf ihrer rechten Seite ist: Stellt man einen vollen Teller vor sie hin, wird die rechte Hälfte leer gegessen, die linke nicht, und man muss den Teller drehen, dass auch die andere Hälfte leer gegessen werden kann.

An dieses Beispiel muss ich immer denken, wenn etwa auf der einen Seite der Zeitung auf die dringende Notwendigkeit von Energieeinsparung und Umstieg auf „umweltfreundliche E-Mobilität" hingewiesen wird, auf der nächsten triumphal verkündet, dass es einem auf energiefressende Luxusautos spezialisierten Konzern gelungen ist, ein E-Mobil mit 500 PS herzustellen. Und auf der übernächsten, dass die Produktion zunächst eingestellt werden musste, weil so viele Chips, die er jetzt regelmäßig dafür bräuchte, leider nicht verfügbar sind. Wo bleibt da das Gefühl für solches Missverhältnis?

Dasselbe gilt für die plötzliche Forcierung „alternativer Energien", weil durch brutale Kriegsmachenschaffen Mangel an Öl und Gas herrscht: Der Naturschutz soll in die zweite Reihe verwiesen werden gegenüber Windradbau, die Bürger werden ermahnt, die Heizungen zurückzudrehen, weniger zu duschen, also „Energie zu sparen", während naturschädigende Open-Air Großveranstaltungen, Volksfeste in kürzester Zeit rücksichtslos unvorstellbare Mengen der ach so knappen Energie samt Schadstoffen in die Luft blasen (vom Lärm gar nicht zu reden), um das „Volk" zu betäuben.

Nur selten in den Leserbriefen ein entsprechender Kommentar, obwohl längst klar ist, dass Lärm krank macht, dass zur Herstellung von Elektrochips sogenannte „seltene Erden" gebraucht werden, die unter menschenunwürdigen Bedingungen in ohnehin verelendeten Kontinenten von Kindern abgebaut werden, die daran nicht selten zugrunde gehen.

Wird hier etwa „Lebendiges lebendiger gemacht"? Wo bleibt die natürliche seelische Einfühlung und echte Lebendigkeit, die nötig wäre, diese kollektive kognitive Agnosie wahrzunehmen und wenigstens journalistisch zu kommentieren, wenn schon nicht politisch dagegen zu handeln?

Ja, die Krise, in der wir stehen, ist sowohl eine geistige als auch eine seelische. Wie können wir darüber hinauswachsen, wie können wir zu den „mündigen Bürgern" werden, die das Leitbild meiner Generation in den 60er Jahren waren, und zu denen lange vorher die leidende Seele des Dichters Rainer Maria Rilke in seinem Gedicht über die Städte aufrief?

Was brauchen wir für ein Menschenbild, das dem „Verbrauch" unserer selbst, der Welt, der Seele etwas entgegensetzte und der Aufgabe des Menschen im Kosmos gerecht würde?

Zweifellos dürfen wir uns nicht von den Schrecken hypnotisieren lassen. Aber *wahr*-nehmen müssen wir sie. Und herausfinden, was man ihnen in der eigenen Lebenseinstellung und Lebenspraxis entgegenstellen kann.

Und vielleicht kann man dabei durchaus beim einstigen *Physis*-Verständnis anknüpfen, welches die Lebendigkeit des *gesamten* Kosmos meint und das Gegenteil der „apperzeptiven Agnosie" ist: „Natur" ist ein komplexes Beziehungsgeflecht im „göttlichen Feld" – und wir gehören dazu!

In „Über die Dörfer" lässt Peter Handke Nova sagen: *„Die Natur ist das einzige, das ich euch versprechen kann. Sie ist das Vorbild und gibt das Maß".*[132]

In ihr also, ihrer genauen Wahrnehmung und Pflege finden wir die Lebendigkeit, die wir brauchen.

Hier finden wir das „Modell" für eine tragfähige Gegenwelt, die uns wegholt von der Faszination durch das „Disruptive", das technisch Sensationelle und pompös Inszenierte im Vordergrund der medialen Theaterbühne und uns ermutigt, unsere Lebensführung an den unspektakulären, mutmachenden Geschehnissen zu orientieren.

Wir könnten bei ihr lernen, Kontraste anzunehmen, aber auch uns vom ständigen Erzwingen und Machenwollen des Eindrucksvollen, vom kurzgriffigen Imponieren. Wir können uns einer Lebendigkeit des Langsamen, Unspektakulären, Verborgenen, Unauffälligen zuwenden, den geduldiges Hinsehen brauchenden Zeichen natürlichen, organischen Werdens. Denn in ihnen liegen die geheimen Physis-Winke ebenso wie der Ruf der biblischen Weisheit oder Weltseele.

Diese Einsicht aber bedeutet noch lange nicht, dass ich bereits eine wohlgeordnete Liste von Hoffnungsperspektiven parat hätte.

Wäre es etwa möglich, ohne Bitterkeit mit all den Kontrasten und dem Schmerzhaften zu leben, das mich umgibt, und *„das Leben lebendiger werden zu lassen"*, indem ich meinen Hoffnungen Farbe gebe und tragfähige Kraft, die stark genug ist, den inneren

---

132   Handke, Über die Dörfer, Frankfurt 1981/2002, S. 11

„Anfechtungen" der Hoffnungslosigkeit und den gewohnten Denkmustern Widerstand zu leisten? Mit Mut zu provisorischen Alternativen und Unsicherheiten, die Änderungen möglich machen, wenn ich sie nötig finde? Konsequentem Mut zur Inkonsequenz?

Denn trotz aller Kritik: Wirklich seelische Lebendigkeit bräuchte auch Sensibilität, Mitgefühl und wachsendes Verständnis für diejenigen, die meiner Vision zuwider leben.

Sie braucht den Versuch, deren Gewordenheiten und Motive zu erkennen und zu verstehen. Ändern an ihrem Verhalten wird sich wenig lassen, und ich habe auch nicht die Absicht wie meine Vorfahren für meine Einstellung zu missionieren.

Aber ich möchte mich nicht von *meinem* Sinnverständnis, meinem Denken, Träumen und Leben abbringen lassen. Und ich möchte mich dabei leiten lassen vom symbolischen Leben, von der Gewissheit einer größeren Wirklichkeit, die in meine Seele hineinspricht, in meine Empfindung, meine *aisthesis*, dem natürlichen *„sensus"* der lebendigen Weisheit in mir und meiner Seele. Und von der mächtigen, stillen, unbeirrbaren Kraft der *Physis*, der Natur: genährt aus ihrem im Dunklen verborgenen Wurzelbereich, ihren „Abgründen" und der Weite des Himmels über mir, die zusammen ein entwicklungsbereites Bewusstsein ermöglichen – und *Hoffnung*.

TEIL IV

Hoffnungsvisionen brauchen Bilder

Visionen können sprachlich formuliert sein – aber wieviel stärker Bilder die Seele beeindrucken als wortreiches Vorstellen und Predigen, wissen inzwischen alle Werbe- und Konsumindustrien. Und alle auf Manipulation angelegten medialen Netzwerke nutzen sie für ihre sehr unterschiedlichen Zwecke, auch zu einer Kultur des „Bösen", das C. G. Jung für durchaus real hielt, und das heute in vielen, zum Teil künstlerisch legitimierten Variationen regelrecht gefeiert und bildhaft inszeniert wird. Bilder beeindrucken, Bilder prägen. Lange bevor wir lesen konnten, betrachteten wir Bilderbücher, die sowohl aufbauende als auch destruktive Empfindungen in uns wecken konnten, und uns oft bis in nächtliche (Alb-)Träume verfolgten, genau wie die „lebenden" Bilder, die wir über unsere Umwelt aufnahmen. Sie formten und formen unsere Phantasien und unser Bild von der Welt – und was für uns Kinder galt, gilt in jedem Augenblick weiter für jeden, der sich in der Welt bewegt, seien es „reale" Bilder einer intakten oder mechanisierten oder zerstörten Um- und Mitwelt, seien sie medial vermittelt durch Filme, Fotos, Fernsehen oder ihre zahllosen Abkömmlinge. Vor allem jene Bilder aus der direkten Umgebung werden oft unterschätzt: Es ist ein großer Unterschied, ob ich mich in einem kafkaesken Bankenviertel bewege oder einem weitläufigen Park mit altem Baumbestand. Ob ich in einem Hochhausviertel wohne und nur auf Steinwüste blicke, oder auf einen Garten schauen kann mit vielgestaltigen Pflanzen und kraftvollen Bäumen. Und ganz gleich, wo wir wohnen oder arbeiten: Schon ein Blumenstrauß oder eine Grünpflanze ist ein Bild, bei dem meiner Seele wohler wird, als beim Blick auf einen technischen Apparat, sei er noch so edel „designed". Darum kommen für mich die eindrücklichsten Hoffnungssymbole aus der Natur und aus Kunst und Musik.

Gewiss können auch Sprache in lebendigen Erzählungen, Märchen, dichterische, bildhafte oder religiöse Gleichnisse und Mythen starke Bilder evozieren, plastische, farbige Bilder. Aber wir müssen uns immer bewusst sein, dass Umgebung, soziales Umfeld Maßstäbe unserer Arbeits- und Lebenswelt zu machtvollen Mythen werden können, die unterschwellig unentwegt Bilder in uns einschleifen. Dass wir unsere ganze, wache Aufmerksamkeit brauchen und schulen müssen, solche Überformungen zu durchschauen oder etwas gegen ihre seelenlose Macht zu setzen. Denn sie können unser Gefühlsleben und unser Menschenbild nachhaltig beeinflussen und genauso unsere Sinn-, Hoffnungs- und Zukunftsbilder – oder deren Verzerrung.

Bereits im ersten Teil im Kapitel über die Diktatur von Ökonomie, Effizienz, und Leistungsorientierung stellte Dirk Kurbjuweit, der nicht nur als scharfsinniger Journalist bekannt geworden ist, sondern auch als Schriftsteller und Autor einer verstörenden Science-Fiction-Geschichte[133], die auch verfilmt wurde, die verzweifelte Frage:

> Welches Menschenbild haben wir?"
> Und ich frage weiter:
> Welches Weltbild?
> Welche sinn- und hoffnunggebenden Bilder?

Und von welchen überkommenen religiösen Bildern und gesellschaftlichen Mythen sind sie vorgeprägt – auch wenn wir uns bewusst davon gar nicht beeinflusst fühlen?

---

133   Dirk Kurbjuweit, Das Haus, Geschichten von morgen, Berlin 2019, S. 271 ff

Lebendige Erde, Hauch des Lebens in Mensch und Schöpfung

Wir werden sehen, dass religiöser Schöpfungsmythos, Menschenbild, Seele und Weltseele und Physisvorstellung der Antike, sowie die Rufe der Weisheit in enger Verbindung stehen.

Jedenfalls fänden wir in altehrwürdiger Tradition durchaus ein hoffnungsträchtiges Menschenbild, das den Menschen weder als Ausbeuter noch „Humankapital" noch Leistungsmaschine sieht und die Erde nicht als wohlfeile Verfügungsmasse – wenn wir nur wollten.

Formuliert wurde ein wegweisendes Welt- und Menschenbild etwa um 950 v. Chr. in Israel und schien unseren Vorfahren so bedeutungs-, gehaltvoll und wichtig, dass sie es an den Anfang einer unseren Kulturraum lange Zeit religiös prägende Schriftensammlung stellten: An den Anfang des „Buches der Bücher", die Bibel.

Da nämlich erfahren wir in Genesis 2, der Schöpfungsgeschichte des sogenannten „Jahwisten", die mindestens 150 Jahre *vor* der bekannteren Version Genesis 1 entstanden ist, folgendes:

Zunächst einmal heißt es, dass Gott Himmel und Erde geschaffen hatte, aber zu Anfang die Erde noch ziemlich öde ausgesehen haben muss, denn es gab noch kein Pflänzlein noch sonstiges Leben, weil Gott nicht an Regen gedacht hatte, und vor allem an jemand, die Erde zu pflegen (Martin Buber übersetzt: *„bedienen"*[134]). Es musste also etwas geschehen.

Da scheint die Erde aus sich selbst heraus als ein voranfänglich Lebendiges initiativ zu werden, denn es heißt: *„Aus der Erde stieg da ein Dunst und netzte das Antlitz des Ackers, und ER, Gott, bildete den Menschen, Staub vom Acker, er blies in seine Nasenlöcher Hauch des Lebens und der Mensch wurde zu einem lebenden Wesen."* (Buber, Gen 2,7)

Bei Luther ist es ein *Nebel, der ausging von der Erde,* und nach seiner Art übersetzte er nun kraftvoll weiter: *„Gott der Herr machte*

---

134 Martin Buber/Franz Rosenzweig, Die Schrift Bd 1, Heidelberg, 1976, S. 13

162

den Menschen aus einem Erdenkloß[135]*und er blies ihm ein den lebendigen Odem in seine Nase. Und also ward der Mensch eine lebendige Seele."* (Gen. 2,7)

Darauf erst pflanzte Gott einen Garten in Eden, ließ aus der Erde Kraut und Bäume aus der Erde aufwachsen und mitten drin den Baum der Erkenntnis des Guten und Bösen. Es sprießt jetzt also ein Garten aus der Erde, und nun kommt der entscheidende Auftrag, den der Mensch, aus derselben lebensvoll mitschöpfenden Erde gemacht, bekommt: *„Und Gott der Herr nahm den Menschen und setzte ihn in den Garten Eden, dass er ihn bebaute und bewahrte"* (Gen 2,15) – bei Buber soll der Mensch den den Garten sogar *„bedienen* und *hüten"*: dazu ist er geschaffen!.

Was für ein anderes Bild als das, was wir aus der zwar biblisch an 1. Stelle stehenden, aber viel jüngeren Schöpfungsversion kennen (vermutlich um 800 entstanden), in der die Rede davon ist, der Mensch solle sich „die Erde untertan" machen und „herrschen" über alles, was da lebt und webt (Gen 1,29)!

Aber ist es nicht eine bestürzende Tatsache, dass dieses Bild vom Herrschen und „Untertan-machen" von Erde und Schöpfung in den meisten Köpfen die prägende geworden ist, während die zweite, ältere, die sich noch an anderen altorientalischen Mythen orientiert, vergessen oder verdrängt wurde? Und dass die Aufforderung, „den Garten" zu *bewahren* im allgemeinen Bewusstsein so weit abgesunken ist, dass dieses Bild in der frommen Überlieferung fast gar keine Rolle mehr spielt? Selbst dort, wo kirchlich inzwischen die *„Bewahrung der Schöpfung"* langsam ins Programm genommen wird, rückt dieser elementare Auftrag genausowenig in die Mitte des Bewusstseins, wie klar gemacht wird, dass der Mensch in seiner Grundsubstanz *ebenso* ein *Erd- und Geistwesen* ist wie das, was er ausbeutet und unterjocht!

---

135 Ich richte mich hier nach der Originalübersetzung Martin Luthers von 1545, erschienen in der Edition Lampertz in Bonn 2004. In späteren Überarbeitungen heißt es etwa. „aus Erde vom Acker" oder „vom Ackerboden", in der Einheitsübersetzung ist dann nur noch von „Staub" die Rede.

Zweifellos ist er göttlich geschaffen – aber alles andere auch, und die Erde (gr. *gé*, die alte Urmutter Gaia) hat wesentlichen Anteil daran, nicht nur „das Wort", durch das Gott in Gen. 1 alles macht. Was aber den Menschen dennoch auszeichnet ist, dass ihm „Gott" selber seinen Odem eingeblasen hat, seinen Atem, seinen „Hauch des Lebens"[136], und dass er eben durch diese „Einhauchung" seine besondere Lebendigkeit und spirituelle Einfühlsamkeit der Seele erhält. Und – da dieser Hauch, wie wir gesehen haben, kaum unterscheidbar ist von Hl. Geist (pneuma, spiritus, Sophia, Weisheit, und Weltseele), hat der Mensch auch eine besondere Lebendigkeit und Fähigkeit zu sensiblem Mitfühlen und Denken empfangen, die ihn befähigen würde, alle diese Zusammenhänge und seine unauftrennbare Verbindung mit *allem* in der göttlich-weisheitlichen Urordnung zu sehen, die alles Lebendige auf Erden verbindet.

Gewiss, da folgt dann noch die Geschichte mit der Schlange und der Vertreibung aus dem Paradies. Aber diese Mytheme kennen andere, viel früher entstandene religiöse Mythen des orientalischen Großraums auch[137], und sie dienen letztlich der Illustration urmenschlicher Grunderfahrung vom Willen zu selbstbestimmter, freier Entscheidung.

Die wesentliche Aufgabe aber ist in der Erzählung von Gen 2 vom Anfang klar formuliert: Im Gegensatz zu Genesis 1 (zur Königszeit, also der Erstarkung weltlicher Herrschaftsansprüche verfasst) soll der Mensch *„die Erde bebauen und bewahren"*, sogar *„bedienen und hüten"*.

Und „Erde" bedeutet dann, symbolisch gesehen, keinerlei Gegensatz zu „Gott". Ihre Mitwirkung am Schöpfungsprozess ist nicht zu übersehen. *Sie* ist es, die den „Dunst", die lebensnotwendige Feuchte aufsteigen lässt, aus *ihr* heraus wachsen dann Baum und Kraut, Natur. Sie ist die „Materie", „Matrix" (von lat. *mater* = Mutter), die Grundsubstanz aus welcher der Mensch gebildet wird und ohne deren leibhafte Integrationsfähigkeit der „Odem Gottes" oder „Hauch des Lebens" ein haltlos Wehendes bliebe. Ein Abstraktum (

---

136   In der lat. Vulgata „spiraculum vitae"
137   J. R. Porter, Das große Buch der Bibel, Stuttgart 1996, S. 20 ff

= Abgelöstes) ohne konkrete Wirkmöglichkeit. Auch sie also ist letztlich „von Gottes Art", wie auch der Mensch (Apg. 17,29) und nicht davon zu trennen. Im gemeinsamen, uranfänglichen Zusammenspiel bewirken sie die Ganzheit der göttlichen Urordnung. Und ob diese bewahrt wird oder zerstört liegt in der Hand und in der geistigen Orientierung des Menschen! Denn: *„Praktisch alle Traditionen sind zu der Überzeugung gelangt, dass der Mensch der Priester der Natur ist, der Mittler zwischen dem Himmel und der Erde."*[138] Und „Priester" meint hier: Hüter und Heiler muss er ihr sein. An ihm liegt es, die Natur zu heiligen, zu pflegen, zu verehren (*colere!*), zu schützen und zu hüten. Was für eine verantwortungsvolle Aufgabe!

Aber wohin sind wir da inzwischen geraten, wo Politiker aller Welt trotz dringlichster Zeichen von Erde und Natur und kriegerischer Machtaufblähung ihre Verantwortung verschleiern, herunterspielen, um nur ja nicht den Götzen „Wirtschaft" und einer wachsenden Zahl von Milliardären zu missfallen, samt einer von Konsum- und Vergnügungssucht (die sie für „Freiheit" hält) betäubten Wählerklientel?

Nein, „Geist" und „Erde" und deren gemeinsame Hervorbringungen sind nicht zu trennen, auch wenn dieser Irrtum seit spätestens Descartes (1596-1650) der nach Bemächtigung strebenden Menschheit tief eingefleischt ist. Auch wo wir „nur" Materie zu sehen glauben, seelenloses „Material", ist es vom anfänglichen Hauch, von Geist durchlebt – aber wir haben das tiefere Schauen verlernt, das unsere kollektiv bestimmte Wahrnehmung bestimmt und unsere geistige Orientierung radikal ändern könnte und müsste.
Das umfassende Symbol der „*Physis*" in ihrer ursprünglichen Bedeutung, welche die Seelen früher Philosophen in sich trugen, sagt uns nichts mehr. In ihr, dem allumfassenden, weisheitsvollen Leben sahen sie das Aufgehen zu einem Ganzen, (gr. *phyo*, aufgehen, entfalten, wachsen): Physis als unentwegter Neuanfang, Werden und

---

138   Raimon Panikkar, Das Göttliche in Allem, S. 59

Abb. 11
Darstellung der Erde als Personifikati-
on der Schöpfung, liturgische Exsultet-
Textrolle für die Osternacht, Florenz,
Scala, um 1000. (Aus: Franco Cardini,
Zeitenwende, Europa und die Welt vor
tausend Jahren, Belser Stuttgart 1999)

Prangend im Schmuck aufblühender
Natur erscheint hier als Lobpreis (Exsultet) der sich offenbarenden Wiedergeburt körperlichen und geistigen
neuen Lebens eine Personifikation der
Physis als göttlicher Weisheit, die den
ganzen Kosmos durchwaltet. Sie ist
zugleich Hoffnung auf das immer-
während Neuwerden des Seins im
Seienden. Ihr Kleid ist übersät mit den
uralten Hoffnungssymbolen des spros-
senden und sich entfaltenden Neuen,
und zu ihren Füßen wird sie begleitet
von den Erstlingen des Frühlings, ihr
zunächst der Widder, der nicht nur in
der christlichen Symbolik als erlösen-
der Licht- und Hoffnungsträger gilt.

Entfalten, wie wir etwa an Pflanzen sehen, die wunderbarerweise immer neu aus der Erde hervorsprießen, aus verborgenen Keimen, falls sie auch die Feuchte dazu schenkt.

Noch um die 1. Jahrtausendwende war das Wissen um sie auch noch in christlicher Tradition lebendig: In einem christlichen Lobpreis (Exsultet) für den Gottesdienst, haben wir ein ausdrucksstarkes Bild von ihr (Abb. 11): Als Person und über und über geschmückt mit dem lilienförmigen Ursymbol des Aufgehens als Zeichen für die Wiedergeburt des Lichts und der Hoffnung auf ein Neuwerden, in majestätischer, freundlich zugewandter Gestalt. Mit weit ausgebreiteten Armen bringt sie als göttlich beseelte Erde baumgroße Pflanzengebilde zur Erscheinung. Sie sind zugleich Symbole der unentwegt stattfindenden Auferstehung, und des intuitiven Wissens, dass dieses sozusagen ganz „von selber" geht, wenn wir uns der Möglichkeit des Öffnens gegenüber dem größeren Zusammenhang, der geistigen Verbundenheit von Erde und Himmel, Dunkelheit und Licht bewusst würden. Dann endlich

166

könnten wir sozusagen *über uns selbst hinauswachsen*, in einen dringend notwendigen anderen Seinszustand hineinreifen, in dem Aufgehen, Blüte, Frucht, Welken, Rückzug der Kräfte, Vergehen keine Widersprüche mehr sind, keiner der Zustände festgehalten werden muss, weil wir gewiss sein können, dass alles im Sinne einer großen Ordnung seine Richtigkeit hat und auch dem Tod eine völlig andere Bedeutung gibt.

Die Kontemplation dieses Physis-Symbols, wie es uns im Bild der Exsultet-Figur überliefert ist, könnte uns einen tiefen inneren Frieden und große Freiheit geben, der aus einem Paradox entsteht: Denn die Pflanze ist – aus unserer Sicht, das unfreieste unter den Lebewesen: Sie wächst dort, wohin ihr Keim „geworfen" wird, und wird diesen Ort nie verlassen können, um äußeren widrigen Umständen ausweichen zu können, wie wir es ständig versuchen. Sie kann nicht weglaufen, muss alles, was ihr geschieht ertragen – und erträgt es, ist eine Meisterin des Hinnehmens und Werdenlassens was auch immer kommt. Wir wissen zwar inzwischen, wie positiv auch Pflanzen auf pflegliche Umgebungen reagieren – aber wir sehen auch, dass sie gerade unter widrigen Bedingungen Gestaltformen ausbilden können, die sie geradezu zu unverwechselbaren Persönlichkeiten werden lassen, deren Schönheit und Einzigartigkeit wir bewundern.

Ein Beispiel sehe ich von meinem Fenster aus: Vor vielen Jahren hat unsere damalige Nachbarin einer Kiefer, welche ihren „beherrschenden" Rundumblick behinderte, den Wipfel absägen lassen. Inzwischen hat dieses Baumwesen eine neue, phantastisch schöne Krone aus einem Ast ausgebildet, die sie zum unverwechselbaren Individuum werden ließ ...

Was für ein Mysterium!

Und was für eine große Lehre könnte uns das sein! Was für ein *Vor-Bild!*

Vorausgesetzt, wir nähmen unser „Schicksal" an, wie sie das ihre!

Nähmen an, dass selbst aus schweren erlittenen Verletzungen kreative Chancen buchstäblich „er-wachsen" könnten, ganz ohne dass wir krampfhaft versuchen müssten dagegen anzukämpfen. Werden lassen. Wachsen lassen. Irgendwann staunend sehen, was geworden ist ...

Und auch einfache Pflänzlein könnten uns in vielem Vorbild sein:

Zunächst einmal nämlich müssen sie die Dunkelheit der Erde ertragen, die genauso ihr Schutz sein kann, wie uns eine Phase der Gefangenschaft in Melancholie und Traurigkeiten. Um sich schließlich gewaltlos darüber „hinauslocken" lassen von der kosmischen Werdekraft, mit der sie zusammenspielt: mit dem Licht. Ich habe das Faszinierende eines solchen Zusammenspiels einmal *„in natura"* erlebt, als wir ein stockdunkel zugewuchertes Stück einer Streuobstwiese „entwilderten", sodass wieder Licht durchkommen konnte. Wir brauchten dazu fast ein Jahr, und zunächst sah die Erde dort aus, als würde nie wieder ein Gräslein aus der Schwärze hervorkommen.

Aber was für eine Überraschung erlebten wir, im Frühjahr: Zartes Grün zeigte sich überall und – eine wunderbare Schlüsselblume war aufgeblüht! Über Jahre hatte ihr *Keim*, ihre Wurzel zuvor im undurchdringlichen Dunkel ausgeharrt, und nun hatten Sonne und Licht ihre Pflanzenseele neu „inspiriert"! Wir standen und staunten. Augenfälliger hatten wir das Wunder der „Auferstehung" oder „Wiedergeburt" noch nie erlebt, und ich werde den Augenblick dieser Wundererscheinung, die niemand erwartet hatte, nie vergessen.

Ein rascher Sprung zur Erinnerung an die Klagerufe der Weisheit aus dem Abgrund, zur Gefangenschaft der Hoffnung im Topfdunkel, zur „Auferstehung" eines neuen Menschenbildes: Wäre es nicht möglich, dass auch sie vor allem auf ein neues *Licht* warten, auf das Licht unseres Erwachens aus der kollektiven Betäubung zu Bewusstheit und Aufmerksamkeit, zum Licht der Hoffnung, dass eine geistige Umorientierung in Reichweite sein könnte?

Die Möglichkeit eines Menschenbildes, das sich nicht orientiert an Bemächtigungsansprüchen, am Übertrumpfen müssen, an Gewalt, an „Überwucherung" der Seelen durch unstillbare Gier nach Profitmaximierung auf allen Ebenen, wie ich sie bereits hinlänglich dargestellt habe? Ein (immer weiter differenzierbares) Menschenbild, das Werdenlassen, Wertschätzung und Pflege unserer Lebensgrundlagen im Blick hat? Die eine Sicht ermöglichen, welche fähig wäre, die seit Jahrhunderten immer weiter sich verschärfenden Auseinanderreißung von Gott und Welt, Seele und Mechanisierungszwängen, Minderschätzung und Ausbeutung der Natur aufzugeben?

Es wäre ein Menschenbild, das sich wieder mehr leiten lassen würde durch eine schauende, behutsame Pflege dessen, was *Zeit* braucht und *Wartenkönnen*. An der Freude am gewaltlosen Werden- und Wachsenlassen, an Langsamkeit und stillem Beobachten dessen, was ist wie es ist und möglicherweise erst werden will. An der Pflege von Sensibilität und Empathie statt Sensationsgier und Überdrehtheit. Und an einer geduldigen Besinnung auf das Wesentliche, Wesenseigene auch der unvollkommenen Erscheinungen unserer Mitwelt. An der Kultivierung unserer „pathischen", hinnehmenden Fähigkeiten, die wir von der Pflanze lernen können.

Fulbert Steffensky hat dazu einmal geschrieben:

Unsere macherischen Fähigkeiten sind ins Immense gewachsen und die pathischen Begabungen verkümmern.
Der Mensch – zumindest in unserem Kulturkreis – fühlt sich allein als Macher gerechtfertigt, und sein Selbstverständnis bricht zusammen, wo er sich nicht selbst als Macher erfahren kann. Kann man in einer solchen Kultur auf etwas anderes hoffen als auf die eigene Stärke? Kann man sich hergeben und entlassen in das große Geheimnis der Welt? Könnte es sein, dass die imperiale Weise, mit der wir mit uns selbst und mit der außermenschlichen Natur umgehen, etwas zu tun hat mit dem Verlust der passiven Stärken und der nicht aggressiven Fähigkeiten des Menschen: der Geduld, der Langsamkeit, der Stillefähigkeit, der

Hör- und Aufnahmefähigkeit, des Wartenkönnens, des Lassens und der Gelassenheit, der Ehrfurcht und Demut?[139]

Gewiss, da wo sie hingehören haben auch unsere „macherischen" Fähigkeiten (*poiein!*) ihre Notwendigkeit, wie unsere Bereinigung der verwahrlosten Obstwiese zeigt. Und auch die Gestaltung eines solchen Textes braucht beides: Den Willen, ihm Gestalt zu geben und dafür zu arbeiten und schauende „pathische" Werdekräften, den Zeichen und Winken der Intuition zu folgen, welche meine vielfach überwucherte Wahrnehmung der Welt „entwildert". Aber alles sollte in einem ganzheitlich beseelten Zusammenspiel von Lassenkönnen und auf Eingriffe Verzichtenkönnen geschehen, im Widerstand gegen das Erzwingen irgendeiner Norm.

Und dieser *Widerstand* wäre auch ein wichtiger Schritt zu neuen Hoffnungsperspektiven, zu der auch die Vision eines anderen Menschenbilds gehört. Das Vertrauen in unser eigenes Gespür. Darin würde mir Steffensky nicht widersprechen, der im Vorwort zum Buch seiner Frau Dorothee Sölle, *„Mystik und Widerstand"*[140] geschrieben hat, wie wichtig die Stärkung im *Widerstand der Enteignung der persönlichen Wahrnehmung und seelischen Empfindung* (gr. *aisthesis*, lat. *sensus*) ist, des sensiblen Spürbewusstseins, das unablässig in Gefahr ist, von Fremdbestimmung durch das „Man-tut", Medien und Moden niedergedrückt zu werden – wie die Hoffnung „unterm Deckel" gehalten und im langsamen Werden „vereitelt".

Was wir dazu brauchen ist Mut. Mut, den Deckel zu öffnen, um die Hoffnung zu einer kreativen Gegenwelt aufblühen zu lassen. Unbeeindruckt, ob das auch Ent-Täuschungen mit sich bringt. Im Vertrauen, dass diese Haltung uns das „Eigentliche" des menschlichen Auftrags, seiner Möglichkeiten näher bringt. Denn *„das Eigentliche ist im Menschen wie in der Welt ausstehend, wartend, steht*

---

139   Fulbert Steffensky, zit n. Peter Buck, Wie gelangt man zu Sinn, Stuttgart 2006, S.65
140   Dorothee Sölle, Mystik und Widerstand, Hamburg 1997

170

in der Furcht, vereitelt zu werden ...", mahnt Ernst Bloch in seinem „Prinzip Hoffnung"[141]

Das „Eigentliche" oder „Wesentliche" aber ist zunächst immer unsichtbar, wie der Fuchs in St Exupérys „Kleinem Prinz" sagt. Unsichtbar wie der Keim der Schlüsselblume in unserem Grundstück.

Das neue, alte Menschenbild also braucht das *Warten* im Doppelsinn: Als Pflege und stilles Abwarten, und den Menschen als geduldigen „Wärter" des Seins und Pfleger und Bewahrer des „Ackers", der Erde, der nicht herrschen und bezwingen will, sondern als „Priester" heiligen und hüten – und ohne Gewalt zu seinem Sinn finden.

Doch sich vom herrschenden Welt- und Menschenbild zu lösen erfordert etwas, das wir durch unser ständige Gier nach „Abwechslung", „Unterhaltung" und „Mehr" oder „Livestyle" fast verlernt haben. Und dazu haben wir, wie der Erzengel Gabriel Allah berichtete, angeblich „keine Zeit". Aber einer neuen Vision von der Aufgabe des Menschen Sinn und Hoffnung zu geben, braucht Zeit. Zeit, die sich im Schauen und Staunen übt und in der *Besinnung.* Besinnung auf das, was uns die einst als göttlich verehrte *Physis*, Geist und Erscheinung von Pflanze, Baum und Blüte lehren könnte

---

141   Bloch, S. 285

Hoffnung und Sinn brauchen Besinnung

Vor 14 Jahren habe ich Hoffnung definiert als „sinnbereite Begeisterung für das Werdenkönnen".[142] Das Zauberwort heißt Besinnung.

Besinnung kann uns vor Augen führen, was mit unseren Seelen passiert und was wir tun können, um der Zerrüttung Einhalt zu gebieten und neue Hoffnung zu schöpfen.

Erinnern wir uns, dass die Symbolgestalt der Hoffnung nicht selten mit einer Blüte in der Hand dargestellt wurde? Ist das der Besinnung wert?

Wie die Pflanze überhaupt ist die Blüte eines der großen Zeichen der Hoffnung. Sie symbolisiert nicht nur die Öffnung zum Licht, die Entfaltung eines Neuen, wie aus einer anderen Sphäre Aufgehenden, sondern auch, dass dieser Entfaltung der Pflanze in die Blüte ein Durchgang, ja Durchbruch durch die Dunkelheit vorangegangen sein muss und ihr Aufblühen Zeit braucht. Klassischerweise ist die Blüte in der Hand der Hoffnung eine Granatapfelblüte. Wer sich in der Mythologie ein wenig auskennt, weiß, dass sie aus dem Kern eines Granatapfels stammt, und dass es der Unterweltsgott Hades war, der ihn der von ihm geraubten Kore/Persephone zu essen gab, worauf sie schwanger wurde und – zurückgekehrt in die Oberwelt – den Lichtsohn gebar: Ein universales Mythem der Wiedergeburt und Hoffnung, das in vielen Kulturen in vielerlei Varianten zu finden ist. Auch im christlichen Auferstehungsmythos.

Aber schauen wir uns doch einfach direkt hier auf unserer Erde um!

Wer kennt denn nicht das freudige Staunen, wenn aus dem winterlang brachliegenden Erdboden die erste Blüte, vielleicht ein Krokus, Schneeglöckchen, eine mutige Primel oder sogar schon ein fürwitziges Gänseblümchen hervorbricht? Oder nach langer Winterdürre, wenn unsere Sträucher und Bäume wie für immer abgestorben dagestanden haben, plötzlich eine Knospe, eine Blüte

---

142   Brigitte Romankiewicz, Hoffnung neu entdecken, Düsseldorf 2008, S. 26

aus dem „toten" Holz geradezu „hervorbricht"? Muss sie nicht in irgendeiner Weise schon die ganze Zeit dort *als Möglichkeit vorhanden gewesen sein?* Und kommt nun – trotz noch widriger Umweltverhältnisse – ans Licht, wie ein Hoffnungszeichen eines Jenseits, das sich im Diesseits manifestiert?

Das ist die Symbolik der *Physis*: Die Chance des „*Werdenkönnens*", immer wieder über sich *hinauszuwachsen,* sich weiterzuentwickeln aus einmal gefundenen Mustern, auch wenn man Liebgewordenes hinter sich lassen muss.

Und was anderes ist dieses Über-sich-Hinauswachsen als ein sich unentwegt neu auf sich selbst und seinen Weg besinnen, und seine Visionen, sein Werden, seine Hoffnungen auch zu gestalten?

Das alles liegt in dem großen, schöpferischen Symbol der *Physis,* Natur, des Lebens als Werdekraft zu je eigenem Sinn und dem aus sich selbst entstehenden Beitrag zu einem „kosmischen Gesamtkunstwerk". In der Pflanze hat es ein zugleich geistiges und materielles Bild und kann uns in vieler Beziehung wegweisend sein. Denn jede Pflanze ist ein Wesen, das sich in aller Stille und sozusagen „Selbstbesinnung" ganz dem Wachsen und Entfalten dessen überlässt, was keimhaft in ihr angelegt ist – faszinierende Metamorphosen wie diese, mir erst kürzlich bewusst gewordene, mit eingeschlossen:

Die Vielfalt unseres Gartens gibt mir die Möglichkeit, von Frühjahr bis Spätherbst ungewöhnliche Sträuße zu binden, die man bei keinem Gärtner kaufen könnte. Lange Zeit sind Rosen dabei, auch ganz einfache Heckenrosen, deren Früchte auch im Herbst noch für Farbe sorgen, wenn sogar die letzten Astern verblüht sind. So stellte ich zuletzt ein Bukett aus üppig blühendem Efeu, Ranken verschiedener Sträucher in Herbstfarben, weißen und rosa Korallenheckenbeeren und sonst noch allerlei zusammen, denen die glänzend roten Hagebutten eine enorme Festlichkeit und und Grazie verliehen. Und plötzlich „sah", erkannte ich etwas, was mir vorher nie bewusst gewesen war: Diese selbstbewussten, vollendet gerundeten Früchtchen in ihrer prallen Festigkeit – waren einst zartblättrige rosa Rosen gewesen! (Abb. 12)

Ich saß und staunte, fing an, auch die anderen Beeren mit völlig neuem Blick zu sehen: Welch unwahrscheinlichen Metamorphosen macht die Natur möglich, welche Gestaltwandlungen! Gewiss, bald werden auch die roten Hagebutten ihr lebenstrotzendes Gewand ablegen: Aber nur, um den in ihnen gereiften Kernchen Freiheit zu geben, die wiederum etwa (auch wenn sie durch Vogelmägen wandern), *Keime für neues Leben* sind.

Was also hätten wir zu fürchten?

Vielleicht könnten uns solche Imaginationen gar helfen, inmitten der uns bedrohenden Gewalttätigkeit, die alles in der Welt, auch den Menschen, als steuerbare Werkzeuge von Macht- und Gewinninteressen und Profitgier unterjochen will, immer wieder innehalten und auf momentan unsichtbare Wandlungskräfte zu

Abb. 12
Hecken- oder Hundsrose (rosa canina), Abb,
aus Wikipedia, Public Domain
Auf vielen Stichen und sonstigen botanischen Darstellungen seit dem 16. und 17. Jahrhundert sind nicht nur die Blüten einer Pflanze, sondern auch ihre Früchte dargestellt, wie hier die Blüte der Heckenrose und ihre staunenswerte Metamorphose in ihre Frucht, die völlig andere Gestalt der glänzend roten, prall mit neuen Keimen gefüllten Hagebutte.

vertrauen. Uns auf das Eigentliche, den eigenen und den Sinn der gesamten Existenz zu besinnen. Nur so bekommen sie eine Chance, sich zu entfalten, zur Gestalt, zur Blüte, zur Frucht und zu *neuen Keimen* zu kommen.

In der Natur braucht das Rückzüge von der Außenwelt. Verschwinden „nach innen" im Sinne dieses Epigramms von Angelus Silesius (1624-1677):

Wer seine Sinne hat ins Innere gebracht;
der hört, was man nicht redt, und siehet in der Nacht.[143]

Ist es nicht das, worum es beim Innehalten, bei der Besinnung geht: Die Wendung der Aufmerksamkeit „nach innen", „selber sein", wie die Natur? Die „Nacht" wissen nicht als Feind, sondern ein anderes Sehen, die äußeren Sinne zurückziehen, wo das Verborgene uns eine Ahnung ungeheurer Wandlungs- und Sinnmöglichkeiten geben kann? Diese Besinnung aber braucht wiederum eine Haltung, die vielen kaum mehr möglich ist. In den Worten des großen Pädagogen Horst Rumpf: *„Kein Sinn ist je aufgetaucht ohne wartende Aufmerksamkeit und Stille."*

Um Missverständnissen vorzubeugen: Damit ist nun nicht gleich auch das ganze komplexe Wahrnehmungs-Sensorium für die *Außenwelt* disqualifiziert. Wir sollen uns nicht „desensibilisieren" und abkapseln gegenüber allem, was uns selbst nachts Augen, Ohren, Nase, Haut, Tastsinn und instinktive Innen- und Außenweltempfindungen, samt unserer Empathiefähigkeit anzeigen – im Guten wie im Schlechten!

Gewiss nicht. Der Theologe und Philosoph Georg Friedrich Wilhelm Hegel (1770-1833) hat dazu in seinen Vorlesungen über Ästhetik wahrhaft Wunderbares gesagt.

Da heißt es:

Sinn nämlich ist ein wunderbares Wort, welches selber in zwei entgegengesetzten Bedeutungen gebraucht wird. Einmal bezeichnet es die

---

143   Zit. n. Peter Buck, Wie gelangt man zu Sinn?, Stuttgart 2006, S. 92

Organe der unmittelbaren Auffassung, das andere Mal aber heißen wir Sinn: Die Bedeutung, den Gedanken, das Allgemeine der Sache. Und so bezieht sich der Sinn einerseits auf das unmittelbare Äußere unserer Existenz, andererseits auf das innere Wesen desselben. Eine sinnvolle Betrachtung nun scheidet die beiden Seiten nicht etwa, sondern in der einen Richtung enthält sie auch die entgegengesetzte und fasst im sinnlichen, unmittelbaren Anschauen zugleich das Wesen und den Begriff auf."[144]

Um das geht es. Dass wir im „sinnlichen, unmittelbaren Anschauen" zugleich das verborgene Wesen erkennen lernen, indem wir uns voll darauf konzentrieren, schauen und hindurchschauen, mit dem Herzen erfassen, erspüren. Dann erwacht in uns ein Sinn, der uns auch durch Schrecken hindurchtragen kann. In den Worten C. G. Jungs: *„Sinn macht vieles, vielleicht alles ertragbar."*[145]

Innehalten, Besinnung, geduldige, „wartende Aufmerksamkeit". Stille wäre eine wunderbare Zugabe. Aber zum einen ist *äußere Stille* immer seltener zu haben, zum anderen gehört es wohl zu unseren heutigen Existenzbedingungen, unentfremdete Sinnfindung gerade im *Spannungsfeld der Gegensätze* zu erreichen. In einer Möglichkeit des stillen Einverständnisses und Erkennens, dass äußere Erscheinung auch unsere seelischen Spannungen in den Tiefenschichten spiegeln. Die uralte Erkenntnis, dass die Kontraste in ihrer gegenseitigen Bezogenheit in der Urordnung unseres inneren und äußeren Daseins zusammengehören: Ohne Nacht kein Tag, ohne Tod kein Leben, ohne „Oben" kein „Unten", keine Tiefe, ohne Lärm keine Stille, ohne „Gutes" kein „Böses", oder wie auch immer wir auch dieses kritische Begriffspaar benennen wollen.

Sicher ist jedenfalls: Sobald wir eine der Polaritäten und ihrer Vergänglichkeit ausgrenzen, weghaben wollen, verlieren wir auch

---

144 G. F. W. Hegel, Vorlesungen über Ästhetik 1, Gesamtwerk Bd 13, Frankfurt 1958, S. 201
145 C. G. Jung/Aniela Jaffé, Erinnerungen, Gedanken, Träume, S. 343

den Sinn fürs Ganze – und für die Höhen und Tiefen unseres Seelenlebens, die meist desto kontrastreicher ausfallen, je stärker und sensibler wir die Gegensätze in ihren verschiedenen Nuancen empfinden.

Dies als zu unserer „Begeisterung für das Werdenkönnen" gehörig anzuerkennen und *anzunehmen* macht unsere Lebensarbeit aus – bis zu unserer Todesstunde, wie die bereits erzählte chassidische Geschichte des Baalschem sagt. Und ohne Seelen*verlust* gelingt das nur, wenn wir über momentane affektive Befindlichkeit hinaus einen Sinn dieses Zusammenspiels mit „dem Anderen" erkennen und vielleicht in einer „Gegenwelt" ruhiger Gelassenheit oder auch in Musik oder Kunst erleben: Wollten wir denn eine Beethoven-Symphonie ohne den kunstvollen Wechsel von fortissimo und pianissimo anhören? Ohne die dazugehörige Instrumentierung mit Flötensäuseln *und* Paukenschlägen? Oder eine Rembrandt-Szene ohne seine berühmten Hell-Dunkel-Kontraste sehen, ein expressionistisches Bild ohne kräftige Farbwechsel?

Doch in Augenblicken affektüberwältigten seelischen Verstricktseins in Abwehr der Zumutungen des Lebens haben wir das alles vergessen, und dann hilft nur eines: Einen Schritt beiseite treten. Innehalten, sich besinnen, warten, bis sich Sinnzusammenhänge neu finden – und uns vielleicht das stille, mächtige Sein und Werden der unzerstörbaren Kraft der Natur als Bild vor Augen rufen.

Von einem großen Bild dieser hoffnungsträchtigen Vision können wir besonders viel lernen: Vom *Baum.* Ihm soll darum ein ausführliches Kapitel gewidmet sein.

Der Baum – ein unerschöpfliches Symbol

Fassungslos sehe ich ständig, wie rundum grundlos und unentwegt jahrzehntealte, würdige Bäume „umgemacht" werden. Dass Bäume „sinnliche", geist- und seelenbegabte Wesen sind (auch wenn sie sich nicht um „Sinn" im menschlichen Sinn sorgen), hat nicht erst Peter Wohllebens Arbeit über „Das geheime Leben der Bäume" gezeigt.[146]

Wir haben vom antiken Verständnis der *„Physis"* gehört, Hildegard von Bingen genannt, und ich könnte (außer auf viele andere Mystiker) noch auf unzählige Publikationen der letzten 50 Jahre hinweisen – die allerdings bei Wissenschaftlern und leider auch Theologen immer noch unter dem Generalverdacht des „animistischen Denkens" stehen.

Dabei hat selbst Martin Luther (1483-1586); scharfer Gegner aller „Geisterer" und „Schwärmer" in seiner Schrift über das Abendmahl von 1527 mit Bezug auf das göttliche „Wort" in *allem* Geschaffenen geschrieben: *„Darumb muss er ja in einer jeglichen Creatur in ihrem Allerinwendigsten, Auswendigsten umb und umb und durch und durch, unten und oben, vorn und hinten, selbst da sein, dass nichts Gegenwärtigers noch Innerlichers sein kann in allen Creaturen, denn Gott selbst in seiner Gewalt."* [147]

Und der zeitgenössische protestantische Theologe Jörg Lauster widmet in seinem 2021 erschienen Buch „Der Heilige Geist"[148] das letzte Kapitel dem „Geist in der Natur", mit einem starken Plädoyer, jenen in allen natürlichen Gestalten wirksam zu sehen und zu erspüren.

Von welchem Baum also haben die Vertreter einer entgötterten, entgeisteten Natur gegessen, von welcher Schlange verführt? Liegt es doch im Wesen der Religion, zusammen *mit* unserem Bewusstsein über unlebendig gewordene Denknormen hinauszuwachsen!

---

146   Peter Wohlleben, Das geheime Leben der Bäume, München 2015
147   Quelle: Martin Luther, Sign. Theol. oct 11285, nachgedruckt 1589
148   Jörg Lauster, Der Heilige Geist, eine Biographie, München 2021

Ich jedenfalls verlasse mich auf meinen *Sinn* für den „Geist im Baum", den unsere Vorfahren noch hatten. Auch auf mein in vielen Jahrzehnten gewachsenes Leben am Wald, meinem Garten, meiner Beziehung zu all den dort mitlebenden würdigen und ganz verschiedenartigen Baumwesen. Nur geführt von meiner persönlichen, durch keine „Wissenschaft" und kein ökonomisches Nutzdenken enteignete Wahrnehmung und schauende Erfahrung, und durch die durch viele Jahrhunderte, ja, Jahrtausende gewachsenen Traditionen von Mythos und Symbol der Bäume, die durch zahllose Kulturen hindurch nahezu universalen Charakter gewonnen haben.

Vor fast 15 Jahren habe ich diese kleine Zusammenfassung über den Baum und *Lebensbaum* als *Hoffnungssymbol* geschrieben:

Tief in der Erde wurzelnd, hoch in den Himmel aufgerichtet, überragt der Baum alle Lebewesen an Höhe und Alter. Seine starke, vertikale Aufrichtung war lange schon, ehe der Mensch sich aufrichtete. So wurde er zum Symbol großer Würde. In seinem langsamen, stetigen Wachstum wirkt die mächtige, stille, unzerstörbare Lebenskraft, welche die ganze Natur durchzieht. Selbst wenn das grüne Laubkleid des Baumes fällt und ihn kahl zurücklässt, bleibt er doch immer er selbst, welkt nicht wie Gras und Blatt dahin, sondern wird mit den Jahren stärker, Verletzungen souverän überwachsend. So nährt jeder Baum die Hoffnung, über die Mühsal des Lebens hinauszuwachsen, womöglich sogar gestärkt aus schwierigen Bedingen hervorzugehen. Jeder Baum ist Abbild des Lebensbaums im Paradies.[149]

Dieser Baum gilt den jüdischen Mystikern selbst zum Symbol Gottes: Gott *ist* der Baum, der Weltenbaum, Seelen- und Lebensbaum mit all seinen Widersprüchen, in dem die auch göttliche Weisheit ihren Sitz hat.[150] Der „Lebensbaum" wiederum ist in fast allen großen Erzählungen und Märchen der Welt zu finden. Oft spricht eine

---

149   B. Romankiewicz, Hoffnung neu entdecken, Düsseldorf 2008, S. 180
150   Gershom Scholem, Zur Kabbala und ihrer Symbolik, suhrkamp tb 13, Frankfurt 1977,
      S. 123, 127

Schlange aus ihm. In Gen 3,9 etwa rät sie Eva, von seinen Früchten zu essen. Moralisierend verfälscht wird das als „Sündenfall" gedacht. Dabei führt es den Menschen zu einem *Unterscheidungsvermögen*, das ihn vom unreflektierte Mitsein in diesem Garten zur Erfahrung der Gegensatznatur alles Seienden bringt. Diese neu erlangte Bewusstheit bringt ihm aber auch trotz aller nun einsetzenden Mühen die Chance zur Freiheit von seiner unbewussten Instinkt- Gebundenheit – und die Chance, sich dessen bewusst zu werden.

Gewiss: Mit dem „Sündenfall" durch die Schlangenklugheit ist auch eine Art „Fall" in eine dualistische Denkweise passiert, die uns auf den Weg zum Ruinieren der Welt gebracht hat und in eine katastrophal zerstörerische Sinnentfremdung und Blindheit für das subtile Zusammenwirken aller Gegebenheiten und unserer bemächtigenden „Machenschaften".

Doch das symbolische Spektrum der Schlange ist weit, und sie ist auch eine Personifikation der uranfänglichen Weisheit im „Gottesbaum". Und sie allein war von Anfang an die den ganzen Kosmos verbindende und alle Polaritäten versöhnend einschließende Größe wie der Baum selbst. Wie in Krone, Stamm und Wurzel der Bäume schließen sich Himmel und Erde in ihr zusammen.

In Bäumen ist die Weisheit zuhause als weibliche Seite Gottes: aufgewachsen wie ein Palmbaum am Wasser, oder ein Ölbaum. Duftend, *„schön und lustig"* (*Sir 17-22*) lebt sie in den Zweigen der Therebinthe.

Lauschen wir dem reichhaltigen Gleichnischarakter (etwa: *„wie eine Terebinthe..."*) der biblischen Baumsymbolik nach, so wird klar: Der heilige Geist der Weisheit *lebt in allen* Wachstumsphasen, allem Werden und Wachsen, nicht nur der Bäume – so weit der Himmel ist und so tief der Abgrund auch sein mag (Sirach): Sie überwölbt alles.

Überdeutlich wird das etwa in dem berühmten Bild der Erscheinung des dreifaltigen Heiligen Geistes bei Abraham im Hain Mamre (Abb. 13, S. 183): Da sehen wir die drei Gestalten sitzen bei oder unter einer Terebinthe. *Ihres* Baumes, des Baumes

180

des „ewigen" und omnipräsenten weisheitlichen Lebens. Der Heilige Baum, der alles umfasst, der seine Wurzeln im „Abgrund", der Unterwelt hat und dessen Zweige, etwa in der Edda, dem altnordischen Mythos, die verschiedenen Weltsphären tragen. Die Kronenspitze den Götterhimmel.[151] Und die germanische Weltesche Yggdrasil, ist nicht nur axis mundis, Weltachse, sondern bringt alle Lebewesen aus sich hervor.

Uferlos Beispiele von Baumgleichnissen als kosmische Träger allen Lebens und aller Weisheit wären zu nennen. Symbolisch beachtenswert ist besonders, dass in vielen Überlieferungen der Baum als ein *kosmisches Wesen mit zwei Kronen* geschaut wird: Die sichtbare Krone oben verzweigt sich in immer feinere Strukturen, welche die Welt der Luft, des Lichts und der Sonne aufnehmen und transformieren. Und das Wunder: *„Der sichtbaren Krone entspricht eine unsichtbare Krone, das Wurzelwerk. Unten gliedert der Baum sich ein unter und in die Erde, in das Wasser, die dunkle und kühle Unterwelt. Der Stamm – das ist die Mitte. Er treibt die beiden Kronen auseinander und hält sie zusammen."*[152]

Dieses symbolische Bild bedeutet dem *„philosophischen Dialektiker"* Gerhard Deny viel: *„...Synthese von Endlichkeit und Unendlichkeit, von Faktizität und Transzendenz ....: Die aufstrebende Sehnsucht in den offenen Horizont unendlicher Möglichkeit, und das sich nach unten, in die Herkunft, die konkrete Situation hinein tief verwurzeln. Zusammenhalten verschiedener Bewegungen."*[153]

Schlicht gesagt: Was der Baum unter den vielen anderen Bedeutungen symbolisiert, ist das Zusammenhalten der Widersprüche und Gegensatzspannungen, in denen wir unablässig stehen.[154]

---

151 Vgl, Gerhard Deny, Meditation über Bäume, Vortrag gehalten 2001 im Rahmen einer Tagung der Gesellschaft für wissenschaftliche Symbolforschung, Jahrbuch Bd 16, Frankfurt 2007, S. 59
152 Gerhard Deny, ebd.
153 Ebd, S. 60
154 Dazu auch: Peter Gerlitz, Mein Totem ist zornig, Mensch und Natur in archaischen Kulturen, Olten und Freiburg 2002, S. 82

Abb. 13
Dreifaltigkeit im Hain Mamre unter der Terebinthe, sog. alttestamentlicher Typ, russisch, Ende 16. Jh, Postkarte von ars liturgica, Kunstverlag Maria Laach, Nr. 5616. Der Besuch der „drei Engel" bei Abraham gilt allgemein als Erscheinung der Hl. Dreifaltigkeit. Die berühmteste Dreifaltigkeitsikone ist die des Andrej Rubljov, Anfang des 15. Jahrhunderts in der Tretjakow-Galerie in Moskau. Sie ist oft kopiert und modifiziert worden (vgl. Gabriel Bunge, Der andere Paraklet, Beuron 2018). Ich habe diese hier gewählt wegen der starken Betonung der Terebinthe oben in der Bildmitte. Sie ist in der gesamten antiken und vorantiken Welt von großer Bedeutung, wird bisweilen (etwa von Plinius) mit der „Ureiche" in Verbindung gebracht, die auch im nördlichen Europa eine große Rolle spielt als heiliger Baum des Anfangs. Sie personifiziert damit die schöpferische Gottheit selber in allen ihren Ausfaltungen. Durch ihn spricht die Stimme Gottes und seiner Weisheit. Dabei sind bei der von mir ausgewählten Darstellung vielleicht die merkwürdigen „Wellen" an den Ohren von Bedeutung, welche die Dargestellten als auf eine ihnen übergeordnete Stimme „Hörende" sehen lassen könnte.

Doch noch viel mehr. Der Theologe, Religionswissenschaftler und Philosoph Peter Gerlitz (1926-2014) zitiert in seinen reichhaltigen Ausführungen zur Baumsymbolik auch Mircea Eliade (1907-1986), den „Großmeister" unter den Religions- und Mythen- und Symbolforschern.

Der Baum repräsentiert – sei es rituell und konkret oder in Mythologie und Kosmologie oder einfach nur symbolisch – den lebendigen Kosmos, ohne Ende sich selbst erneuernd. Weil das unerschöpfliche Leben (inexhaustible life) Äquivalent der Unsterblichkeit ist, darum kann der Baum-Kosmos zum Baum des unvergänglichen Lebens (life-undying) werden.[155]

---

155 Zit n. Gerlitz S. 81 (Nicht uninteressant: gr. *kosmos* bedeutet sowohl Ordnung als auch Schmuck.)

Peter Gerlitz, mit dem ich selbst noch viele anregende Gespräche zur immanenten Geistigkeit und Weisheit der Natur führen konnte, schreibt dazu weiter: *„Diese Definition von Baumsymbolik und Baummythologie, wie sie Mircea Eliade verwendet, bringt das ungeheure Material auf eine universale Formel, die aus der Gleichung „Unerschöpflichkeit + Unvergänglichkeit = absolute Realität" besteht. Es ist bezeichnend, dass für Eliade das Baumsymbol damit zum Symbol des Lebens schlechthin wird."* Als *„eine Chiffre der Welt ... heilig und unerschöpflich ... also die Quelle allen Lebens auf der Erde, ja, im Kosmos."*[156]

Somit wird der Baum, noch weit das Hoffnungsbild vom Werden und Wachsen überragend, zum mythischen Träger des Geheimnisses der Welt überhaupt, zum Lebens- und Weltenbaum, geradezu zum Mittelpunkt der Welt, noch über die Symbolik der Weltachse hinausgehend: Zum Schlüssel des Welträtsels der *coincidentia oppositorum*, des Zusammfallens der Gegensätze.

Das ist groß gedacht, aber jeder wird etwas davon nachfühlen können – wenn er bereit ist, einem Baum wirklich zu begegnen, mit ihm zu kommunizieren. Solche Begegnungen sind möglich, denn der Baum ist zwar noch ganz Natur, aber auch auf seine Art ein individuiertes Einzelwesen. Und viele auch „wissenschaftlich" motivierte Feldforscher kamen in ihren Gesprächen mit indigenen Stammesältesten etwa in den Regenwäldern zur selben Sicht.

Und wir als Zeitzeugen der zunehmenden Vernichtung dieser Wälder mit all ihren katastrophalen Folgen für die *ganze* Welt, müssten uns heute dringend fragen, ob solche Weisheit nicht aus seelischen Tiefenschichten stammt, die wir heute um den Preis eines ubiquitären Seelenverlusts mit Gewalt immer stärker verdrängen („apperzeptive Agnosie"![157]), und mit unserem gewalttätigen und seelenlosen Vorgehen gegen die Natur buchstäblich nicht nur den Ast absägen, auf dem wir sitzen, sondern mit den Bäumen, die den

---

156   Ebd, 81-82
157   Übersetzt etwa: nicht aufgenommene und dem Bewusstsein anverwandelte Wahrnehmung

Abb 14
Geheimnisvolle Baumfigur bei einer Kapelle der Ste Madeleine bei Grandrieu, Auvergne (eigene Fotografie)

Man muss schon genau hinschauen, um im Stamm dieses alten Baumes die weibliche Figur zu erkennen, die wie von selbst daraus hervorgegangen erscheint. Als sei die Hl. Magdalena (die sich ja der Sage nach lange Zeit als Eremitin auch in die „Wüste", was für französische Eremiten immer auch in den Wald (dann ebenfalls le désert genannt) bedeuten kann, zurückgezogen hatte. Als sei nun ihre Menschennatur auch seelischgeistig damit verschmolzen. Und als sei der Baum, nicht die Kapelle der Ort ihrer lebendigen Anwesenheit

lebendigen Zusammenhang von Himmel, Erde und Menschheit symbolisieren, auch den Menschen blind vernichten.

In der Auvergne, bei Grandrieu fiel mir neben einer Marienkapelle etwas auf, was mich fast unheimlich berührte (Abb. 14): In den Baumstamm wurde einst eine heilige, weibliche Figur modelliert.

Wer würde je einen solchen Baum zu fällen wagen?

Da wurde drastisch der Bezug von Heiligkeit von Baum und Mensch als Träger existenzieller, Himmel und Erde tragend verbindende Einheit umgesetzt.

So wie auch in volkskundlich-mythologischen Aspekten des Baumes, die noch im vorigen Jahrhundert verlässliche Forscher

184

gesammelt haben, Vorsichtshalber unter dem skeptischen Vorzeichens des „Aberglaubens".[158]

Zudem wird hier mehrfach betont, dass der Baum von alters her auch dem Volk als *Seelensitz* gilt – nicht nur der Ahnengeister, sondern der *Weltseele*, also der *Anima Mundi* überhaupt. Diese innewohnende schöpferisch- geistige Seelen- und Vegetationskraft (Hildegards *Grünkraft*, *Sancta Viriditas*, Weltseele und alles belebende Geistkraft zugleich), durchzieht alles Existierende und kann sich Menschen und Tieren mitteilen. Besondere Bäume gelten auch heute noch als „Kraftorte" (besser „Kraftwesen"), bei denen dafür Empfängliche deren Ausstrahlung spüren und sich dadurch gestärkt und gekräftigt fühlen.

Mit Skeptikern bzw. Menschen, die das Bewusstsein des Menschen mehr oder weniger auf seine rationalen Fähigkeiten beschränken wollen zu rechten, die das für „Pantheismus" oder Schlimmeres halten, ist allerdings so sinnlos, wie ein Disput mit Verschwörungsgläubigen in Coronazeiten. Desgleichen mit auf kapitalistische Ausbeutung und politische Verzweckung und profitable Ausbeutung dessen, was sie nach Genesis 2 „behüten und bewahren" sollten, fixierten „Wirtschaftswachstumsgläubigen", die derzeit alle Klimagipfel zur Farce machen.

Aber ich habe meine eigenen Erfahrungen, und weiß, dass ich damit gewiss nicht allein bin.

Direkt an unserem Haus steht beispielsweise eine wunderbare Kiefer (Abb. 15), erst etwa ein halbes Jahrhundert alt, aber von beachtlicher Stammstärke und einer Krone, deren Zweige dicht über das Dach unseres Hauses reichen. Bei Sturm höre ich ihr Pochen – ein Geräusch, das mich noch nie gestört hat, genausowenig wie das Tosen des Windes im Baum und dem direkt angrenzenden Wald.

Im Gegenteil: ich fühle mich beschützt und geborgen. Und jeden Abend führt mich ein kleiner Gang über den ummauerten Hof hinterm Haus zu „meinem" Baum, wo ich verweile, zu ihm aufschaue, einen Fuß vorsichtig auf einer seiner tief und weitverzweigten Wurzeln. Dort fühle ich mich unmittelbar verbunden mit

---

158   Handwörterbuch des deutschen Aberglaubens, de Gruyter, Berlin, 1927/1986

Abb. 15
Die Kiefer vor unserem Haus, ca 50 Jahre alt, davor ein kleiner Mirabellenbaum, der sich daneben, auf der Hofmauer, wild angesiedelt hat.

Als wir das Häuschen, in dem wir heute noch wohnen, entdeckten, bestand dieses mächtige Baumwesen aus einem armseligen Sprössling mit drei mageren Ruten. Wir ließen es wachsen, und heute breitet der Baum seine unteren ausladenden Zweige wie schützende Flügel über den Teil des Daches, unter dem auch unser Schlafzimmer liegt, (links sieht man noch einen schmalen Streifen des Holzhauses). So ist er mir als Ganzes zu einem Schutzgeist unserer bescheidenen Behausung geworden, und mindestens einmal pro Tag gehe ich hinaus, um kurz still zu verweilen und auf der Hofmauer davor aus Kiefernzapfen, einigen von Reisen mitgebrachten Steinen und zufälligen Fundstücken spielerisch eine Art „Altarschmuck" zu improvisieren. Und trotz des Dröhnens der Stadt im Tal finde ich so immer für kurze Zeit in Kontakt mit einer anderen Dimension und eine vertrauende innere Stille.

einer immateriellen Kraft, die weit über diesen Baum hineinreicht in „ein Anderes", das ich nicht benennen möchte. Und ich kann mit ihm ins Gespräch kommen. Denn für mich ist er nicht „stumm", ich kann ihn hören. „Alles nur Projektion", würde mir ein Rationalist entgegenhalten. Soll er.

Auch anderswo kann nicht nur ich Bäume „spüren", ganz körperlich und ganz ohne Baum-Umarmungsrituale[159]. Ich spüre sozusagen ihre „geistige" Persönlichkeit (jede Baumart hat eine andere), die mich unmittelbar berührt, spüre die gemeinsame überpersönliche Verbundenheit mit allem Lebendigen. Völlig einleuchtend,

---

159 Die ich ohnehin respektlos und als Bemächtigung, ohne Gefühl für das Eigensein eines Baumes empfinde – solange ich nicht vorher schon im Gespräch mit ihm gewesen bin, sozusagen Erlaubnis erhalten habe ...

dass in alter Zeit jeder Bauernhof seinen hochgeachteten Familien- und Schutzbaum hatte und jedes Dorf seine „Dorflinde".

Das Zusammentreffen dort förderte zugleich den Zusammenhalt der Gemeinschaft und die Verbundenheit mit einem unnennbaren Transpersonalen. Doch für mich strahlt jeder Baum das Gefühl eines inneren persönlichen „Zusammenhalts" aus, hat eine konzentrative Wirkung. Diese ist desto stärker, je intensiver die persönliche Beziehung ist, die man zu ihm entwickelt: Er spricht, tröstet, teilt seine schützende, Mut und Kreativität weckende Kraft und Hoffnung mit, wie der Haselbusch auf dem Grab von Aschenputtels Mutter, der ihm auf magische Weise die Tanzkleider zuwirft, die es letztlich seiner wahren Bestimmung zuführen.

Man kann das alles für regressiven „Animismus" erklären – und doch ist in den Traditionen der Menschheit auch die Vorstellung einer Weisheitsquelle am Fuß besonderer Bäume tief eingewurzelt (Abb. 16).

Wohin ist das alles verschwunden in einer seelenverlorenen Zeit, in der nur noch die Nutzbarkeit von Baum und Wald zählt? Wo man Bäume in Gärten umhaut, weil sie „Dreck" machen? Wo man jede Ehrfurcht vor dem langsamen Werden und Wachsen und der Besonderheit ihrer Gestaltwerdung vergessen hat? Vergessen, dass es einst heilige Bäume gab, durch welche die Götter sprachen, die dort gar ihren Sitz hatten? Orakelbäume, wie die berühmte Eiche von Dodona, die Alexander der Große befragte – und ins Unglück lief, weil er den Rat nicht achtete?

Ich höre es schon: „Man kann ja in jedes Blätterrauschen etwas hineindeuten". „Romantische", ja kindische Phantasten, die so etwas tun.

Nun, dann gehöre ich eben zu diesen. Doch auch die Dichter aller Zeiten hörten sie – hören sie sprechen und singen bis heute, spüren das *„Immaterielle in der Natur"*, wie der Stuttgarter Dichter Hermann Lenz es nannte, für den das Lauschen auf die Stimmen der Natur, das stille Wandern dort, zeitlebens eine starke Kraftquelle war. [160]

Wie sehr sein Naturerleben sein Schreiben und Leben beeinflussten, zeigen seine genauen Naturbeobachtungen in allen seinen

---

160   Hermann Lenz, Leben und Schreiben, Frankfurter Vorlesungen, Frankfurt 1986

Büchern, und sogar ein Satz wie dieser: *„Meine Bücher lasse ich wachsen ... warum sich beeilen?"*[161]

Ein Satz, der mir aus dem Herzen spricht und mir mehr und mehr zur Maxime wird, nicht nur beim Schreiben.

Müsste man nicht überhaupt so leben?

Das Werden-Lassen. Dem Fluss des Erlebens folgen, den Empfindungen, körperlich, gleichnishaft, und immer wieder das Durchscheinen des Lichts, das Hermann Lenz so wichtig war, dieses Unnennbare, Immaterielle, welches das heimliche Wesen des materiell Sichtbaren ausmacht. Nur behutsam kann man ihm nah kommen: *„Um das Immaterielle mit Wörtern sichtbar zu machen, kommt es darauf an, sich in alles Existierende hineinzustehlen oder hineinzuschleichen."*

Hermann Lenz war ein Meister dieses „Sich Hineinstehlens" in die Natur. Des Öffnens für die zugleich sinnliche und diese übersteigende Wahrnehmung eines durchscheinenden Lichts, das er auch in seinem Schreiben durchleuchten lassen wollte:

„...es sollte sich ein Licht ausbreiten zwischen den Wörtern, damit die Welt heller wird, zumindest in den Büchern."[162]

Der das schreibt hat als einfacher Soldat tiefe Dunkelheit erlebt, die Hölle an der Ostfront durchgestanden und amerikanische Gefangenschaft, immer ein Bändchen Mörike-Gedichte in der Tasche und ein Notizbuch zum „Kritzeln". Ein hochempfindlicher und doch in seinem innersten Kern ruhender Träumer, der „sich selber ist" – und vielleicht darum zugleich ein ausgezeichneter Schütze war, was ihm die Achtung seiner Kameraden eintrug, obwohl er sich, seinem Lebensmotto folgend, lieber „abseits hielt" und Marc Aurel als Vorbild hatte, der in seinen Selbstbetrachtungen sagt: *„Beste Art, sich zu wehren: sich nicht anzugleichen."*

Und: *„Ziehe dich in dich selbst zurück".*[163]

Und absichtlich danebenschoss, wenn es gegen sein Menschenbild ging. Seiner „Gegenwelt" treu blieb in Leben und Werk.

---

161   Beide Zitate aus den Poetik-Vorlesungen, S. 64 und 66
162   H. Lenz, Vorlesungen S. 95
163   Zit n. Lenz, Vorlesungen S. 145

Und diese Ermutigung zu Treue zu meiner „Gegenwelt" ist es auch, die ich spüre, wenn ich Beziehung aufnehme zu einem Baum, sei er nun groß und mächtig oder vielleicht eher unscheinbar, womöglich krumm gewachsen, ob aufgrund natürlicher Bedingungen oder durch das ewige Herumgemache derer, die ihn „in Form bringen" wollen – als wüsste er nicht selbst, welches die ihm gemäße Form ist: Er bleibt ruhig in sich selbst zurückgezogen, begegnet den Manipulationen und Naturgewalten mit Elastizität und entwickelt vielleicht sogar ganz besondere, eigenwillige Formen, die ihn erst recht zu etwas Unangepassten, Norm-Unabhängigen machen. Genau das ist es dann, das sogar eine ganz besonders starke Kraft ausstrahlt, sagen wir ruhig: eine in sich ruhende Heiligkeit und Unerschütterlichkeit. So wie alles, was seiner natürlichen, eigenen inneren Weisheit folgt, einen eigenen energetischen „Kosmos" bildet. Und uns dadurch Widerstandskraft gegen zerstörerische Anpassungen an eine von nutzorientiertem, zerstörerischem Denken überfremdete, seelenlose Welt geben kann. Die Romantik wusste noch davon. Auch, dass an den Wurzeln solcher Bäume heilkräftige Quellen entspringen: Wasser des Lebens. (Abb. 16).

Wir alle sind auf „Nützlichkeit" und Effizienz hin erzogen.

Aber es gibt da eine Geschichte, die dem chinesischen Weisen Zhuangzi (oder Dschuangtse), zugeschrieben wird, die mich tief berührt und immer wieder neu beschäftigt und – ja, begeistert. Zhuangzi hat vermutlich im 3. Jhd v. Chr. gelebt. Seine vielschichtigen Parabeln, in die er seine Befreiung von traditionalistischer, moralisierender Folgsamkeit gekleidet hat, sind zusammengefasst im *„Buch vom südlichen Blütenland"*.[164]

Diese Geschichte handelt nämlich von einem alten Eichbaum und „vom Nutzen des Nutzlosen".Ich erzähle sie etwas gekürzt nach Henrik Jägers Übersetzung.

Ein Zimmermann namens Shi sah auf seinem Weg nach Qui einen Eichbaum, der ein Schrein des Erdgottes war. Der Baum war so groß, dass sich ein Ochse hinter ihm hätte verbergen können und so hoch,

---

164   Vgl. Henrik Jäger, Mit den richtigen Schuhen vergisst man die Füße, Freiburg 2003

Abb. 16
Joseph Anton Koch (1768-1839), Waldlandschaft mit Bach und Steg, 1785/90, Innsbruck Tiroler Landesmuseim, Ferdinaneum (Postkarte)

Koch, einst wie Friedrich Schiller der Karlsschule in Stuttgart entflohen, war ein Meister der „Heroischen Landschaft" mit ihren typischen mythischen Bezügen. Eine solche außergewöhnliche „Waldlandschaft" ist demnach nicht als naturgetreues Abbild zu sehen, sondern symbolisiert eine darin lebendige göttliche Naturmacht. Das wird unmittelbar deutlich am beherrschenden Baumwesen in der Bildmitte, betrifft aber ebenso seinen uralten Nachbarn am rechten Bildrand, unter dessen Wurzeln offensichtlich eine besondere Quelle entsprint, deren Strahl eine antik gewandete eibliche Gestalt in einem Krug auffängt: Wasser des Lebens, das aus der Kraft der Erde an der Wurzel ungestörten Naturwuchses entspringt.

dass er den Gipfeln der Berge nahekam. Er hatte ungefähr ein Dutzend Hauptäste, aus jedem von ihnen hätte man ein Boot machen können. Es kamen viele Menschen, um ihn zu betrachten, aber der Zimmermann ging vorbei, ohne ihn zu beachten. Seine Gesellen holten ihn erst wieder ein, als sie sich an dem Baum satt gesehen hätten und sagten: „Nie, seitdem wir Äxte in die Hand genommen haben, haben wir solch schönes Holz gesehen, warum wart Ihr, Meister nicht einmal bereit ihn anzusehen?"

„Genug damit" antwortete der Meister, „redet nicht mehr davon. Dieser Baum ist unbrauchbar. Schnitzte man daraus ein Boot, es würde sinken. Machte man ein Werkzeug daraus, es würde zerbrechen. Würdest du Türen damit anfertigen, sie würden schwitzen, und Balken würden wurmstichig werden. Dieser Baum besitzt kein brauchbares Material, er ist zu nichts nutze. Deshalb konnte er ein so hohes Alter erreichen."

In der Nacht aber erschien ihm der Baum im Traum und sagte: „Mit welchen Bäumen willst du mich vergleichen? Willst du mich mit denen vergleichen, die feingemasertes Holz haben? Da gibt es all die fruchttragenden Bäume. Doch sobald ihre Früchte reif sind, werden sie achtlos abgerissen. Die großen Zweige werden abgebrochen und die kleinen abgerissen. Das sind die Bäume, denen das Leben aufgrund ihrer Tauglichkeit zur Qual wird. Deshalb können sie die ihnen vom Himmel zugedachten Lebensspanne nicht erreichen und sterben auf halbem Wege, weil sie sich von der Welt so schlecht behandeln lassen. Deshalb habe ich mich schon lange bemüht, dass nichts an mir von Nutzen ist. Mehrmals war ich dem Tod nahe. Jetzt aber habe ich die Nutzlosigkeit erlangt, die für mich von großem Nutzen ist. Wäre ich nützlich gewesen, hätte ich so groß werden können? Und außerdem bist du ebenso ein Wesen wie ich. Wie kann ein Wesen über andere urteilen? Woher willst du etwas über unbrauchbare Bäume wissen?"[165]

Beim Wiedererzählen der Geschichte dachte ich schmerzlich an die vernutzten und vergewaltigten Apfelbäumchen in den Baumplantagen am Bodensee, die rein auf maximalen Ertrag hin maschinell

---

165   Jäger, S. 77-79

zugerichtet sind – der dann in manchen Jahren so groß ist, dass die Obstbauern keinen Gewinn mehr machen können und die Früchte auf die Müllhalde kippen. Kein Baum darf da jemals „sich selber" werden: Netze darüber, von Angstgeschrei von Vögeln aus Lautsprechern beschallt ... Ein einziges Mal bin ich dort mit meinem Mann radelnd unterwegs gewesen, vermeintliche „Bodenseeidylle" erhoffend – und werde dort nie wieder hingehen. Lieber völlig nutzlos werden ...

Die Geschichte des Zhuangzi über dieses heilige Baumwesen, das sich sozusagen aus der Mitte seiner eigener Weisheit gemäß seiner Bestimmung werden lässt, braucht im Licht meines Erlebnisses keinen weiteren Kommentar.

Der Grundton aber wird in den folgenden Kapiteln immer wieder hindurchzuhören sein, denn darin liegt die Kraft, die mir Hoffnung gibt, „das Leben lebendiger" zu machen – anstatt es zu vernutzen und vergewaltigen.

Raum für das Andere

Wenn nicht die Bäume
umsäumten das Tägliche
wäre kein Trost und
vertrockneten mir alle Herzblumen.

Dass aber ihre Wipfel so hoch
und ihre Wurzeln so tief
reichen ins Andere
hält mich am Leben.

Dies bescheidene Gedichtlein schrieb ich vor 40 Jahren und auch wenn kein Kunstwerk, charakterisiert es bis heute ein Grundlebensgefühl.

Leicht zu sehen: Wenn ich hier von einem „Anderen" spreche, so meine ich nicht ein „Anderes", das uns von der Welt *trennt*. Damit wären wir zurückgeworfen in einen unseligen Dualismus. Alles Sichtbare und Unsichtbare, das Äußere und das Innere, wirkt und lebt zusammen in einem gemeinsamen „Feld", und das Sichtbare ist stets *mehr*, als wir mit unserer durch unsere Sozialisation in einer bestimmten „Kultur" eingeprägt bekommen haben. Seit meiner Kindheit hat mich nie das Gefühl verlassen, dass wir umgeben sind von unsichtbaren Kräften, die in unmittelbarer Verbindung mit uns leben und weben, und – genau wie wir selbst auch, nicht nur dieser, sondern auch noch einer anderen Dimension angehören und uns diese vermitteln können.

„Mein täglicher Gottesdienst: des Anderen innezuwerden, sowohl seiner Anwesenheit wie auch in seiner Abwesenheit", notiert der Dichter Peter Handke[166] als eines seiner *„Zeichen und Anflüge von der Peripherie"*, so der Untertitel seiner zwischen 2007 und 2015 festgehaltenen spontanen Eindrücken und Reflexionen.

---

166   Perter Handke, Vor der Baumschattenwand nachts, Zeichen und Anflüge von der
      Peripherie 2007- 2015, Wien 2016, S. 98

Die Ahnung der Präsenz einer „Anderheit". Nicht nur Kinder wissen darum. Wissen, dass man ihnen auch *Raum* geben muss, um ihrer „innezuwerden", sie zu spüren. Dazu brauchen wir aber eine sensible, weiträumige Seelenverfassung, eine Bereitschaft, diese *„Zeichen und Anflüge von der Peripherie"*, also dessen, was von Jenseits der gewohnten Alltagsrändern Liegenden her- oder herangetragen (gr. *pherein* = tragen) wird. Alles Materielle hat teil an dieser „Anderen", seelisch-geistigen Dimension, die uns umgibt und durchdringt, und es ist an uns, dies buchstäblich zu „durchschauen", uns berühren zu lassen, Offenheit dafür zu entwickeln, eine Beziehung auch zu *Dingen*.[167] *Nur so erfahren wir lebendige Resonanz.*[168]Das kann beglückend sein oder erschreckend, denn auch das „Andere", zeigt sich nicht immer in rosenfarbenem Licht, sondern auch in seinen verdunkelten Möglichkeiten. Das gilt auch für den Menschen: Was wir von ihm sehen, ist zuerst seine gewordene Gestalt, materiell vom selben „Stoff" wie alles andere im Universum auch. Was wir sehen, ist sein Habitus, seine Persona, die er sich im Lauf seines Lebens erworben hat, was er kann und was er „hat", sehen, wie er gesehen werden will, sich meint, vorteilhaft zu inszenieren. Aber „das Eigentliche", Wesenhafte, sein „Sein" – das sehen wir nicht. Nur wenn wir einen Menschen sehr gut kennen, innerlich verbunden oder mit einer spontanen Fähigkeit des Sehens und Schauens begabt sind, ahnen wir sein „geistiges" Wesen: Das, was er *ist*, nicht wie er sich *verhält*.

Es kann durchaus sein, falls uns diese Fähigkeit des Hindurchsehens oder Hindurchspürens gegeben oder im Lauf der Zeit zugewachsen ist, dass wir selbst bei ihrer selbst völlig unbewussten Menschen, dieses „Andere" schon im ersten Moment der Begegnung spüren. Häufig ist es begleitet von einer unmittelbaren körperlichen Spannung. Man braucht dazu nicht einmal die „Aura", das Energiefeld, das jeden Menschen umgibt, unmittelbar zu sehen. Es ist eine unmittelbare Intuition – manchmal warnend, beunruhigend, manchmal eine unmittelbare Freude, ein Wohlgefühl. Aber sehr oft

---

167   Vgl. Raimon Panikkar, Gott, Mensch und Welt, Petersberg 1999, S. 97-118
168   Hartmut Rosa, Unverfügbarkeit, Suhrkamp Tb 2020, S. 37 ff

194

auch eine merkwürdige Irritation, ein Schwanken zwischen Sympathie und unterschwelliger Abneigung, die wir nicht ohne weiteres deuten können. Dasselbe gilt auch für verbale Äußerungen, Sprache, Orte[169] Landschaften, Situationen – für alles, dem wir begegnen.

Aber unsere Erziehung arbeitet zunächst meist darauf hin, uns solche Irritationen übergehen zu lehren. Sie lehrt uns, Landschaften nach ihrem touristisch-berechnend inszenierten „fotogenen" Kitschpostkartenbild zu beurteilen, Menschen nach ihren Funktionen, Verdiensten, Titeln oder eindrucksvoll unverständlichen Berufsbezeichnungen zu bewerten, sie nach ihrem selbstbewussten, marketing-orientierten „Profil" oder aber schüchternen und unscheinbaren Auftreten einzuschätzen, sei es, weil wir unmittelbar von ihrer Gunst oder Ungunst abhängig sind, sei es, weil wir uns von der Bekanntschaft mit ihnen, ihrem Bild von uns, Aufbesserung unseres eigenen Selbstbildes und Selbstwerts versprechen. In solchen Fällen verhalten wir uns allerdings gleichermaßen „marktkonform", das heißt, nach den kollektiven Mustern, nach dem äußeren, Oberflächenschein, der unsere Um- und Außenwelt bestimmt. Und dies, weil wir im Grunde mit dem eigenen Unsichtbaren in uns und um uns nicht wirklich in Fühlung sind, weil wir unserer *unenteigneten* Wahrnehmung, die sehr wohl das „andere" Wesen erfasst, keinen *Raum* geben.

Wir lassen uns den „Zeichen und Anflügen" entfremden, weil wir im Grunde Angst haben, klar zu sehen. Diese unenteignete Wahrnehmung, unser innerer *„sensus"*, sensible, unverstellte Empfindung würde uns nämlich zugleich „empfindlich" werden lassen für das ganze Feld unsichtbarer elementarer Wirkkräfte, die zwar *auch* in einer anderen, gewissermaßen seelisch-geistigen Dimension

---

169 Unseren Vorfahren war noch unmittelbar spürbar, was es mit dem *genius loci*, dem Geist eines Orts auf sich hatte, sie achteten und respektierten, verehrten oder fürchteten ihn gar – während in mehr und mehr seelenverachtenden Folgezeiten rücksichtslos auch die altehrwürdigsten Stätten überbaut, industriell genutzt und zerstört wurden: Eleusis, einst heilige Stätte der Demeterverehrung in Griechenland, heute qualmendes Industriegebiet, ist eines der sprechendsten Beispiele.

zuhause sind, aber auch in unserer als „real" empfundenen Welt mitleben und mitwirken. Sie bilden das, was wir dann ein wenig hilflos eine gewisse „Atmosphäre" nennen, weil wir ja ängstlich vermeiden müssen (vor allem anderen gegenüber), diesen unmittelbaren Empfindungen reale Existenz zuzuerkennen. Wir würden nicht nur riskieren, verlacht zu werden, nicht „für voll genommen", sondern gar misstrauisch angeschaut, weil wir die komfortable Fassade der anderen durchschauen – und damit gefährden.

Darum haben wir gelernt, den Mund zu halten, was solch „übersinnlichen" Wahrnehmungen angeht.

Als ich – auch aus kunsthistorischem Interesse – vor über 30 Jahren an der hiesigen Volkshochschule eine Vortragsreihe über Engelbilder anbieten wollte, fragte mich der Referatsleiter süffisant, ob ich etwa „religionsbildend tätig" werden wollte. Erst mein Hinweis auf meine Ausbildung, das Bildmaterial und die enorme Fülle der Engeldarstellungen in der christlichen Kunst im Wandel der Jahrhunderte, ließ ihn einlenken. Vielleicht gab es auch eine heimliche Resonanz (*„sensus"!*) für allerhand, was in dem gemeinsamen „Feld" in der Zeit mitspielte, und das ihn ahnen ließ, dass das Thema in den Folgejahren eine ungeahnte Popularität erfahren würde. In oft sehr schlichten, folkloristisch bis kitschig heruntergekommenen Formen, lebt es sichtbar bis heute weiter als Marktartikel: Kaum ein Baumarkt oder Gärtnerei, in dem man nicht einen industriell gefertigten Putto zur Garten- ooder Friedhofsdekoration erwerben könnte.

Ein Zeichen? Ein (hilfloser?) Versuch etwas wiederzugewinnen, womit man den geahnten Seelenverlust, den Sinn kompensieren könnte?

Ich möchte das gern so sehen. Als einen verzweifelten Versuch, sich irgendwie an eine geahnte, mehr erhoffte als wirklich empfundene „Anderwelt" anzuschließen. Ihr einen – sei es auch noch so trivial arrangierten – *Raum* zu geben. Einen Raum, den man nicht mehr in sich selbst, aus wesenseigenen, weil verschütteten und entfremdeten Seelenkräften aufbauen kann. Einen Raum, der *Zeit zum Schauen* brauchen würde, zum Durch-Schauen der banalen, fassadären Kulissen, denen wir nicht genügend Widerstandskraft entgegenzusetzen haben, um dem symbolischen Leben, seinem erahnten Mythos, mehr Leben zu geben. Weil wir diese Widerstandskraft gegen die Konformität nicht genug üben, immer wieder unter den Druck geraten, unseren Radar auszurichten auf das, was „man" tut, tun muss. Denn wer fürchtet nicht, sein „Ansehen" zu verlieren, als Sonderling dazustehen?

Und die Abwehr dieses Albtraums erfordert entweder rastlose Mitmach-Aktivität, Mitmach-Konsum, Schielen auf Nachbarn, Kollegen, das Handy, Trends – oder aber eine starke Energie und tiefe *„Einwurzelung im Geheimnis jenseits des Alltäglichen"*[170]

Sie zu erspüren, wach werden für falschen Glanz, Bemächtigungsposen, die abstumpfende Unterwerfung unter das ganze außengelenkte Theater, darin liegt unsere einzige Chance, über die Entmündigung hinauszuwachsen, hineinzuwachsen in eine unkorrumpierte Wahrnehmung und wiedererwachte Mündigkeit. Raum schaffen für Besinnung, für eine *Gegenwelt*, eine neue Beziehung zu „Gott" und Welt, Raum für das Andere. Darin liegt unsere Chance.

Wie könnten wir das erreichen?

Das ist jetzt meine Frage. Sie wird nicht in fertige Konzepte münden, eher Phantasien, in denen weder Bemächtigungsdenken noch Technik die erste Geige spielen, Raum geben, so, wie sie mich führen.

---

170   Raimon Panikkar, Das Göttliche in Allem, Freiburg 2002, S. 29

TEIL V

Seelenstärkende Gegenwelten – Phantasien in Variationen

Der Sinologe Henrik Jäger, der jeder der Geschichten des Zhuangzi einen lebensweisen Kommentar folgen lässt, sowohl was zentrale Punkte aus chinesisch-philosophischer Sicht betrifft als auch in Bezug auf unsere heutige Lebenswelt, beschließt seine Betrachtung des „Nutzens" des Eichbaums mit einem scheinbar harmlosen Satz, der in seiner Radikalität aber wie ein Blitz bei mir in tiefste Tiefenschichten eingeschlagen hat und unsere überzogene androzentrische Einstellung entblößt:

Wie wäre es, wenn die Flüsse und Seen, die Bäume und Tiere uns Menschen nach unserer Nützlichkeit fragen würden?[171]

Großer Gott, vermutlich versuchen sie das unaufhörlich – aber wir sind seelisch zu stumpf geworden, um sie zu hören, zu erschauen und uns das selbst zu fragen! Zu stumpf, um zu spüren, dass alles, was uns umgibt, zu uns spricht, seien es Menschen, Naturwesen oder Dinge!

Ein berühmter Satz des spanischen Philosophen Ortega y Gasset (1883-1955) lautet: *„Ich bin ich selbst und meine Umwelt"*[172].

Panikkar schreibt dazu: *„Die Umwelt gehört zu mir, sie beeinflusst mich nicht nur, sondern ist Teil meiner selbst, wenn nicht mehr als das."* (ebda). Wenn wir also ernsthaft auf die Situation, in der wir stecken,

---

171 Jäger, S. 80. Dazu fand ich gerade einen alten Zeitungsausschnitt (StZ, 22. 3. 17), dass das höchste indische Gericht dem Ganges ... den *Status eines Lebewesens* zuerkannte und so bewertete: *„Dieser Status eines Lebewesens bedeutet, wenn dem Fluss ... Schaden zugefügt wird, wäre es, als ob man einem Menschen Schaden zugefügt hätte."* Was würde sich da alles ändern müssen, wenn damit Ernst gemacht würde!

172 Spanisch: *„Yo soy yo y mi circunstancias."* Zit. n. Panikkar, Gott, Mensch und Welt, S. 115. Wobei *„circunstancias"* zugleich immer auch die momentanen Umstände, die spezifische Situation meinen! Ich bin also weder vom Zustand meiner Um- oder Mitwelt zu trennen, sondern auch nicht von jeglicher Situation, in die ich hineingerate und vielleicht dazu neige, sie als vermeidbare „Äußerlichkeiten" ignorieren oder sie gar eliminieren zu wollen.

hinhören würden, wie legte sich da schlaglichtartig die ganze verquere Einstellung des heutigen Menschen zu seinen Lebensgrundlagen, seiner natürlichen Mitwelt, zum Kosmos bloß! Seine ganze Haltung müsste er ändern!

Für jeden von uns, nicht nur für mich, die ich vielleicht nicht mehr lange leben werde, stellt sich also *ganz praktisch und in jedem Moment* die Frage nach einer sinnorientierten Lebensweise. Die Frage, wie wir dem überall spürbaren „Seelenriss" noch heilend begegnen könnten.

Was also tun (oder *lassen* ...), um Hoffnungsperspektiven zu eröffnen? Die trotz allem Lebensmut ermöglichen, ermutigen, eigenen Weisheits- und Werdeimpulsen nachzugehen, „Zeichen und Anflügen", die Licht hindurchscheinen lassen, da wo Sozialisation und Anpassungszwänge den Horizont überlagert, verengt und verdunkelt haben?

Alles, was jetzt folgt sind ganz subjektive Gedanken, Phantasien, Bilder. Was in mir unmittelbar Resonanz findet: Durch Intuitionen, Träume, Winke, die sich nicht durch rationale Konstrukte ruhigstellen und in eingefahrene Gleise zwingen lassen, sondern mich in aufreibenden Gegensatz bringen zu allgemein üblichen Verhaltensmustern, in denen Nützlichkeit, Anpassung und „Ansehen" großgeschrieben sind.

Just in diesem Augenblick, bringt mir mein Mann eine letzte Rose aus dem Garten herein, die verborgen war in einem Gebüsch. Alle anderen sind längst verblüht und ich hatte sie nicht bemerkt.

Zu-fall, Zeichen, oder gar *Wegweisung?*
Unmittelbar leuchtet das berühmte Epigramm des Angelus Silesius aus seinem „Cherubinischen Wandersmann" (1,289) auf, bringt in meine angespannte Haltung plötzliche Leichtigkeit:
Die Ros' ist ohn' Warum; sie blühet, weil sie blühet.
Sie acht nicht ihrer selbst, fragt nicht, ob man sie siehet.

Da also soll es weitergehen – ohne Rechtfertigungs- und Begründungszwänge, *leicht, licht* (im Englischen dasselbe Wort: „light"!), unbeschwert, gewaltlos, ohne Unterwerfung unter außengeleitete Ansprüche. Vertrauend in die Weisheit des Lebens und begleitet vom Gedanken, wie *mir* Pflanzen, Tiere, Bäume, Natur, Vorbild sein könnten. Umkehr des Denkens: Denn *„wenn die Pflanzen uns nachahmen würden, wäre die Welt innerhalb einer Woche verwelkt. Darum sollten wir uns folgende Frage stellen: Was würde passieren, wenn wir statt dessen versuchten, die Pflanzen zu imitieren?"*[173]

Werdenlassen als starke, unbeirrbare seelisch-geistige Kraft. Eine große Erlaubnis zum *sein* dürfen, werden und wachsen dürfen, geschehen lassen *„ohn warum"*, die Wunder wahrnehmen und der Vergänglichkeit ihr Recht lassen, ohne immer genau zu wissen, wo oder wie „es weitergeht". Von anderen vielleicht als sonderbar, „ver-rückt" beäugt...

Ja, was wäre, wenn Rosen, *„Flüsse und Seen, die Bäume und Tiere uns [Menschen] nach unserer Nützlichkeit fragen würden"*? Und Steine, Metalle, Erdstoffe, die wir für unbeseelt halten, ja sogar *Dinge,* die wir als „Wegwerfware" betrachten? Das „Unkraut" und die kleinen, ungeliebten, als „Schädlinge" und „Ungeziefer" klassifizierten Tiere, die man ohne schlechtes Gewissen töten darf ohne nach ihren „persönlichen" Lebensrechten zu fragen? Nach Botschaften fragen, die sie für uns haben, wie seit einiger Zeit gewisse Viren?

Brian Swimme (geb. 1950), Physiker und Kosmologe konstatiert in seinem temperamentvollen Buch *„Das Universum ist ein grüner Drache"* schon 1985 so provokativ wie ins Mark treffend:

„Wenn wir eine vereinigte Konferenz der Arten einberufen und jede Spezies mit einer Stimme vertreten ist, wird folgende Frage auf den Prüfstand stehen: „Soll die menschliche Spezies weiterhin im Lebenssystem der Erde bleiben dürfen?"[174]

Mein ehrenwerter Großvater, einst strammer Major, hat (welch heroische Tat!) zum Schrecken seiner Enkelinnen Schnecken knirschend totgetreten. („Schnecken" wurden damals unter Buben auch

---

173 Brian Swimme, Das Universum ist ein grüner Drache, München 1991, S. 90
174 Brian Swimme, Die Welt ist ein grüner Drache, München 1991, Neudruck 2021, S. 65

200

wir Mädchen genannt...) Mein Großvater hat wissentlich sicher in keinem Krieg Frauen oder Mädchen umgebracht. Doch „Schädlinge", auch Katzen, waren „niedere Tiere". Und seine verrückte Enkelin füttert verwilderte Katzen und sieht Schnecken fasziniert beim Fressen von Krümeln zu ... Auch wir mögen nicht, dass sie frisch Gepflanztes wegfressen, aber sie sind *Wunder!* Wir bringen sie nicht um. Mein Mann sammelt sie ein und trägt sie in den nahen Wald, wo genügend Fressbares für sie herumliegt.

Gegenwelten. Ver-Rückungen der Perspektive. Widerstand gegen die Überformung der eigenen Empfindung! Das ist ein starker Impuls für Hoffnungsperspektiven. Und so halte ich es weiter mit Rebecca Solnit, die in einem rebellischen Plädoyer *so* zur Stärkung der Hoffnung aufruft:

Ich glaube an die Hoffnung als eine Trotzhandlung oder vielmehr als eine fortlaufende Reihe von Trotzhandlungen, die notwendig sind, um einiges von dem zu bewirken, während wir nach unseren Prinzipien leben. Eine Alternative gibt es nicht – außer der Kapitulation. Und zu kapitulieren, heißt nicht nur, die Zukunft aufgeben, es heißt auch, die Seele aufgeben.[175]

Die Seele aufgeben. Wenn ich sehe, wie sich die meisten Menschen in den Strom irgendeiner Massenmode werfen, denke ich oft: Sie haben ihre Seele, ja, im Grunde *sich selbst* aufgegeben. Sie haben aufgegeben, zu werden, was sie sind, ihr größeres Sein, ihren Sinn, ihre Bewusstwerdung, ihre Selbst-Bestimmung und Mündigkeit. Das heißt, sie haben die höchste Aufgabe ihres Menschseins aufgegeben, denn vermutlich kann sich nur der Mensch über seine Eigen-Art und seine Beziehung zur Welt voll bewusst werden. Sie haben sich aufgegeben wie Drogensüchtige und Selbstmörder, die in ihrem Leiden keinen Sinn mehr sehen können, keinen Sinn, ihren Wachstumsschmerzen standzuhalten. Dabei sind letztere unver-

---

175 Rebecca Solnit, Hoffnung in der Dunkelheit, Unendliche Geschichten, wilde Möglichkeiten, München und Zürich, 2005, S. 183

meidlich, um in eine andere, eine spirituelle Dimension, ein höheres Bewusstseinsniveau hineinzuwachsen, sich zu überwachsen und „trotz allem" schöpferisch zu werden.

Sie haben aufgegeben, genauer zu schauen, wahrzunehmen, worin sie gewohnheitsmäßig gefangen sind. Aufgegeben, sich zu öffnen für das Sehen des Andersmöglichen. Visionen entwickeln, „Lifestyle"-Muster zu hinterfragen, selber zu denken und zu empfinden, den Blickwinkel zu wechseln, eigene Geschichten zu ersinnen und weiterzudichten, wie wir dem Seelenverlust begegnen können.

Und immer und überall: Bei sich selbst anfangen, sich Eigen-Raum für einen eigenen Mythos zu schaffen. Wohlgemerkt: „Eigener Mythos" bedeutet niemals, alle überkommenen Mythen zu verwerfen. Vieles an unseren Traditionen, viele religiöse Mythen ist durchaus tragfähig – vorausgesetzt, wir setzen uns ernsthaft damit auseinander und erkennen, an welcher Stelle wir sie „öffnen" und auf eigene Art weiterdichten müssen. Denn tragfähige Mythen verlangen eine nie endende Horizonterweiterung und die ständige Bereitschaft, sie abzugleichen mit dem, was in unserer eigenen Seele verlässliche Resonanz findet. Wobei „verlässlich" nicht „statisch" meint. Leben ist immer instabil, führt in Höhen und Tiefen und Unbehagen. Kein Gipfel ist dazu da, für immer dort zu verweilen. Aber wenn wir von dort einen weiträumigen Blickradius gewonnen haben, hat unsere Hoffnungsfähigkeit neue Nahrung bekommen, und wir werden den „Abgründen" gegenüber gelassener. Und mutiger beim geduldigen Aufbauen von Gegenwelten.

Gegenwelten, bei denen es nicht um Inszenierung theatralisch-schriller Auftritte seiner selbst geht, was als Massenphänomen längst Mode ist.

Nein, es geht um stille und langsam wachsende Erkenntnisprozesse hinsichtlich unserer Lebensweise. Es geht um Verantwortung für unsere Mit-Geschöpflichkeit im komplexen Zusammenspiel eines Ganzen. Um ein Welt und Menschenbild, das sich nicht an krampfhaften und seelentötenden Anpassungs- und

Prestigedruck, Imponiergehabe und dem uns unterschwellig beherrschenden Profit- und Tiefstpreisdenken orientiert. Auch nicht an manipulativen Werbebildern der unbegrenzten konsumistischen Möglichkeiten eines „Immer-Mehr", eines unbegrenzten Hedonismus, der unweigerlich zu dieser Hast und Hetze führt, wie wir sie täglich erleben und erleiden, verursacht durch die ständige Angst, etwas zu verpassen, welche so viele beherrscht. Erlebnisfähigkeit hat ihre Grenzen, und zuviel davon zu wollen läuft auf dasselbe heraus, wie gar nichts mehr wirklich zu erleben. Nur die Rastlosigkeit nimmt immer weiter zu. Doch das Überleben der Menschheit hängt genau davon ab, mit dieser Hast und Hetze (im Doppelsinn!) aufzuhören, wie uns alle Weisen der Welt lehren.[176]

Aber was ist es, das diese Angst immerzu schürt, etwas zu „versäumen", nicht zu genügen, nicht „genug" zu bekommen?

Rufen wir uns kurz Wilhelm Hauffs Märchen vom „Kalten Herz" und den mörderischen Ehrgeiz in Erinnerung, unter dessen Einfluss der Kohlenpeter gerät, weil er in der Gier sein warmes, lebendig pulsierendes Herz für eine Versteinerung allen Erlebens gibt. Denn genau um diese Erstarrung unserer Gefühlswelt, ihre Fixierung auf einen konsumistischen *„technokratischen Faschismus mit lächelndem Gesicht"* (Erich Fromm), jener zur Schau getragenen „Gute-Laune-Persona", zuinnerst bar jener Wahrnehmungsvielfalt geht es. Und zwar ganz konkret und heute so unmittelbar dringlich wie nie.

Wir müssen unsere Herzen zurückgewinnen, anstatt ihre Angst mit Vergnügungsopiaten (Postman: „Wir amüsieren uns zu Tode"...) und aufgesetztem „Heute ist jeder glücklich"-Gebaren (Huxley) zu betäuben. Wir müssen endlich sehen, was Erich Fromm vier Jahre vor seinem Tod noch einmal eindringlich forderte:

„Zum erstenmal in der Geschichte hängt das physische Überleben der Menschheit von einer radikalen Veränderung des Herzens ab", schreibt Fromm (1900-1980) in seiner großen, vieles aus früheren Werken zusammenfassenden Studie *„Haben oder Sein"* zusammen[177], 4 Jahre, nachdem 1972 der aufrüttelnde, aber politisch so gut wie

---

176 Vgl. etwa Thich Nhat Han, Die Sonne, mein Herz, Freiburg 1997, S. 170
177 Erich Fromm, Haben oder Sein, Stuttgart 1976, S. 19

beiseitegewischte Bericht der Weisen des „Club of Rome" über die katastrophalen Folgen der Ausbeutung von Mensch und Welt erschienen war.

Erich Naphtali Fromm war ein scharf, tief und komplex denkender und fühlender Mensch, der ursprünglich hatte Rabbiner werden wollen, wie sein berühmter Großvater Seligmann Bär Bamberger, der „Würzburger Raw". Auch beeinflusst durch seine überlebensnotwendige Auswanderung in die USA, wo er sich der Psychologie und Soziologie und einem radikalen Humanismus zuwandte – und das Herz als Sitz der liebenden und mitfühlenden Seele nie vergaß. Dass die Berichte des „Club of Rome" keine (oder nur wenig) Resonanz fanden, führt er darauf zurück, dass sie *„in jenem Geist der Quantifizierung, Abstraktion und Entpersönlichung verfasst (sind), die so charakteristisch für unserer Zeit ist."* [178]

Diese technokratisch-quantifizierende Sprache und Haltung aber ist selbst einsichtigen Analytikern bis heute geblieben.

Sie trifft uns emotional nicht, schafft Distanz, macht alles und jedes zum Objekt. So wie das entfremdete, auf Profit und Macht fixierte, „Verbraucher"-Denken, in dem auch Menschen auf ihre Nützlichkeit für ein ausbeuterisches System reduziert werden: Negativ als Geringverdiener, „Alleinerziehende", Arbeitslose, Sozialhilfeempfänger, Kranke, nicht Belastbare, Behinderte, Prekariat usw. Positiv dagegen stehen Unternehmer, Arbeitgeber, Großverdiener, Wirtschaftsbosse, „Promis", Stars usw. da. Die Sicht eines Menschenbilds des Funktionierens oder Nichtfunktionierens in einer seelenlosen Profit- Konsum- und Verbrauchsmaschinerie. Ich weiß, ich wiederhole mich.

Aber entbehrt diese „rational" und „sachorientiert" daherkommende Haltung nicht jeder Vernunft? Ist blind geworden für die Ungeheuer, die sie verdrängt, und die wir heute als Schatten in Verschwörungstheorien und kruden Phantasien und manifester Gewalt erleben (Abb. 17).

Gegenwelt heißt, sich aus diesem Schaukelspiel zu befreien, ohne in Schuldzuweisungen steckenzubleiben. Eigene Visionen für

---

178   Fromm, S. 18/19

ein neues Menschenbild im Sinne dessen zu gewinnen, was (nicht nur) Erich Fromms Vision eines lebendigen Seins erfüllt, und das mit eigenem praktischem Leben, eigener Erfahrung und Hoffnung gefüllt sein muss.

Ich maße mir nicht an, hier wie Erich Fromm allgemeine Kriterien für ein Bild des „neuen Menschen" (Fromm S. 167 ff) zu finden und zu formulieren. Dazu fehlen mir die nötigen Grundlagen und Geistesgaben.

Ich möchte lediglich auf meine Weise zu einer neuen Einstellung finden, die mich weitertragen kann, in einer Welt, die mir in vieler Hinsicht schwer erträglich ist. Ich möchte auf meine Art Möglichkeiten einer Gegenwelt finden, mir Möglichkeiten des Seins und Werdens schaffen, ohne den Kontakt mit der Außenwelt, meinen Mitmenschen aufzugeben. Und von Bäumen und Pflanzen lernen, ihrer Eigenarten gewahr zu werden, sie mit größtmöglicher Aufmerksamkeit befragen.

Wenn ich etwa jetzt aus dem Fenster schaue, sehe ich auf ein Meer von Goldruten, aufrecht wie Bäume, von unzähligen Bienen besucht. Ich kann mir nicht vorstellen, dass sie ein Gefühl des Nichtgenügens haben, auch wenn sie verblühen werden (für mich jedoch auch den ganzen Winter über eine Augenweide in der Schönheit ihrer Verwandlungen).

Und auch die Birke im Hintergrund, der man schon lange ansieht, dass sie von oben her dürr wird – auch von ihr glaube ich nicht, dass sie das als Versagen empfindet. Zumal sie häufiger denn je von Vögeln aller Art besucht wird, die frei darauf sitzen können, und besonders vom Grünspecht, der immer wieder lange und ruhig an ihrem Stamm hängt.

Sein schließt Werden und Vergehen ein. In jeder Sekunde vergeht etwas – und etwas Neues entsteht. Warum wollen wir Menschen uns unentwegt des Bleibens von etwas versichern? Uns übermenschliche Unsterblichkeit sichern, durch Anhäufen, HabenWollen, nichts loslassen Können, als seien wir Extrawürste im

Abb 17
Franzisco de Goya, Der Schlaf der Vernunft gebiert Ungeheuer (Blatt 43 aus den Caprichos von 1797)

Was wir heute in unseren technischen Machenschaften unter dem Mäntelchen rationaler Notwendigkeit sehen, hat im Grunde mit „Vernunft" längst nichts mehr zu tun. Da Verständnis für das „Vernehmen", die Wahrnehmung der Folgen dieser Abwendung von den „Schatten" dieser Haltung liegt vielmehr in tiefem Schlaf. Versunken in Fortschrittsphantasien hat die westliche Welt das wirkliche Vernehmen dessen, was die ganze Wirklichkeit ausmacht, verloren und befördert dadurch längst „besiegt" geglaubte gespenstische Ungeheuer, die ihm in den Rücken fallen.

kosmischen Geschehen, die mittels technischer und mechanischer Tricks ihre Bedeutung beliebig aufblasen können?

Als Albert Schweitzer, 1875-1965) der lebenslang „Ehrfurcht vor dem Leben" forderte (was Vergänglichkeit impliziert!) 1952 den Friedensnobelpreis bekam, sagte er:

Wagen wir die Dinge zu sehen, wie sie sind. Es hat sich ereignet, dass der Mensch zum Übermenschen geworden ist ... Er bringt aber die Vernünftigkeit, die dem Besitz übermenschlicher Macht entsprechen sollte, nicht auf ... Damit wird nun vollends offenbar ... dass der Übermensch mit dem Zunehmen seiner Macht zugleich immer mehr zu einem armseligen Menschen wird ... Was uns aber eigentlich zu Bewusstsein kommen sollte ... ist dies, dass wir als Übermenschen Unmenschen geworden sind."[179]

---

179   Zit n. Fromm, S. 12/13

Ja, zu armseligen Unmenschen sind wir mutiert, die ihre Armseligkeit ständig mit „Übermenschen"-Attitüden zu kompensieren trachten, weil sie sogar zu armselig sind, um sich einzugestehen, dass sie nicht wissen, was sie sein könnten. [180]

Unablässig konfrontiert mit der irreversiblen Verselbständigung des seelenlosen, mechanisierten Unheils, das wir angerichtet haben und kurz vor dem Zusammenbruch der seelenverlorenen Welt, ist unser Gefühl des Ungenügens so stark geworden, dass jedes Mittel recht wird, es zu betäuben, und sei es mit Unmenschlichkeit.

Aber es gibt vielleicht doch noch Chancen indem wir mit einiger Phantasie Gegenwelten wirklich *wachsen lassen*, sie aus unseren auch noch vorhandenen, tieferen Wissen hervorrufen, anregen, buchstäblich aus ihrem (Dornröschen-) Schlaf aufwecken, in den sie verhext wurden: *muros excitare* (hervorrufen, aufrichten) sagte man in alten heiligen Zeiten im Lateinischen, wenn man sich anschickte, mit Hilfe der Göttin mit der Mauerkrone einen schützenden Raum, einen Tempel *wachsen* zu lassen: Der Anklang an die Herkunft aus dem Vegetativen ist unüberhörbar. Also sollten wir heute, im Zeitalter steinerner Fassaden und bröckelnder „Mauerkirchen" vielleicht eher wieder *Heilige Haine* anlegen?

Wer einen Garten hat, kann das konkret machen. Aber es geht genauso in der Phantasie, einen solchen seelenstärkenden Heiligen Hain zu pflanzen, als Gegenwelt, heilenden Raum. Einst bildeten solche Heiligen Haine einen spirituell aufgeladenen, heilenden Bezirk (gr. *temenos*), einen Heilort, in dem man ruhen konnte, kontemplieren, sich von wegweisenden Träumen besuchen lassen, „zu sich kommen". Wo man seine zerstreute, verzweifelte Seele sammeln konnte, sich wieder „konsolidieren", innerlich festigen in seiner Eigenart und für seine Aufgabe. Solidarisches Pflegen, Heilen, Schließen von Wunden, seelisch-geistig unerschütterlich

---

180 Mit dem „Übermenschen" bezieht sich Schweitzer natürlich auf Nietzsche, der seinen Zarathustra den mitleidlosen „Übermenschen" hatte predigen lassen – um selber eines Tages den Verstand zu verlieren und weinend einem misshandelten Kutschpferd um den Hals zu fallen.

unterstützen (von lat. *soleo, solido, solidus*[181]), die zunächst wurzeln muss im Heilen und Überwachsen eigener Verletzungen und Zurückfinden zu dem was echt, wahr und bedeutungsvoll ist – für sich selbst und das Ganze. Sich selbst wieder „nahe kommen" (*aggredi)*, und unser (Aggressions)-Potential in eine mündige Form hineinreifen lassen: Als Kritikfähigkeit, innere Abgrenzungsfähigkeit, Festigkeit und Entschlossenheit, alles zu tun, um die Hoffnung nicht aufzugeben.

Aber einen solchen „heiligen Raum", in sich „hervorzurufen", zu pflanzen, zu pflegen, aufwachsen zu lassen bis er Früchte trägt, braucht Zeit, Geduld und sich dem zu widmen, was sich nach dem Urteil der Masse „nicht lohnt". Wer *schauen* kann, erkennt dagegen dessen Wert überall in der Werdekraft des Lebendigen, der Natur, der Physis. Sie schenkt uns die für den Anfang nötigen Sprosse für ein solches Unternehmen. Allerdings braucht dieser „Raum für das Andere" viel persönliche Ruhe, Einfühlung und Engagement, damit Heilendes davon ausgehen wird, nicht schablonen gekaufter Massenware. Und er muss mit Aufmerksamkeit und Andacht gepflanzt, gestaltet und gehegt sein. Muss aus einem offenen, „warmen Herzen" kommen, mit wesenseigener, lebendiger Herzenswärme aufgeladen sein.

Solche „Heilräume" kann man auf kleinstem Raum irgendwo in einer Fensterecke gestalten. Aber es gibt auch in unserer natürlichen Umgebung Orte, die einem „das Herz aufgehen lassen", einfaches meditatives Sein und Besinnung erlauben.

Viel wichtiger allerdings: Einen solchen Ort in unserem Inneren anzulegen und zu nähren. Denn die Sprosse, die einen innerlich gewachsenen Ruheraum umhegen könnten als „Hag", sind im Grunde alle schon da. Wir haben uns nur nicht die Besinnungszeit zu ihrer Kultivierung gegönnt: Als Gegenwelt zu Außenleitung, Druck, menschenverachtenden Geschwindigkeits- und Technikversessenheit, die selbst die elementarsten menschlichen Bedürfnisse

---

181　Vgl. Heinichen, Globalwörterbuch, Stuttgart 1978

kaltherzig unter dem Mäntelchen von „Sachzwängen" untergehen lässt.[182]

Es bleibt nichts anderes übrig: Jeder einzelne muss sich wieder auf das, besinnen, was Halt und Widerstandskraft gegen den seelen- und heillosen Umgang mit Welt und Leben gibt.

Doch die meisten der Keime und Sprosse sind uns längst bekannt. Sie müssen nur immer wieder ins Gedächtnis gerufen werden. Dazu ist stetige Übung nötig. Aber jeder Gedankenkeim und -spross dieser Art, wiederholt formuliert und gestaltet, gewinnt an Kraft und Farbe und stärkt unseren Lebensmut.

---

182   Am 7. 1. 22 las ich in der Stuttgarter Zeitung eine „Mitteilung" der Bahn, die mir die Luft nahm: Es wurden für die nächsten Wochen (Monate) Baumaßnahmen angekündigt, die sehr lautstark werden würden. Jedoch seien zwei schlaflose Nächte pro Woche für die Anwohner durchaus zulässig! Und da immer wieder auch die Nacht durchgearbeitet werden müssten, könnten es auch mehr werden. Den Anwohnern würden dann Ersatz-Schlafstätten angeboten! Sind die Leute, die so etwas beschließen noch „bei sich", noch bei Sinnen? Haben sie überhaupt noch so etwas wie Empfindungsvermögen? Und wo bleibt die Reaktion des Bürgermeisters, der selbstredend wo ganz anderes wohnt, aber sich zum Schutz des Wohls der Bürger dieser Stadt verpflichtet hat?

Der erste Spross: Nicht siegen müssen

Wir sind Teil eines natürlichen lebendigen Ganzen, aus dem uns nur unsere verstiegene Selbstüberschätzung heraustrennt. Sie hat zu endlosen Spekulationen geführt, warum der Mensch seinen Mitgeschöpfen überlegen sei und mit ihnen machen kann, was er will in seiner Ichfixierung: Die Natur „besiegen", das eigene Gefühl und Mitgefühl besiegen, den vermeintlichen Konkurrenten besiegen, um sich selbst größer und mächtiger aufzublasen und das untergründige Rumoren des Nicht-Genügens und der zehrenden Sehnsucht nach unverstelltem Seindürfen, Liebe, Weichheit und Einfachheit zu besiegen: Siegen, bemächtigen, sich durchsetzen mit aller Willenskraft, und allen Mitteln alles und jedes dominieren: Das ist das Programm nach dem der machthungrige Mensch seit Jahrtausenden funktioniert wie eine fremdgesteuerte Maschine, damit er um Gottes (oder vieler Götter) Willen ja seine ursprünglichen seelischen Bedürfnisse, seine Ängste und seine Abhängigkeiten innerhalb des Großen Ganzen nicht fühlen muss.

Aber dieser gewaltsame Heroismus gegen „Schwäche", „Weibliches" und Natürliches hat ihn erst recht in endlose Zweifel am Sinn seiner Existenz geführt und heute an den Rand seiner Weiterexistenz überhaupt.

Dabei haben Mystiker aller Zeiten längst erfahren, dass es aus dieser Sackgasse nur den „Weg der Rose" gibt. Pflanzen wir also Rosensträucher und erheben Angelus Silesius' Rose zu unserem täglichen Kultgesang:

Die Ros' ist ohn' Warum; sie blühet, weil sie blühet.
Sie acht nicht ihrer selbst, fragt nicht, ob man sie siehet.

Hören wir die Botschaft?

Die Rose kämpft nicht, muss nichts und niemand besiegen. Sie überlässt sich ihrem Eigenwesen, ihrer Eigentlichkeit. Sie beklagt sich über nichts, sie ist mit ihrem Sein einverstanden, wie es ist und muss sich darum über nichts aufregen. Sie erwartet nichts Besonderes, fragt nicht nach dem Sinn ihres Daseins, nach ihrem Wert, wie sie aussehen sollte, nach dem Blick der Anderen. Ihr Wert und Sinn bemisst sich nicht nach dem, was sie leistet, nicht nach ihrem Erfolg, ihren Verdiensten, ihrer Leistung, ihrem Genügen oder Ungenügen, ihrem Status in der Welt, ihrem Ansehen, ihrem Besitz, ihrem finanziellen Vermögen, ihrem Einfluss auf andere, ihrer Macht, sie muss niemand etwas beweisen.

Sie *ist* einfach.

Fraglos sein dürfen.

Ist das nicht das, was wir uns alle wünschen würden?

Einfach „blühen" dürfen. Blühen und vergehen, in einen anderen Seinszustand übergehen, wenn es an der Zeit für uns ist. Ohne Angst.

Die schöpferische Kraft der *Physis*, des Lebens, das wir selbst sind, durch uns hindurchströmen lassen, uns ihrem Wandel überlassen. Nichts erreichen, schon gar nichts erzwingen müssen.

Nichts bezwingen, nicht siegen müssen, nicht einmal über das eigene Unbehagen, die Schwermut, die immer mehr Menschen befällt, und die sie mit betontem „Leicht-Sinn" und Vergnügungssucht besiegen wollen.

Oder schlimmer: Mit willkürlich angezettelten Kriegen aller Art, wie wir ihn derzeit grausamst in der Ukraine erleben. Da allerdings wäre es zynisch, zu sagen, ihr sollt euch nicht wehren, seid „ohn' Warum", da kommt es wirklich auf standhalten, kämpfen und das heißt auch siegen an, aufs überleben! Aber nicht in angeblich friedliebenden Kulturen unter den Täuschungsfloskel „freie Marktwirtschaft", „Wettbewerb", Sport und „Unterhaltung" oder gar „Freiheit". Man braucht nur einmal das Vokabular von Zeitungen eines einzigen Tages und anderen Medien halbwegs kritisch unter die Lupe zu nehmen, um zu sehen, wie weit wir von einem friedlichen Sein entfernt sind, wie wir ständig gegen irgendwelche oft künstlich aufgebauschte Bedrohungen kämpfen und sie besiegen müssen. Krankheiten, Alter und andere Menetekel unserer Endlichkeit geben dafür ein unerschöpfliches Reservoir her.

Ist Einsicht möglich, sind Gegenmittel denkbar?

Christa Wolf hat 1983 (also noch in der damaligen DDR) ein Buch geschrieben, in dem nach dem verlustreichen Sieg der Griechen über Troja auch die Seherin Kassandra als Beutestück auf einem Wagen zum Palast des siegreichen Agamemnon gefahren wird. Der Wagenlenker weiß, wer sie ist und befragt sie, sozusagen als Sprecher der Stadt Mykene, besorgt über deren zukünftiges Schicksal. Ob sie wohl letztlich auch untergehen wird, wie jetzt das reiche Troja mit all seinen toten Helden?

Kassandra, halb zum Wagenlenker, halb wie im Selbstgespräch angesichts der Einfahrt durch das Löwentor:

„Diese armen Sieger müssen für alle, die sie getötet haben, weiterleben.

Ich sage ihnen: Wenn ihr aufhörn könnt zu siegen, wird diese eure Stadt bestehn.

Es kommt zu einem Gespräch:

Gestatte eine Frage, Seherin – [Wagenlenker] – Frag. – Du glaubst nicht dran. – Woran. – Dass wir zu siegen aufhörn können. – Ich weiß von keinem Sieger, der es konnte. – [Wagenlenker]: So ist, wenn Sieg auf Sieg am Ende Untergang bedeutet, der Untergang in unsere Natur gelegt. – [Kassandra]: Die Frage aller Fragen. Was für ein kluger Mann."[183]

Das ist der Punkt, an dem wir vor vielen Jahrtausenden standen, genauso wie 1983, und heute noch stehen.

Und Kassandra nennt das einzig möglich Gegenmittel: *„Wenn ihr aufhörn könnt zu siegen, wird diese eure Welt bestehn."*

Angelus Silesius' Rose muss nicht siegen. Sie lässt geschehen, was geschieht, im Einklang mit ihrer Natur, ihrer Vergänglichkeit und ihrer Rolle im kosmischen Spiel der Physis, der „größeren Natur".

Nun, trotz der Poesie der Beispiele aus dem Pflanzenreich: Menschen sind keine Rosen, keine Pflanzenwesen. Wir unterscheiden

---

183 Christa Wolf, Kassandra, Erzählung, Darmstadt und Neuwied, 1983, S. 132

uns vom rein vegetativen Werden durch eine eigene Denk-, Erfindungs- und Gestaltungskraft, und das ist Fluch und Segen zugleich. Wir können uns in Gegensatz stellen zum reinen Mitfließen im Strom der Zeit, durch unsere Phantasie und Kreativität – aber eben auch durch unsere Destruktivität, wenn wir den Kontakt zu unseren seelischen Wurzeln verlieren, die uns mit den Mitwesen und dem Gefühl für das große Ganze verbinden, indem wir alles zu unserem (vermeintlichen) Vorteil zergliedern, manipulieren und uns seiner bemächtigen. Wenn wir alles, was sich unserem Wünschen und Wollen nicht fügt, besiegen und besitzen wollen (wie Despoten aller Zeiten), anstatt uns zu besinnen, was wir „eigentlich" sind: Verantwortliche *Mit*-Wesen.

Natürlich ist es auch nicht so, dass es in der lieben Natur nur immer harmonisch zuginge, kein Fressen und Gefressenwerden gäbe. Wir selbst könnten anders nicht leben. Und die Rehe, die bisweilen in unseren Garten kommen, haben kein Mitgefühl mit den Rosen, die zum Blühen kommen wollen, vielmehr fressen sie mit großem Appetit die Knospen ab. Meine Katzen fangen auch Mäuse. Und es gäbe drastischere Beispiele. Jedenfalls waltet auch in der Natur eine enorme Gegensatzspannung, wo es um Siege und Niederlagen geht, weshalb C. G. Jung zu bedenken gibt, die Natur sei *„nicht nur harmonisch, sondern auch furchtbar gegensätzlich und chaotisch."*[184]

Und so ist diese gegensätzliche und chaotische Anlage, eben auch im Menschen, der aus der Natur „herausgewachsen" ist, tief verankert.

Aber zugleich ist ihm ein Reflexions- und Entscheidungsvermögen mitgegeben, eine „Vernunft" (von „vernehmen", d. h. „wahrnehmen!") die ihn befähigt, über seine durchaus natürlichen Triebe und Affekte auch *hinauszuwachsen*, anstatt sich den Ungeheuern seines Unbewussten völlig auszuliefern (Abb. 17)[185], und dann ihr primitives Ausleben durch Missbrauch seiner Verstandeskräfte, Gefühllosigkeit, Rachsucht und Rechthaberei zu rationalisieren.

184   Jung/Jaffé, Erinnerungen, Träume, Gedanken, Olten 1964/1971, S. 233
185   Goya, Der Schlaf der Vernunft gebiert Ungeheuer, 1797, Capricios, Blatt 93

Diese sollte er besiegen, dadurch, dass er sich ihrer bewusst wird, Bewusst durch Erkenntnis dessen, dass er nicht alles weiß, weder über sich selbst noch die Welt.

Weshalb Christa Wolf das Gespräch Kassandras mit dem Wagenlenker in einen hoffnungsvollen Ton münden lässt, wenn Kassandra sagt: *„Komm näher, Wagenlenker. Ich glaube, dass wir unsere Natur nicht kennen. Dass ich nicht alles weiß. So mag es in Zukunft Menschen geben, die ihren Sieg in Leben umzuwandeln wissen."*[186]

Was wäre *das* für eine wunderbare Zukunftsvision, für eine Gegenwelt, das Leben nicht niederzukämpfen oder gar auszulöschen, zu vernichten, um zu siegen, sondern lebendiger zu machen? Unterscheidungsfähig zu werden, wo und wann uns unser Gefühl, nicht zu genügen, ein Affekt, ein unterschwelliges Gekränktsein, oder auch der Sog der Masse besiegen will? Käme es nicht darauf an, auch unsere schwierigen Seelenaspekte nicht mit Gewalt „unterm Deckel" zu halten (Pandora) und so die Kraft der Hoffnung zu befreien? Lässt sich nicht vorstellen, dass so eine neue Form von echter Lebendigkeit, von echtem Sein, das keine Bemächtigung, kein ständiges Siegenmüssen nötig hat, entstünde?

Doch dazu würde auch gehören, dass wir uns ernstlich mit der gegebenen Gegensätzlichkeit in allen Lebensbereichen auseinandersetzen und in keine Idealisierung irgendeiner Einseitigkeit hineinziehen lassen, sondern wo möglich ohne Gewalttätigkeit aushalten, was ausgehaltenwerden muss. Dass wir *„psychisch geschehen lassen können"*, was eine neue Einstellung ermöglicht, in der man *„auch das Irrationale und Unbegreifliche annimmt, einfach weil es das Geschehende ist."*[187]

Aber sich der Unberechenbarkeit und Unsicherheit des Lebens auszuliefern ist das Schwerste, denn es bedeutet auch, kein sicheres Programm zu haben, in dem von vornherein feststeht, was unbedingt „besiegt" werden muss. Es bedeutet, sich der Gegensatznatur des

---

186   Wolf, Kassandra. S. 132
187   Jung, Das Geheimnis der Goldenen Blüte, Olten 1971, S. 14 und 15

Seienden und Geschehenden zu stellen ohne Streben nach letzt-gültigen Wahrheiten und festen Kriterien. Die eigene Weltsicht nicht für die einzig „richtige" und überlegene halten: Andere sehen anders, leben anders. Ich muss nicht immer den „richtigen" Blick-winkel haben, er kann sich durch Begegnung mit dem Anderen ändern. Darum sollte ich auch niemand durch Belehrung besiegen wollen, durch Schuldzuweisungen gar. Wenn ich Glück habe, kann ich *verstehen*, womöglich mitfühlen.

Doch auch das bedeutet nicht unbedingt, alles pflanzenhaft hinnehmen müssen. Ich darf und *muss* sogar Grenzen setzen, wo die meinen überschritten werden. Das sehen wir im Moment im Großen an den archaisch-brutalen Übergriffen, nicht nur in der Ukraine, die auf totalitäre Bemächtigung und Zerstörung abzielen. Für mich aber, in meiner persönlichen Sinnsuche, gilt dennoch, dass ich vor allem meine eigenen Vorstellungen, Vorlieben und For-derungen überprüfe, ihnen Grenzen setze, sie „besiegen", indem ich sie annehme. Nur so kann ich sie überwachsen und langsam eine kleine Niveauerhöhung meines Bewusstseins zu erlangen. Denn *„die größten und wichtigsten Lebensprobleme* [sind] *im Grunde genommen alle unlösbar; sie müssen es auch sein, denn sie drücken die not-wendige Polarität, welche jedem selbstregulierenden System immanent ist, aus. Sie können nie gelöst, sondern nur überwachsen* [oder „besiegt", B. R.] *werden.*"[188] Polaritäten gehören zu unserer Welt, wie wir schon in den biblischen Weisheitslehren, etwa bei Jesus Sirach lesen können: *„Gleichermaßen betrachte alle Werke des Höchsten; immer sind es zwei, eines das Gegenteil des anderen."* (Sir. 33,16)

Insofern können wir vielleicht doch von der Rose lernen, die geschehen lässt „ohn' Warum", indem wir lernen, Keime oder Sprosse zu kultivieren, welche unsere Seelen stärken, weil sie sich nicht als prinzipielle, womöglich letztgültige Entweder-Oder-For-derungen gerieren. Das hieße, sich in Achtung vor dem Werden und der Lebendigkeit *aller* Wesen üben, auch wo sie unseren Vor-stellungen entgegenstehen. Achtung vor dem Geheimnis der Welt,

---

188 Jung, Goldene Blüte, S. 12

auch des schmerzhaft Unverständlichen, der Schwäche, Annehmen des Unvollkommenen. Denn paradoxerweise gilt die Weisheit: *„Unendliche Vollkommenheit liegt gerade darin, dass es unbequem ist, dass es eben nicht so ist, wie wir uns das vorstellen. In jedem Augenblick ist einfach das, was gerade geschieht"*, sagt uns die Zen-Lehrerin Charlotte Beck. [189].

Wieder müssen wir bei uns selbst anfangen. Frieden schließen mit uns selbst und den Umständen. Uns im Verstehen des schwer Verstehbaren üben, in echter Toleranz (von lat *tollere* = erleiden). In der Kultur der Langsamkeit, auch wo uns die Überstürzung und Unrast der anderen plagen. Durch diesen Schmerz und seelische Verletzung, den uns das manische „Siegenmüssen" rundum zufügt, hindurchgehen und die Narben hinnehmen und überwachsen, wie der Eichbaum in Zhuanzis Geschichte. Und so gut wie möglich eine Kultur der Geduld und Stillefähigkeit, des Lassens und der Gelassenheit pflegen, wie sie uns Fulbert Steffensky (s. Kap...) nahelegt, auch wenn sie nur unvollkommen gelingt. Sehen, dass das Handeln, das wir verurteilen, nicht der ganze Mensch ist, der dahintersteht. Und wir müssten schließlich eine Fähigkeit entwickeln, selbst noch die Katastrophen, mit offenem Interesse zu betrachten. Denn selbst aus dem, was wir zunächst für die bösesten Erfahrungen und Katastrophen halten, kann möglicherweise noch etwas Gutes, ein Neuanfang hervorgehen.

Genau für diese schwierige Herausforderung brauchen wir aber eine völlig andere Kosmologie. Eine in welcher wir den Menschen als *eine* von vielen Formen einer alles überwölbenden universalen Beziehungskraft (die man auch „geistiger Eros", „Liebe" oder bedingungslose Bejahung nennen könnte) sehen und nicht als einen, der unentwegt über irgendetwas und irgendjemand „siegen" muss.

---

189   Charlotte Joko Beck, Zen im Alltag, München 1990, S. 167

Der zweite Spross: Eine andere Kosmologie

Die Erde ist lebendig. Sie ist die Mutter. Die Vereinigung von Himmel und Erde bringt alle Geschöpfe zur Welt: Sie gibt ihnen das Leben und erhält sie am Leben. Unzählige Geister und Kräfte bewohnen die Welt. Diese Welt ist übervoll von Göttern. Das ganze Universum ist die Schöpfung, die Nachkommenschaft eines göttlichen Lebens, das seine Lebenskraft auf den ganzen Kosmos ausdehnt. Das Leben ist nicht allein dem Menschen vorbehalten, sondern der Mensch hat teil am Leben des Universums. Der Mensch ist, eben weil er lebendig ist, Mikrokosmos genannt worden. Das Modell ist der Makrokosmos, nicht umgekehrt, und dieser Makrokosmos ist ein Lebewesen. Er trägt ein Prinzip der Einheit, ein lebendiges Prinzip, eine Seele in sich. Die natura naturans, die erzeugende Natur, ist das eigentliche Leben der natura naturata, der erzeugten Natur. Alle drei Welten – Himmel, Erde und Mensch – nehmen am gleichen Abenteuer teil. Was auf der subatomaren Ebene beginnt, die Aneignung eines Dinges durch das andere zum Zweck des Überlebens, findet seinen Höhepunkt im Trinken des Soma und im Essen der Eucharistie. Alles unterliegt jener ursprünglichen Dynamik, die wir Opfer nennen: unser Teilnehmen am allgemeinen Stoffwechsel, der das Leben lebendig sein resp. Werden lässt und durch den die ganze Wirklichkeit Bestand hat.[190]

Der dies schreibt, ist kein versponnener „Esoteriker". Sondern ein christlicher Theologe und Priester, als Sohn einer Spanierin und eines Hindu tief eingedrungen in die Vielfalt indischer und buddhistischer Lehren, der die indische Spiritualität konsequent gelebt hat in einer Hütte am Ganges, ein scharfdenkender, kritischer Geist, Kosmopolit, Naturwissenschaftler, Mystiker und Universalgelehrter. Und einer der schon vor 20 Jahren deutlich sagte, wo er die Menschheit stehen sah:

Wir wissen es beinahe mit Sicherheit ... die Welt geht auf eine Katastrophe zu.

---

190   Panikkar, Gott, Mensch und Welt, S. 102

218

Unsere Welt, die Welt, wie wir sie mit unseren Systemen errichtet haben, ist eine unnatürliche Welt, und sie ist nicht nur im Umbruch, sie ist im Zusammenbruch, denn sie ist nicht lebbar und wider das Leben. Die notwendige Neuorientierung und der notwendige Wandel geschieht nicht dadurch, dass wir hier und dort ein paar Reformen machen, sondern sie muss in dem oben genannten Sinne tiefer gehen, sie muss radikal sein, sie muss bis an die Wurzel des Lebens reichen.[191]

Weit entfernt von einer fatalistischen Haltung, sieht er dennoch eine Chance, unseren überkommenen religiösen Mythos weiter zu entwickeln, indem wir sehen,, dass unsere festgefahrene dualistisch spaltende Denkweise („Gott" oben, Mensch und Erde unten) samt einer missverständlich abstrakten Trinitätslehre sich wandeln muss, in eine ganzheitliche, lebensweltlich konkret bezogene Sicht, in der Gott, Mensch und Welt (als Trinität!) zu einem untrennbaren kosmischen Ganzen miteinander verwoben sind. Denn: *„Alle drei Welten – Himmel. Erde und Mensch – nehmen am gleichen Abenteuer teil."* An einem Abenteuer, einem Prozess, in dem in einem neuverstandenen Schöpfungsmythos der Mensch mit seinem Bewustsein, all seinen schöpferischen Gaben im Mitvollzug eines neuen Verständnisses von „Schöpfung" als Künstler, Poet und Gestalter mitwirken muss, um diese große Intuition eines neuen „kosmotheandrischen" Mythos „zur Welt zu bringen".[192].

Das entspräche in etwa dem, was C. G. Jung in seinen „späten Gedanken" zur Situation des in unfruchtbarer Sterilität erstarrten Christentums gesagt hat: *„Was die christlichen Völker betrifft, so ist ihr Christentum eingeschlafen und hat es versäumt, im Laufe der Jahrhunderte seinen Mythos weiterzubauen."*[193]

Zu dieser Vision gehört jedoch nicht nur eine tiefere Durchdringung der eigenen Überlieferungen, sondern auch das Bekanntwerden und Ernstnehmen nicht-christlicher religiöser Traditionen, die vieles abendländisch Verdrängte enthalten. Nur so ist eine *ausge-*

---

191   Panikkar S. 146
192   Panikkar S. 147. *Kosmotheandrisch:* Kosmos, Gott, Mensch in unauflöslichem Ineinanderspiel.
193   Jung/Jaffé, S. 334

weitete, transkonfessionelle, sinn- und welthaltige spirituelle Neu-schöpfung möglich, die dem Individuum wieder ein Gefühl der Verbundenheit mit einer anderen Dimension gibt. Geschieht das nicht, wird der Mensch unweigerlich Opfer zerstörerischer Massen-suggestionen, was nicht nur den Seelenverlust jedes *Einzelnen* be-deutet, sondern der *Menschheit als Ganzes* – wie wir das im Moment auf vielen Ebenen erleben.

Bisher hat die christliche Tradition ein Gottes- und Weltbild über-nommen (und bereitwillig verfestigt), in dem ein mehr oder weniger anthropomorpher Herrscher über allen Sphären schwebt, einen Pla-neten namens Erde mit allem Zubehör imaginiert und per Zauber-wort aus dem Nichts erschafft, und dazu den Menschen, dem er das Ganze zur Beherrschung und Benutzung übergibt. Insofern sind Gott, Welt und Mensch schon voneinander getrennt, bevor noch „der Mensch" eine gewisse Eigenwilligkeit entwickelt und damit vollends in „Sünde" (= Getrenntheit) fällt, was dazu führt, dass er seine ursprüngliche Einheit mit seinen Mitgeschöpfen vergisst. Er darf getrost anfangen, sie nach Belieben auszubeuten. Sofort ent-stehen auch Neid und Feindschaft (Kain und Abel), der Drang, bestrafen und besiegen zu müssen, was zwangsläufig zu Mord und Totschlag führt, und damit zu weiteren Trennungsmodi aller Art: Kain, der Mörder, wird Städtegründer. Die sogenannte Zivilisation nimmt ihren Lauf, und der Mensch vergisst immer mehr, dass er auch Kind der Erde ist, *zusammen* mit allem Lebendigen verbunden durch eine Kraft, die nicht seine eigene ist, die weiterhin durch alles hindurch spricht in einer ursprünglichen, allen verständlichen, eini-genden heiligen Sprache. Die allerdings von der Art ist, dass man ihr *lauschen* müsste. Doch inzwischen wird sie im pausenlosen, immer lauteren Betrieb und Lärm kaum mehr gehört.

Dass die Menschen auch *untereinander* sich schon gar nicht mehr hören und verstehen können, wird im Gleichnis vom Turmbau zu Babel (Gen 11, 1-9) bildhaft illustriert: Die Entfremdung eines jeden von jedem, von jeglicher Gemeinschaft ob „Gott", Mensch oder Naturwesen ist damit perfekt ins Bild gesetzt.

Es gibt dann zwar im (christlichen) „Neuen Testament" einen Heilungsversuch durch den Heiligen Geist (Apg 2,2-13) der plötzlich bewirkt, dass auch „Ungläubige" aller Art wieder diese eine, zugleich göttliche und mitgeschöpflich verbindende Sprache wieder staunend hören und verstehen können. Aber das Bild verblasst wieder, sodass nach wie vor die dualistische Vorstellung dominiert. Mit der Rolle und Stellung des Heiligen Geistes in der trinitarischen Rangfolge hatte man von jeher Schwierigkeiten, und Erde und Natur, naja, die müssen so untergeordnet werden wie die alten „überwundenen" Götter und Göttinnen.

Und eine eigene Sprache sollte man ihnen lieber nicht zugestehen. Vielleicht einen Instinkt gerade noch einigen „höheren" Tieren: Aber Blume und Gras, Baum und Strauch, Wald und Wiese, Berg und Tal, Wolke, Wetter, Mond und Sterne, oder gar eine ganze Landschaft in verschiedenen Beleuchtungen und Stimmungen – da muss man aufpassen, dass man nicht in altes „animistisches" Denken zurückfällt. Man kann die Schönheit genießen, aber sicherlich nicht in dialogischen Austausch damit treten: Gott hat schließlich einzig „den *Menschen* ihm zum Bilde" (1. Mos 1,27) geschaffen, also muss der Mensch auch derjenige sein, der allein das Sagen hat, und alles andere ist nur zu seinem Nutzen da, vielleicht zu seiner „Erholung". Aber keinesfalls ereignet sich darin eine ernstzunehmende Gotteserscheinung. Nichts, wovon etwa ein „Anspruch" des „Göttlichen", beziehungsweise der ungeteilten Wirklichkeit an ihn ergehen könnte: „Gott" *über* allem, der Mensch kreisend in und um sich selbst und alles andere ein nicht näher bezogenes „Außen", das man wahrnehmen kann oder ignorieren.

Ich weiß, ich wiederhole mich wieder – aber so oder so ähnlich sieht die Weltwahrnehmung der allermeisten Kirchenchristen seit mindestens 1500 Jahren aus, und das ist eine spirituelle Katastrophe. Dass es zuvor auch im weisheitlich orientierten Judentum und im Christentum andere Zeiten gab, wurde schon angesprochen. Und vor allem in Barock und Romantik gab es nicht nur mystische, sondern auch philosophische Bewegungen (Schleiermacher, Schelling!), die Gott, Mensch, Welt und Natur wieder zusammenschauten, und klar erkannten, dass die Wirklichkeit das, was wir Realität nennen, weit übersteigt und nicht dualistisch ist. Sie erschöpft sich nicht in (quantitativ bemessener) Zeitlichkeit, sondern ist zeitlich und „ewig" zugleich und vor allem: Sie verbindet alles mit allem! Ich habe an anderer Stelle darüber ausführlich geschrieben.[194]

Gott und Natur waren bereits den Stoikern eins, und somit alles, auch das Menschenwesen Teil der Gott-Natur, eine „Spielart" der unendlichen Substanz dieser Gott-Natur sozusagen. Durch das darin lebende „Urfeuer" (der Weltseele bzw. des Heiligen Geistes) sind alle Dinge. *„In ihm leben und weben und sind wir"*, wie der Dichter Kleanthes (230-320 v. Chr.) sagt, den Paulus später in seiner Rede auf dem Areopag wörtlich zitieren wird (Apg. 17,28), um den Griechen das Gottesbild des Christentums in seiner Verwandtschaft mit ihrer eigenen Tradition zu spiegeln.

Schon der eigenwillige Mystiker Paulus sieht also: Es gibt nichts, was *nicht* „Gott" ist, er offenbart und inkarniert sich in allem, seien es Naturerscheinungen, seien es Widerfahrnisse, die das „Schicksal" bringt, griechisch *Heimarmene*, was sowohl „Verhängnis" als auch „Vorsehung" oder „göttliche Weisung", oder „Leitvermögen", oder „notwendige Leitung" zur je eigenen Verwirklichung heißen kann.[195]

Hier haben wir also eine Kosmologie, die spätestens nach der Reformation offiziell völlig verloren gegangen ist zugunsten eines in jeder Richtung dualistischen Gottes- und Weltbildes, welches auch das säkulare Menschenbild nachdrücklich (um nicht zu sagen: fatal spaltend) geprägt hat. Jeder, der anders dachte und fühlte, hatte den Scheiterhaufen, zumindest aber Ausgrenzung und den Stempel des „Pantheismus" zu gewärtigen: Der traf selbst noch die theologisch hochgebildeten „Naturphilosophen" der Romantik, wie etwa Friedrich Christoph Oetinger (1702-1786) oder Friedrich Wilhelm

---

194   Brigitte Romankiewicz, Sophia kehrt zurück, Evangelischen Mystik im Schatten Luthers, Freiburg 2016

195   Zusammenfassung nach der Einleitung von Dr. Heinrich Schmidt in Epiktets Handbüchlein der Moral, Kröner, Leipzig, 1909

Schelling (1775-1854) und viele andere. Und bis heute ist die dualistische Sicht jedem Kirchenchristen sozusagen „eintätowiert".

In progressiven, hauptsächlich amerikanischen Kreisen allerdings fand zunehmend ein Wandel statt, hin zu einer „pan-*en*-theistischen" (= Gott in Allem) Haltung, nicht nur bei „eso-verdächtigen" Geistlichen wie dem Dominikaner Matthew Fox (geb. 1940), der nach dem Entzug seiner Lehrerlaubnis (durch den damaligen Leiter der römischen „Inquisition" Joseph Ratzinger) ein ungeheuer vielseitiges Institut nach der von ihm entwickelten „Schöpfungsspiritualität" gegründet hat. Alles in der Welt, auch alles, was in den indigenen Kulturen verehrt wird, ist darin als schöpferischer Geistträger mit einbezogen: *Ein* Gott in Allem. *Dieser* Sicht gilt der Ruf der Weisheit in unserer Zeit.

In Fox' eigenen Worten: *„Eine Schöpfungsspiritualität gibt uns Kraft für ein ökologisches*[196] *Zeitalter, für eine Zeit, in der wir nicht mehr zu einer Gottheit aufschauen, sondern uns nach ihr* um*schauen in unserer Umwelt."* Eine panentheistische Frömmigkeit sieht *„alle Dinge in Gott und Gott in allen Dingen"*, wie Mechthild von Magdeburg schrieb. *„Diese Spiritualität fordert uns auf, uns nach dem Göttlichen* umzusehen, *das sich sowohl im Glanz als auch im Leid unserer Zeit findet."*[197]

Diese Sicht war damals auch bei vielen Wissenschaftlern zu finden. Und bis heute endlich wieder bei unverdächtigen Theologen wie etwa dem Franziskaner Richard Rohr (geb. 1943)[198], oder in allerjüngster Zeit sogar bei einem protestantischen jungen Professor (geb. 1966), dessen Husarenritt durch die Geschichte des Heiligen Geistes gerade Furore macht, und in den letzten zwei Kapiteln über den Geist in der Natur auf ein allmähliches Umdenken selbst in akademisch-theologischen Kreisen Hoffnung machen könnte.[199]

---

196   Panikkar würde eher sagen „ökosophisches" Zeitalter, weil er befürchtet, dass das, was wir heute im Namen der Ökologie unternehmen, eher zu noch mehr technischer Raffinesse als zum Umdenken führt.

197   Matthew Fox, Schöpfungsspiritualität, Heilung und Befreiung für die Erste Welt, Stuttgart 1993, S. 59. Mechthild von Magdeburg war eine Mystikerin des 13. Jahrhunderts

198   u. a. Richard Rohr, Alles trägt den einen Namen, Gütersloh 2019

199   Jörg Lauster, Der Heilige Geist, Eine Biographie, München 2021

Und eine tiefe transkonfessionelle Einigkeit mit einer uralten indischen Weisheit zeigt, die das Ganze in einfachsten Worten formuliert:

Gott schläft im Stein,
träumt in der Pflanze,
erwacht im Tier, und weiß,
dass er erwacht ist, im Menschen.

Aber sind wir Menschen wirklich schon so weit?
Wissen wir es wirklich? Können wir es *fühlen?*
Der Prüfstein dafür wäre, ob wir denn tatsächlich bereit wären, nach solchem Wissen zu *handeln.*

Und es scheint mir immer noch ein wenig zu fehlen beim Verweilen in tieferem Nachsinnen darüber, was es für uns *konkret* bedeuten würde, einen aus solchen Einsichten zwangsläufig erwachsenden radikalen Perspektivwechsel in unsere alltägliche Lebenseinstellung umzusetzen.

Immerhin hat Lausters Buch bereits eine erfreulich breite Leserschaft gefunden. Auch das kann Hoffnung machen. Aber dennoch müsste eine „kosmotheandrische" Intuition, eine neue, schöpferische, naturbezogene Kosmologie, die eine wirklich spirituelle und höchstnotwendige geistdurchwirkte Wandlung bedeuten würde, als *Einsicht und Erfahrung in jedem Einzelnen* von uns aufwachsen – als „*Wissen aus innerem Wuchs*", wie der Dichter Pindar sang. Als Wuchs eines eigenen „Heiligen Hains", im Innern oder Äußeren, der gehegt und gepflegt werden kann ...

So bleibt es also dabei, obwohl ich nichts mehr wünschen würde, als dass diese buchstäblich brennende Frage uns alle erfassen würde, um der seelenlosen Zerstörungskraft der unaufhaltsam kriegerisch weiterrasenden Fortschritts- Bemächtigungs- Religion Grenzen zu setzen: Bei sich selbst anfangen – trotz der damit verbundenen Ängste, ohne vorgegebene Gleise, als Abenteuer im Weglosen sozusagen.

Ohne Risiko ist das nicht zu machen. Es geht auch nicht ohne die Bereitschaft zu Verzicht auf Sicherheit und ohne fortgesetzte Perspektivwechsel, denn was von weitem klar und übersichtlich aussah, kann unvermutet Klüfte vor einem erscheinen lassen. Immer kommt man an Grenzen, nichts ist sicher berechenbar.

Dazu fällt mir spontan ein kleines persönliches Beispiel ein:

Mein Mann und ich waren vor vielen Jahren als Rucksackwanderer an der Südküste Kretas unterwegs. Die Straße war leer und langweilig, darum verließen wir sie, um durch die Macchia möglichst direkt am Meer entlang zu wandern. Was aber von der Straße aus übersichtlich ausgesehen hatte, erwies sich als das Gegenteil: Immer wieder mussten wir umkehren mit unserem schweren Gepäck, mussten den Küstenverlauf mit geschärfter Aufmerksamkeit beobachten und neue Möglichkeiten ausfindig machen. Insgesamt war es aber trotz aller Mühsal ein außerordentlich abenteuerliches, schönes und einprägsames Erlebnis, nun schon fast ein halbes Jahrhundert her, das ich nie vergessen werde. Und um ehrlich zu sein: den letzten Kilometer kehrten wir schließlich dann doch zur faden Straße zurück, weil wir in der hereinbrechenden Dunkelheit die Orientierung verloren hätten.

Nicht als „Sieger" also hatten wir unser „Abweichlertum" beendet. Aber außer dem, dass man eben „nicht immer siegen muss", hatten wir auch sonst viel gelernt: über die Beschaffenheit der Küste, über die Pflanzenarten, die dort wuchsen, über unsere eigene Beurteilungsfähigkeit, wo und welche Möglichkeiten es zum Weiterkommen gab, über die Vielgestaltigkeit der Topographie, die von der Straße aus nicht zu sehen war, und was für teilweise atemberaubende Ausblicke auf das Meer sich uns boten. Ich möchte das kräftezehrende Abenteuer nicht missen, und dass es wir überhaupt wagten, sehe ich als ein Paradebeispiel für die Kosmologie, die ich vertrete: Das Meer, die Küste hatten uns *gerufen*, diese Erfahrung zu machen. Sie hatten gewissermaßen eine Stimme, und ihr Ruf war für uns „bestimmt", war eine Herausforderung, eine Wirklichkeit zu erleben, die uns sonst verborgen gewesen wäre.

Aus Sicht eines „Realisten" hatten wir natürlich etwas sehr Unvernünftiges getan. Aus Sicht des seelischen Erlebnisses hatten wir große Bereicherung erfahren, uns dem Auch-noch-Möglichen mit allen Unwägbarkeiten und dem unmittelbaren Kontakt mit der Natur anvertraut, hatten uns der Offenheit des „Seinsmodus" anvertraut. Wir waren in unmittelbare Beziehung getreten mit einem Bereich, der nicht „unterworfen" war, sondern uns in der Sprache der ungezähmten Wildnis mitten in Schönheiten und Widrigkeiten gelockt hatte, die uns im wahrsten Sinn des Wortes nachhaltig „berührten". Für eine Zeitlang waren wir „Teil" davon geworden, Mitgeschöpfe ohne die Überlegenheit der Bezwinger.

Im nachträglichen Blick darauf scheint dieses kleine Erlebnis wie eine Parabel für das Wesen dieser andersartigen Kosmologie, in der die Umgebung nicht zum beherrschbaren Objekt degradiert ist: Ein Verhältnis zur Wirklichkeit, in dem wir uns in *persönlicher* gegenseitiger Beziehung sehen. Und dieses Verhältnis bezieht sich nicht nur auf Naturerfahrungen, sondern auf das Sein in der Welt überhaupt, egal was mir passiert, worein ich verwickelt werde. In den Worten Raimund Panikkars: *„Ein Verhältnis, in dem ich nicht getrennt bin von Geschehnissen und Widerfahrnissen."*[200]

Es gibt kein „Problem" irgendwo *außerhalb* von mir, das eine ausgefeilte Lösungsstrategie erfordern würde, sondern ich vertraue darauf, dass dieses „Problem" (von gr. *pro-ballo* = vor- oder entgegenwerfen) einen persönlichen Bezug zu mir hat, und ich nun am besten gut zuhöre, was es für eine Botschaft für mich hat. Und dass ich darauf vertrauen kann, dass in dieser Botschaft auch Hinweise darauf liegen, wie ich damit umgehen soll. Sie will gehört werden, sie will mitleben, selbst wenn ich sie als fast unerträglichen Gegensatz zu meiner (bewussten) Einstellung, meinen Idealen, meinen Bedürfnissen und Wünschen empfinde. Wenn ich mich davon trenne, wird dieses „Problem" nicht aufhören, mich zu quälen. Wenn es mir gelingt, es anzunehmen, vielleicht als etwas mir bisher unbekanntes Eigenes in mich einzulassen, mich buchstäblich „damit einlassen",

---

200   Panikkar, Weisheit S. 99

in direkte Resonanz damit trete, wird es möglich, dass es sich und mich verwandelt. Dass in mir eine neue Einstellung entsteht, dass es ein innigeres kosmologisches Wirklichkeitsverständnis hervorbringt, dass es mich zu einem unverhofften schöpferischen Impuls führt, denn was mir als außen liegend erscheint, entspricht auch einer immer vorhandenen Gegensatzspannung in meinem Innern: *„Wie alle Energie aus dem Gegensatz hervorgeht, so besitzt auch die Seele ihre innere Polarität als unabdingbare Voraussetzung ihrer Lebendigkeit. ... Theoretisch wie praktisch ist sie allem Lebendigen inhärent, "*[201] sagt uns der alterweise C. G. Jung in seinen Erinnerungen.

Und genau dieses Akzeptieren des „Wie-innen-so-außen", einer alten Alchemistenweisheit, macht uns schöpferisch, denn es sieht im Appellcharakter des äußerlich Geschehenden nichts feindlich Entgegenstehendes, Entgegengeworfenes (*pro-ballein)*, sondern die Wirklichkeit in ihrem Mitsein, Mitsprechen, als etwas, das uns anspricht, zum Hinhören- und -Schauen auffordert.

Und um auch jetzt in diesem Moment zu zeigen, was ich meine:

Vor mir liegen vier dicht beschriebene Blätter handschriftlicher Notizen, die ich mir zu diesem Kosmologie-Kapitel gemacht hatte – und nun haben mich meine „Ein-fälle" auf einen völlig anderen Weg gebracht.

Eine nicht vorgeahnte Wirklichkeit hat zu mir gesprochen, und ich bin ihrem Ruf gefolgt: Er war stärker als irgendein Konzept.

Immer so zu leben, sozusagen *konsequent inkonsequent* im Verfolgen irgendwelcher Ziele, ohne unbedingt ihre Erfüllung zu erwarten. So zu leben, würde ich mir wünschen im Sinne einer Kosmologie des strömenden Lebens und der mitsprechenden *Winke* der Wirklichkeit, deren Teil ich bin.

Wie sehr „die Wirklichkeit mitspricht", erfuhr ich übrigens unmittelbar nach diesen letzten Sätzen: Funkmaus und Tastatur gaben den Geist auf.

---

201   Jung/Jaffè, S. 348/349

Die „äußere Wirklichkeit" hatte mir in drastischer Sprache signalisiert: Endlich Pause machen, etwas ganz anderes tun.

Trotz meiner Frustration staunte ich. Alles, was ich über meine „andere Kosmologie" geschrieben hatte, war „wahr". Man kann so etwas nicht nur so leichtweg hinschreiben, sondern muss es wirklich im „realen Leben" ernst nehmen. Das ist die *ganze* Wirklichkeit!

Das wiederum brachte mich zum Lachen, obwohl ich keine Ahnung hatte, ob sich meine geliebte „alte Kiste" je wieder benutzen lassen würde, weil es das passende Zubehör nicht mehr gab.

Und irgendwann „rettete" dann ein computererfahrener Freund meine alte Kiste noch einmal. Er fand heraus, was zu tun war, wo es die fehlenden antiquierten Teile noch geben konnte, und ich kann wieder schreiben wie gewohnt. Aber die Pause war dringend nötig gewesen.

Der dritte Spross: Seinsgemäße Kreativität, befreite Hoffnung und ihre Früchte

Wenn die Welt, die der Mensch sich schafft, weniger ein Ausdruck seiner schöpferischen Seele als ein mechanischer Apparat für besondere Machtzwecke ist, dann wird sie hart und eng und starr in ihrer Form und erreicht technische Vollendung auf Kosten der unermesslichen Fülle von Möglichkeiten. Durch seine schöpferischen Tätigkeit stellt der Mensch Beziehungen zwischen sich und seiner Umgebung her, indem er die Natur mit seinem eigenen Leben und seiner Liebe durchdringt. Aber mit dem Nützlichkeitsstreben bekämpft er die Natur, verbannt sie aus seiner Welt, verunstaltet und beschmutzt sie mit der Hässlichkeit seines berechnenden Trachtens. Diese vom Menschen verfertigte Welt mit ihrem kreischenden Räderwerk gibt ihm beständig die Vorstellung und Überzeugung einer rein mechanischen Weltordnung, die nichts Persönliches und darum auch keine Wirklichkeit hat.[202]

„*Nichts Persönliches*" – und so auch ohne Lebendigkeit und Wirklichkeit.

Rabindranath Tagore hat von 1861 bis 1941 gelebt und seine philosophisch-spirituellen Gedanken haben ab der Jahrhundertwende auch in Deutschland große Resonanz gefunden. Vieles, was er gesagt und geschrieben hat, trifft gerade heute in einer Schärfe zu, die kaum zu übertreffen ist. Ich brauche nur an die „harten, engen und starren" Formen in der heutigen, womöglich noch preisgekrönten Architektur zu denken, die doch von Menschen, die man im Prinzip zu den „Schöpferischen", zählen sollte, entworfen und gebaut wurden!

Ob in der Außen- oder Innenansicht – man fragt sich, wie die Bewohner es in dieser sterilen Ödnis überhaupt aushalten – und was sie dort tun können außer auf kastenförmigen Designer-Couchen zu posieren und auf Fernsehwände starren, oder mit Tablets oder Smartphones hantieren. Oder Freunden ihre Küchen vorführen, die aussehen, als sei dort noch nie ein Tropfen Öl oder Sauce

---

202 Rabindranath Tagore, Flüstern der Seele. München 1925, Nr. 74

daneben getropft (falls je gekocht wird), ohne dass sofort jemand mit einem (womöglich technisch automatisch bzw. „smart" hochgerüsteten) Reinigungsinstrument zugange gewesen wäre. Aber vielleicht halten sie sich ja heimlich dies oder jenes Buch irgendwo im Untergrund, wo es dann auch gemütlich zerknautschte Möbel und sonstige von Leben und Wohnen zeugenden „Kruschtecken" gibt ... Ich will die satirische Phantasie jetzt nicht weiter ausspinnen, so verführerisch es wäre.

Immerhin, zum renommistischen Vorführen taugt die Sache, man kann zeigen, wie sehr man „am Puls der Zeit" ist, auch wenn man den eigenen Puls, die eigene Seele gar nicht mehr spürt, weil sie längst gefangen sind in der mechanistisch angepassten Fremdsteuerung, aus der keinem schöpferischen Wärmeimpuls mehr die Chance zu unberechenbarem, natürlich-spontanen Keimen, Werden und Wachsen lässt.

Doch jeder Mensch wird als schöpferisches Wesen geboren. Religiös gesehen liegt in diesem Drang, dieser Gabe seine „Gott-Ebenbildlichkeit", denn die göttliche Weisheit ist als Keim in jede Seele eingesenkt. Aber sie will in ihrer schöpferischen, sowohl personalen wie transpersonalen Kraft geweckt werden. Darum strebt menschlich unüberformtes Wesen danach, etwas zu bewirken, gemäß seiner seelischen Eigenart gestalten, daran zu wachsen, um Mitschaffender am größeren Ganzen der Wirklichkeit zu werden. Wird dieses schöpferische Grundbedürfnis nicht ermöglicht, künstlich eingeengt, autoritär „gebrochen" oder durch überzogene Ansprüche vereitelt, kippt der Drang, die wesensgmäßen Anlagen und Ahnungen zu verwirklichen, in genau die Starrheit um, von der Tagore spricht. Oder in Lethargie, seelische Vereinsamung und Verarmung und Verweigerungshaltungen. Schlimmer noch: In eine oft unterschwellige Aggression, wie sie uns in automatenhaftem Verhalten und leblosen technischen Formen begegnet. Und schließlich in offene Gewalttätigkeit und Destruktivität umschlägt – bis hin zur Selbstdestruktion – in die womöglich noch möglichst viele hineingezogen werden sollen. Amoklauf, Krieg, totalitäre Strukturen.

Dann hat das Leben seinen lebendigen Sinnbezug vollends verloren, zuvor schon seine Beziehung zur Natur und ihrem ornamentreichen Sein. Selbstentfremdung zieht ein, Seelenverlust, der die Freude am Leben erstickt. Was bleibt, sind Fluchten in Süchte und Ersatzbefriedigungen. Wer den Zugang zum Eigenen nicht findet, stürzt ab in den Sog der kollektiven Gruppenzwänge und Fremdmanipulation, zur Monotonie eines modischen „Lifestyle" oder gar finsteren Ideologien und Feindbildern. Deren Formen und Auswüchse kennen wir schon.

Derzeit haben sie sich gar eines kindischen Begriffs von „Freiheit" bemächtigt, der mit echter politischer oder gar *innerer* Freiheit von Moden und Trendtyrannei nichts mehr zu tun hat. Was daran ablesbar ist, ist aber eine tiefsitzende Qual des unentwegten Manipuliertseins oder Manipulierenmüssens, um mächtig zu wirken und nicht isoliert zu werden – die elementarste Angst, die jedes menschliche Wesen von Geburt an begleitet. Darum versucht man sich in einer marktwirksamen „Kreativität", in der Hoffnung irgendwie „groß herauszukommen", was selten wesenseigener Echtheit entspringt. Keine Verwirklichung *selbstbestimmter* Identität, sondern nur auf Außenwirkung gepolt. Und so ist, pervers genug, der oder die rastlos und öffentlich agierende sogenannte „Kreative" mangels umfassenderer Sinnperspektiven inzwischen so sehr zum Star, ja zu einer gottgleichen Identifikationsfigur geworden, dass man sich kaum mehr traut, von „Kreativität" im Sinn einer wirklichen schöpferischen Lebenskunst als sinnstiftend und Weg zu einer hoffnungsvollen Zukunft zu reden.

Dennoch: Es *gibt* es, das *unverstellte, unmanipulierte Schöpferische* in jedem von uns, an das man Hoffnungsperspektiven knüpfen kann.

Und ich mache mir lesend, schreibend, handelnd Mut, mir Perspektiven wieder zu öffnen, deren Schwung immer in Gefahr ist, wie die Hoffnung im Topf der Pandora im Dunkeln eingeklemmt zu werden.

Denn Kreativität und Hoffnung „hat" man nicht auf immer und ewig, und keiner glaube, ein Autor habe all das, über das er bereits einmal tief nachgesonnen hat, jederzeit lebensweltlich parat![203] Das Erkannte braucht vielmehr immer neuer Mobilisierung unserer Erfindungsgabe. Phantasien, wie hier und jetzt, in dieser bestimmten Situation die gefangenen Hoffnungskräfte befreit werden können, uns über Zweifel oder gar Verzweiflung herausführen können und neuen Seins-Sinn „gebären" (lat. *creare* heißt außer „erschaffen, erzeugen" auch „gebären" – und sogar „wählen"!).

Denn obwohl unsere Seele über und über mit guten Gaben gefüllt ist (vgl. Pandora), haben diese eine Tendenz zu entfleuchen oder in die unbewusste Finsternis abzusinken. Dann aber nützt kein Entwerten und Überspielen-Wollen der momentanen Aussichtslosigkeit durch Ersatzhandlungen, sondern nur das aufmerksame Hinlauschen auf das Auch-noch-Mögliche, welches da gehört oder gesehen werden will, denn das ist der fruchtbare Hoffnungsgrund des schöpferischen Lebens. Abwehr in Interesse verwandeln: In der inneren Not der Schwermut konstelliert sich zuweilen eine *„unendlich kostbare Frucht"*[204], ist eine neue Lebenseinstellung am Werden und Reifen – so wie auch im natürlichen Außenleben Lebenskeime winterlang in der dunklen Erde ruhen, oder im wie abgestorbene wirkenden Ast eines Baumes. Und so sieht Romano Guardini in Not und Schwermut alles andere als einen Grund, dem Dasein zu misstrauen und daran zu verzweifeln, im Gegenteil: *„Die Herzkraft der Schwermut ist der Eros, das Verlangen nach Liebe und Schönheit."*[205]

Eros als „Herzkraft der Schwermut"? Welche Kühnheit!

Denn *Eros* ist ja in alter griechischer Tradition, besonders im orphischen Mythos *die göttliche Schöpferkraft selbst*, aus der alle Dinge hervorgehen!

---

203 Darum gehört es zu den Binsenwahrheiten, dass selbst große Philosophen und Künstler bei genauem Hinsehen immer nur um ein einziges Thema kreisen, das sie existenziell beschäftigt, sie zwingt, es immer neu zu gestalten (*creare!*) auf immer neue Weise, und doch nie loslässt.
204 Romano Guardini, Vom Sinn der Schwermut, Kevelaer 2008, S. 41
205 Ebda, S. 44

Demnach lägen Mangel und Leiden an den katastrophal empfundenen Verhältnissen, Not und das Bedürfnis sie zu überwachsen, eng beieinander und bildeten ein schöpferisches Spannungspotential, das uns neue Hoffnung geben kann! Gerade *„aus Bedürfnissen und Nöten entstehen neue Daseinsformen, und nicht aus idealen Forderungen oder bloßen Wünschen."*[206]

Mit anderen Worten: Wir können etwas *tun,* um den möglichen neuen Daseinsformen ins Leben zu verhelfen. Zunächst aber die „idealen [oder marktkonformen] Vorstellungen *lassen!* Dann können wir unsere Kreativität aufladen, mit unserem ganzen verfügbaren seelischen *Eros* und dem Vertrauen auf eine bereits vorhandene größere Ordnung, in welcher dies alles einen Sinn hat, auch wenn wir ihn gerade nicht sehen. Denn *„Hoffnung ist nicht auf die Zukunft angewiesen. Sie bezieht sich auf die unsichtbare Dimension der Realität"*, sagt uns auch Raimon Panikkar.[207]

Ist das nicht eine wunderbare Perspektive?

Hoffnung als erotische *„unsichtbare Dimension unserer Realität"* – immer vorhandene Kraft des „Anderen", das die momentane Empfindungslage übersteigt! *Dies* ist die „unsichtbare Realität", welche *die größere Wirklichkeit* ausmacht, in der wir stehen und die unsere neue, schöpferische Kosmologie bestimmen sollte. Mit aller Energie und Freude sollten wir sie nähren. Und *wie* wir das tun können – dazu brauchen wir unsere Kreativität und Erfindungsgabe, mythisches Denken, Phantasie, dichterische und künstlerische Fähigkeiten. Und einen stärkenden Mythos, der gleich erzählt werden soll: Wie gerade der *Mangel* an Liebe zu dem Gegebenen, wie es in unseren Augen nicht sein sollte, seelische Verbindung schaffen kann zu jener unsichtbaren Dimension, aus welcher eine neue schöpferische Perspektive geschaffen, gebildet, *gewählt, geboren* (lat. *creare)* werden könnte.

---

206 Jung/Jaffé, S. 246
207 Panikkar, Weisheit, S. 29. Dazu auch der Philosoph Vaclav Havel: „Hoffnung ist ...Orientierung des Geistes, Orientierung des Herzens, welche die unmittelbar gelebte Welt übersteigt." (in „Fernverhör", S. 219)

Hier darum der Mythos von der Entstehung des Eros, den Platon in seinem „Gastmahl" Diotima erzählen. lässt[208] Und ich fasse ihn in meinen eigenen Worten zusammen:

Bei der Geburt der Aphrodite feierten die Götter einst ein großes Festmahl. Zu diesem war auch Poros, die Personifikation der Fülle und des Erfindungsreichtum geladen. Er bediente sich üppig, und als er trunken war vom Nektar, legte er sich im Garten schlafen. Vom Eingang her beobachtete dies alles Penia, die personifizierte Dürftigkeit, des Mangels, der Armut. Und trotz ihrer Ausgeschlossenheit regte sich in ihr unvermutet die Phantasie, ein Kind von Poros zu empfangen. Und sie schlich hinein und legte sich zu ihm. Und das Kind, das sie hierauf gebar, war niemand anders als Eros.

Was ich an der Geschichte besonders faszinierend finde, ist, dass Eros, dieser Gott oder Dämon der Liebe, nicht etwa aus einer wundervollen Beziehung zwischen zwei verwöhnten Glückskräften hervorgeht, sondern letztlich genau aus den spannungsvollen Gegensätzen zwischen einem qualvollen Empfinden eines Mangels an Freude und Frieden einerseits (*Penia,* der Inbegriff der Armseligkeit) und der Hoffnung auf das, was für sie einer anderen Wirklichkeit zuzugehören scheint: Die satte Fülle der lebendigen Möglichkeiten, die im nie versiegenden Erfindungsreichtum (*Poros*) liegt. Pikant ist, dass Penias Phantasie, selber etwas *tun* zu können, um auch selber daran teilzuhaben, auch *ihren* Erfindungsgeist weckt! Als sei sie eben doch bereits *keimhaft* von der Möglichkeit und List des doch noch gar nicht existenten Eros erfüllt, gelingt es ihr, diesem Keim eine Chance des Werdens zu verschaffen. Und so wird er tatsächlich zur Frucht dessen, dass sie eine gewagte Wahl trifft, eine kreative Wahl (*creare!*), die sie über ihr Gefühl der Dürftigkeit und Ausweglosigkeit hinauswachsen lässt. Was für eine Geschichte!

---

208   Platon, Sämtliche Werke Bd 2, in der Übersetzung von Friedrich Schleiermacher, Hamburg 1965, S. 233, 203 b ff

Mythen spiegeln immer wiederkehrende Grundsituationen des Menschen, als Einzelnem und der Menschheit als Ganzer.

Wer hätte nicht schon in einer wie völlig von jeglicher Lebensliebe entleerten Verdüsterung seines Daseins erlebt, dass ein mutiger Entschluss, *irgendetwas* zu *wagen* einen unverhofften Wandel bewirken (lat *creare*) kann! Das kann das Lesen einer solchen Geschichte sein, besser noch, eine eigene Phantasie, ob es nicht doch eine Möglichkeit gäbe, aus der verdunkelten Situation herauszukommen!

Da kann schon ein kleiner Gang hinaus ein „kreativer Akt" sein, der in eine „neue Geburt" (*creare* als „gebären", neu schaffen) führt. Irgendein Schritt über die festgefahrene Situation hinaus.

Was allein zählt, ist, dass man *in diesem einen Moment* dem folgt, *was aus der eigenen Seele oder der äußeren Wirklichkeit ermutigend zu einem spricht*. Nicht das rastlose Jagen nach „kreativer Selbstverwirklichung" macht das Leben auf immer und ewig sinnvoll und bringt Erlösung und Erleuchtung. Nein, immer kommt es auf diese kleinen Momente an, die immer wieder „wiedergeboren" werden wollen. Diese kleinen Momente, in denen man den Blick abwendet von den großen und kleinen Katastrophen und Dramen, welche auf der Bühne im Vordergrund gespielt werden und die Gedanken kreisen lassen und überschatten. Statt dessen folgt man einem Hintergrundsgefühl, etwas, was womöglich im Augenblick nicht einmal deutlich sichtbar ist. Statt dessen kann man versuchen die Phantasie zu rufen. Phantasie kommt von gr. *phantázesthai*, das heißt: erscheinen lassen. Und was ist es, das wir erscheinen lassen sollen? Lassen wir uns Zeit dafür, schaffen wir *Raum!*

Denn was uns das Zentrum unseres Seins erscheinen lassen kann, ist das *Selbst*, das in inmittelbarer Verbindung steht mit der *ganzen* anfänglichen Wirklichkeit, die schöpferische Kraft der Erde und des „Worts", des Herbeirufens der Gestaltkraft, also der ursprünglichen Geistkraft (*logos, pneuma, ruach, sophia*): Und die „Matrix" dieses *Herbeirufens* ist wiederum die *Seele*. Sie ist der *Raum*, der größer ist als alles, was unser Bewusstsein erdenkt, uns geschenkt, um die Kunst unserer Wahrnehmung „poetisch" immer wieder auszuweiten, die Gegensatzspannung immer neu fruchtbar zu machen.

Das ist seinshafte Kreativität, befreite Hoffnung: Etwas erscheinen lassen, gebären (*creare!*). Phantasieren, Dichter werden dessen, was keimhaft in uns liegt und *werden* will. Unserer Existenz zwischen Schwermut und Mut, Mangel und Fülle einen *Sinn* geben. Sogar die Bibel ermutigt uns dazu: So heißt es in in Jak 1,22: „*gigneste de poietai logou* ... werdet *Dichter* (Künstler, Gestalter Vollbringer, von gr. *poiein* = vollbringen, schaffen, schmieden) *des Logos* (des Geistes, durch den unaufhörlich alles geschaffen wird)." Gebt ihm konkrete Gestalt nach eurer Eigenart!

Denn die große dynamische Ordnung, die *ganze* Wirklichkeit, in der wir „*leben und weben und sind*" (Apg 17, 28), ist immer größer, reicher als die Dürftigkeit der sogenannten Realität und unsere technische Intelligenz. Sie ist der Raum der Seele, die neu werden lässt, wachsen lässt und gebären. Die *Sinn* und *Bedeutung* (auch das liegt im *logos)* erschaffen kann. Darum schreibt Peter Handke in seinen Reisenotizen „Gestern unterwegs": „*Phantasie bedeutet: „Es wird!"*" (S. 326)

Lassen wir also werden, wozu die Weisheit der Seele die Keime bewahrt, als Visionen herbeiruft und werden lässt. Was noch nicht sichtbar ist, ist unsichtbar vorhanden. Denn die Hoffnung verwandelt Keime in Sprosse, lässt sie wachsen und gedeihen und schließlich Früchte tragen: Mein Hoffnungssiegel auf dem Schreibtisch trägt einen ganzen Korb davon!

Einer für mich besonders hoffnungsvollen Vision soll das nächste Kapitel gelten.

Abb. 18
Nicolas Froment (um 1435-1485), Der brennende Dornbusch (1776),
Kathedrale von Aix en Provence

Ein in vielfacher Hinsicht herausforderndes Bild von ungeheurer Bedeutungsfülle. Unmittelbar ins Auge springend: Im „brennenden Dornbusch", allgemein Sinnbild des niemals als Person fassbaren Gottesgeistes, erscheint Maria-Sophia mit dem Kind als Baumnumen: Das Kind auf ihrem Schoß hält in der Linken wiederum ein Spiegel- oder Abbild dieser mythischen Figur, das auf seine immer wiederkehrende uranfängliche Bedeutung hinweist: In Maria-Sophia mit dem Kind sind sozusagen alle Geheimnisse des kosmisch-schöpferischen Geschehens enthalten. Unten rechts Mose in seinem Erschrecken vor dem „Gesicht". Doch damit nicht genug: Links sehen wir den Engel der Verkündigung, genau wie auf traditionellen Darstellungen der Verkündigung an Maria - aber sein Blick ist zu Mose gewandt: Bereits Mose ist es hier, der die Botschaft erhält, dass das Bewusstsein von der Präsenz der göttlichen Geistseele im Menschen erwachen will! Und Maria-Sophia im Baum ist ihre Repräsentantin und Zukunftsvision zur Wiederherstellung (der apokatastasis panton in Apg. 3,27) des ursprünglichen („paradiesischen") Ganzen, im Bild stellt die Brosche des Engels mit Adam, Eva und der Schlange unter dem Lebensbaum diesen Bezug her.

Rose des Hains und Mutter des Neuen:
Die Madonna mit der Kugel

Wenn wir die bestehende Krisensituation noch umwandeln und verwandeln wollen, bedarf es einer weiblichen Gesinnung, die in der Annahme das Empfangene gleichzeitig ernährt, leben lässt und wachsen lässt, bis die Geburtsstunde kommt und das Gezeugte verwandelt geboren werden kann.[209]

Maria ein rosentragender Hainstrauch, ein unverzichtbarer Baum gar? Nein, es geht um keinen frömmelnden Rückschritt, es geht um ein zukunftsweisendes Symbol der weiblichen Geist-Seele. Nicht ohne Grund erschien Maria als weibliches Numen in Bäumen, gar dem Mose im brennenden Dornbusch einst am Horeb (2. Mos 3). Virtuos und mit vielerlei symbolischen Bezugspunkten dargestellt 1476 von Nicholas Froment in der Kathedrale von Aix-en-Provence (Abb. 18)

Was für ein Zeichen! Ihre schöpferische Bedeutung für das kosmische Beziehungsganze von Himmel und Erde, Geist und Materie und der Erscheinung eines Neuen ist hier so vielschichtig erfasst, dass der Betrachter zunächst nur staunen kann.

Ganz anders, geradezu ein puristisches Gegenbeispiel, begegnet uns in einer einmaligen Madonnenfigur des Desiderius Lenz (1832-1928). Ich habe sie „zu-fällig" durch meinen Kontakt mit dem Benediktinerkloster Beuron entdeckt. Peter Desiderius Lenz, Inspirator der „Beuroner Schule", eines besonderen Kunststils, lange von Kunsthistorikern eher abgewertet, nun aber allem Anschein nach allmählich auch im bildungsbürgerlichen Kunst-Horizont in seiner Besonderheit wahrgenommen,[210] hat sie 1873 geschaffen.

---

209   Raimon Panikkar, Gott, Mensch und Welt, Fulda 1999, S. 145
210   Überrascht sehe ich just eine erstmalig von der Stuttgarter Staatsgalerie für Frühjahr 2022 angekündigte Kunstfahrt nach Beuron für die Mitglieder des Galerievereins ankommen!

Abb. 19
Peter Desiderius Lenz (1832-1928), Die Madonna mit der Kugel (1873), Abbildung aus: Harald Siebenmorgen, „Die Anfänge der Beuroner Kunstschulen", Sigmaringen 1973

Völlig intuitiv, wie er selbst betont, hat Lenz diese Figur geschaffen, die völlig aus dem Rahmen üblicher Mariendarstellungen fällt. Lenz selbst hat sich dazu ausführlich geäußert (Siebenmorgen S. 193 ff) ursprünglich wollte er aus der Kugel eine Lilie hervorgehen lassen, Symbol eines zukünftigen, weisheitlich geprägten Zeitalters. Das jedoch scheiterte an technisch-formalen Problemen der Reproduzierbarkeit der kleinen Skulptur, blieb aber sozusagen als „Keim" eines neuen Bewusstseins in seiner Vorstellung in der Kugel enthalten. Diese Keime, die evolutionäre Möglichkeiten im „großen Ganzen" (Kugel) enthalten, sah auch C. J. Jung im Menschen angelegt. Die Kugel in ihrer Kleinheit wirkt schon an sich fast wie ein Samenkorn, und wir sehen, wie diese Maria, welche immer zugleich den Menschen selber meint, der Entfaltung des Neuen (konventionell durch das Kind symbolisiert) sich ungeheuer konzentriert, liebevoll bewahrend und geradezu beschwörend zuwendet, um das darin Schlummernde zum Werden und Wachsen zu bringen.

Diese erstaunliche Madonna ist einzigartig, denn sie hält nicht etwa ein Kind sondern eine kleine *Kugel* (Abb. 19). Selbst wenn wir uns das fast uferlos reiche Spektrum der Maria als christliche Symbolgestalt vor Augen führen, gibt die Figur Rätsel auf.[211]

Zweifellos aber ist sie ein wegweisendes Symbolbild für unsere spirituelle Weiterentwicklung, unsere Erfahrungs-, Wandlungs- und Werdemöglichkeiten. Symbol des weiten, schöpferischen „Raums" für das Zusammenspiel von Gott, Mensch und Welt. Denn sie repräsentiert genau *die* Kraft, zu der wir im Begriff sind, den seelischen Bezug zu verlieren. Ein Symbol, nicht nur der allumfassenden *Anima Mundi*, sondern auch der Seele des Einzelnen, der Erde und der Natur, der Schöpfung, welche Menschheit und Kosmos als Ganzes umfasst. Die Seele der Welt also und zuallernächst eben: „ *... die längst vergessene Seele des Menschen*", die Seele jedes Einzelnen von uns, deren Verlust C. G. Jung in seinen Erinnerungen beklagt (S. 335).

„*Maria*" ist der Name dieser Kraft, den ihr das Christentum gegeben hat. Andere Kulturen hatten und haben andere Namen dafür, andere weibliche Symbolbilder. Die Zahl der Studien dazu wächst immer mehr an, und selbst in evangelischen Kreisen wird langsam zugestanden, dass unser Maria-Bild dringend aus der

---

211 Ausführlich dazu meine Arbeit „Ohne Maria kein Christus", Stuttgart 2018

Tradition viel älterer, weiträumigerer weiblich-schöpferischer Bilder gesehen werden muss.[212]

Aber genau da wird auch klar: Auch die antiquierten christlichen Deutungen bedürfen dringend der Ausweitung und immer neuen dichterischen Neuinterpretation (vgl. Jak 1,22). Sonst passiert mit dem religiösen Leben genau das, was wir zur Zeit in der Abwendung von den Kirchen erleben: Es erstarrt, wird saft- und kraftlos und erfüllt nicht die Aufgabe, die es erfüllen *könnte:* Die Menschen aus ihren verkrusteten, konsumistischen oder hetzerischen Ersatzreligionen hinausführen in eine andere Sinndimension! Um den Mythos wieder zum Sprechen zu bringen und in einen neuen Bewusstseinshorizont zu führen, bedürfte es unbedingt jenes spirituell erfüllten *Raums* der *Phantasie,* den Maria als Mutter der „anderen Welt" symbolisiert:

„Raum Gottes, den der Raum nicht zu fassen vermag, Zugang zum unverfügbaren Geheimnis", singt der *Hymnos akathistos* der orthodoxen Kirche, 527, in der Frühzeit des Christentums entstanden. Wohin ist dies Verständnis in unserer banalisierenden Einstellung entschwunden?

Wir müssen also auch hier unsere jahrhundertelang geförderte Untertanenmentalität aufgeben und den vertrauten Symbolen wirkliche Potenz zutrauen, wirkliche Lebendigkeit! An unsere eigenen, spirituell schöpferischen Kräfte und Intuition glauben! Denn:

Das christliche Symbol ist ein lebendiges Wesen, das die Keime zu weiterer Entfaltung in sich trägt. Es kann sich entwickeln, und es liegt an uns, ob wir uns dazu entschließen können, über die christlichen Voraussetzungen noch einmal gründlich nachzudenken. Dazu braucht es eine ganz andere Einstellung zum Individuum, das heißt zum Mikrokosmos unseres Selbst, als man sie bisher hatte. Man weiß nicht, welche Zugänge dem Menschen noch offen stehen, welche inneren Erfahrungen er noch machen kann ...[213]

---

212 Vgl. etwa Peter Schäfer, Weibliche Gottesbilder im Judentum und Christentum, Frankfurt 2008

213 C. J. Jung. GW 10,§ 541/542

Das ist es. Auf die in diesen *„Keimen"* verborgenen neuen „Zugänge" kommt alles an. Schon in den 30er Jahren im Kommentar zu
einem spirituellen Einweihungsweg, den Richard Wilhelm ihm zu-
gesandt hatte („Das Geheimnis der Goldenen Blüte"), hatte Jung
von diesen „Keimen" gesprochen, als er sagte: *„Jeder Mensch müsste
eigentlich dieses höhere Niveau wenigstens als* Keim *besitzen und diese
Möglichkeit unter günstigen Bedingungen entwickeln können."*[214]

Die Entfaltung dieser „Keime", die auch W. James im
„unmanifestierten Teil des Selbst" (S. 490) vermutet, ist demnach die
vordringliche, spezifische Aufgabe des Menschen. Sie zu erspüren,
beschwören, werden und wachsen zu lassen, damit sie seine Weisheit entfalten können, wie eine Pflanze ihre Blüte, und ins Zentrum
unseres „Heiligen Hain" stellen: Dahin führt uns die *Madonna mit
der Kugel* des Peter Lenz.

Gerade ihre Fremdartigkeit zwingt uns, die poetische Kraft
eines neuen Mythos zu entdecken! Und dazu müssen wir über
das übliche Religionsverständnis hinauswachsen, dem Keimen-
wollenden einen Ort in unserer Seele, unserem inneren „Heiligen
Hain" geben. Das *Erscheinen lassen* (gr. *phantázesthai)* des Neuen,
zuvor nicht Dagewesenen als imaginative Kunst *kultivieren.* Etwas
wartet *keimhaft* auf sein Sichtbarwerden – womöglich im Sichtbaren
selber! – und will uns weiterführen in das Mysterium unsres Seins.
„Die Kunst umspielt das Geheimnis (: Religion)", notiert der Dichter
Peter Handke in seinen Augenblicksintuitionen.[215]

Um dieses Geheimnis geht es also bei Maria, dieser Repräsentantin einer *„ander Welt"*[216] – uns fast immer unbewusst. Zugleich
ist sie aber auch eine seelisch-geistige Intuition der *Erde als lebendiges Wesen. Dort* wartet die stärkere Sensibilisierung unseres
Wahrnehmungsvermögens für Materie und Mitwelt und der

---

214   C. G. Jung/ Richard Wilhelm, Das Geheimnis der Goldenen Blüte, Olten und Frei-
        burg 1981(Hervorhebung B. R.)
215   Peter Handke, Vor der Baumschattenwand nachts, Salzburg/Wien 2016
216   Angelus Silesius, Cherubinischer Wandersmann, hrsg. Von Louise Gnädinger, Stutt-
        gart 1984, Epigramm 4,42

Inspirationen für eine Gegenwelt stärkende Lebensweise auf ihre Aktualisierung und Realisierung.

Das ist es, was uns klar werden muss angesichts der Klimakatastrophe.

Anders, ohne diese spirituelle Dimension des symbolischen Lebens kommen wir aus dem Desaster, welches der technokratische und kommerzialisierte Omnipotenzwahn angerichtet hat, nicht heraus. Ganz gewiss nicht durch immer neue technizistische Finessen, die alle innerhalb derselben Denkmuster gestrickt werden. Denn – wie schon gesagt – kein Problem, keine noch so schwierige Konfrontation mit der Realität lässt sich allein auf deren „horizontaler" Entstehungsebene lösen. Es bedarf einer Dimension, welche die vier irdischen Elemente, die wir nur *benutzen*, nicht *verehren*, übersteigt. Es bedarf sozusagen ihrer Zusammenführung in einer fünften Qualität „darüberhinaus", jener „Quintessenz", die schwer erreichbar, aber unendlich kostbar ist, und die vom Menschen allein erkannt werden kann. Im „Keim" ist sie jedoch immer schon da. Aber sie harrt der Besinnung und Realisation. Das sagt uns die Gestalt der geheimnisvollen Madonna mit der Kugel.

Bisweilen zeigt sich die keimende Sehnsucht in einer Sehnsucht nach Einfachheit. Viele Menschen, egal welcher Weltanschauung, haben schon vor der „Corona-Krise" angefangen, Raum in ihren Wohnungen zu schaffen, sich des angesammelten Allzuvielen zu entledigen. Teils wurde einfach weggeworfen, teils versucht, irgendwie sinnvoll weiterzugeben. Es war einem Virus recht ähnlich: Vor vielen Häusern standen Kartons mit Dingen und Büchern „Zum Mitnehmen". Ratgeber zum „einfachen Leben" boomten. Dahinter stand das diffuse Gefühl dass wir unsere Lebenshaltung und -Einstellung ändern müssen, auf etwas „verzichten", um etwas anderes, Neues zur Entfaltung zu bringen.

Ich möchte diese Versuche nicht diskreditieren. Aber manche Kommentare klangen kaum nach „Umkehr". Etwa: „ Alles nur lästig. Sollte ich je etwas doch wieder brauchen, kann ich's ja kaufen ..."

Ich frage mich: Ist das wirklich ein *echtes Umdenken*? Schafft das Raum für die Entfaltung noch unmanifestierter Keime? Oder wurde da letztlich eine Mode genauso „konsumiert", wie zuvor der Überfluss an Dinge? War das selbstbestimmtes Handeln – oder wieder eine Form außengelenkter Beeinflussung? Die – und das ist der entscheidende Punkt – nur in einer „Überflussgesellschaft" möglich ist, wo man selbstverständlich alles gleich wieder kaufen kann? Und wo sogleich aufgeschrien wird, wenn echter Verzicht droht, wie jetzt, wo es um Sein oder Nichtsein nicht nur der Ukraine geht?

Da bin ich skeptisch, auch weil mir dieses „Rausschmeißen" in vielen Fällen recht „seelenlos" vorkam, wenn ich so sagen darf.

Denn für mich haben auch *Dinge* eine Seele. Meine Bücher, Gebrauchsgegenstände oder „unnütze" Erbstücke, haben eine *Geschichte:* einen „Mythos". Sie sind beseelt, trächtig mit unentdeckten „Keimen".

Ich kann in Zwiesprache mit ihnen treten, erfahre und erspüre oft völlig neue Qualitäten darin, wenn sich beispielsweise „zufällig" eine Verbindung zu anderen Dingen, Personen, Lebensdaten ergibt. Sie engen meinen Horizont nicht ein, sondern machen ihn weiter, komplexer und ich erfahre durch sie, wie alles aufs Sonderbarste mit allem verknüpft ist. Sie sind Teil eines Ganzen, das mein persönliches Leben überragt.

Nur ein kleines Beispiel: In dem Häuschen, in dem ich sitze, das wir vor fast einem halben Jahrhundert verkommen und voller alter Hinterlassenschaften erwarben, hing zwischen einigen Ramschbildern auch ein verschmutztes Blumenstilleben an der Wand. Es fiel mir auf, und näher betrachtet erkannte ich die Signatur eines Malerfreundes meines Großvaters, Franz-Heinrich Gref, ein freundlicher alter Herr, der auch an den Malereien an der Stuttgarter Markthalle beteiligt war, und nach dem heute die Verlängerung der Straße, in der ich acht Kinderjahre gelebt habe, benannt ist. Was für ein *Zeichen*, was für ein *Band*, hier am anderen Ende der Stadt in einem ärmlichen Gemäuer, weitab vom herrschaftlichen Landhaus des Großvaters, dem Haus meiner Kindheit!

246

Es gab noch andere Entdeckungen. Einige Fundstücke haben wir heute noch in Gebrauch. Manches bewahrte ich bis heute auf. Und immer wieder finde ich überraschende Wiederverwendungsmöglichkeiten, in denen der Wert des Bewahrten zur Geltung kommt. So sind diese Dinge längst Teil meines eigenen „Gegenwelt-Mythos", geworden ist, gegen die Achtloigkeit gegenüber dem, was vielleicht unerkannten Wert birgt.

Es liegt an *uns*, das Verborgene zu erspüren und es eines Tages in seiner Bedeutung zu erkennen! Auch Maria bewahrt (Lk 2,19) und wartet, und unbemerkt reift das keimhaft Aufgenommene in ihr heran: Ein stilles, vertrauendes und waches Wachstum, das Besinnung auf Sinn, Wert und Bewahrung voraussetzt, Geduld und Verzicht auf das „Machenwollen.

Ja, „bewahren" wäre das Zauberwort: Und diese Haltung des Bewahrens und Beschützens sehen wir eindrucksvoll in der Madonna mit der Kugel. Maria, Seele der Welt, bewahrt vieles „in ihrem Herzen". Im Griechischen steht für dieses Bewahren *„symballein"*. Das wiederum weist darauf hin, dass sie *symbolische* (Ableitung von *symballein)* auch verborgene Bedeutungszusammenhänge erschließen kann, sodass daraus immer wieder Neues erschließt in schöpferischer Schau eines Ganzen – dessen Symbol die Kugel ist. So schützt sie die wesentlichen Seelenkeime vor seelischer Zerstückelung, Zerstreuung und „Zerbröselung".

Vor der „apperzeptiven Agnosie", an der wir zugrundegehen werden, wenn wir nicht schleunigst wieder lernen, komplexe Zusammenhänge zwischen den desaströsen Einzelerscheinungen herzustellen. Dafür aber müssen wir unseren *inneren* Seelenraum von all dem fremdgesteuerten Fetzenkram befreien, der aus xyz Kanälen unter dem gleisnerischen Vorwand „Information" (oder „Unterhaltung" etc.) einströmt. Um *diese Entrümpelung* geht es, und sie ist um ein Vielfaches schwieriger, als all die aktionistisch (gar „spirituell") aufgeblasenen „simplify your life"-Wegwerfprogramme realer Gegenstände!

Bewahren und Schutzraum für symbolische Neudeutung und deren Entfaltung geben – dafür steht Maria, steht die Madonna mit der Kugel.

Maria, Bewahrerin des tiefsten Geheimnisses, in dem das menschliche Bewusstsein zu seiner ureigentlichen, wesenhaften Bestimmung erwacht. Darin gewinnt das neue in eine andere Dimension führende Bewusstsein keimhafte Gestalt. Und sie selbst, Repräsentantin der menschlichen Seele ist Fassung, Trägerin, Raum des Geheimnisses, das wir alle *„von Gottes Art"* sind (Apg 17,29), d. h. die „Ganze Wirklichkeit" erfassen könnten, symbolisiert durch die Kugel. [217]

Könnten. Wenn wir aus der kollektiven Hypnose der „Erlösung" durch den zersplitternden Fortschrittsglaubens erwachen würden, der so viel Zerstörung und Elend in der Welt hervorbringt.

Doch in der „Madonna mit der Kugel" des Desiderius Lenz finden wir etwas, das ich sonst von keiner Darstellung kenne. Das Vertrauen auf Verwandlung – ohne Warum.

Lenz hat die Figur 1873 geschaffen. Klein und schlicht ist sie, und fällt völlig aus dem Rahmen jeglicher traditioneller Mariendarstellungen. Frucht einer von allem konventionellen Ballast befreiten Intuition – offen für jegliche Phantasie und Poesie zukunftsweisender Visionen. Die gegründet sind in Lenz' eigenen Beschreibungen von der Entstehung und „Absicht" (falls man von einer solchen reden kann) der Figur.

Lenz beschreibt zunächst, wie der Gedanke, die Figur genau *so* zu gestalten, plötzlich vor ihm stand. Wie er dann zu Modellierholz und Ton griff und binnen einer halben Stunde „das Figürchen" fertig modelliert hatte. Wichtig zu vermitteln ist ihm Folgendes: *„Faktisch war kein Denken vorausgegangen ... sondern reines Sehen. Die Neigung des Kopfes, das Ding in der Hand betrachtend, vor sich haltend, mit der anderen Hand als wie es fromm beschützend, das war das Gesehene, Gezeigte."*

---

217   Vgl. Brigitte Romankiewicz, Ohne Maria kein Christus, S. 48

Nun aber stellen sich plötzlich Schwierigkeiten ein, denn eigentlich hatte er „das Ding" als Blüte einer Lilie in Form eines Dreiblatts gesehen, die sich *aus einem unbewussten, ungekannten Körper"* entfaltet. Doch eine Lilie war zu filigran, um später in einer Gussform vervielfältigt werden zu können. Er hätte ein anderes Material dafür verwenden müssen, sie aus Metall formen und daraufstecken, doch das widersprach seinem künstlerischen Empfinden, *„und so musste auch dieses aufgegeben werden, und es blieb nunmehr der Körper, aus dem, auf dem die Lilie sich entfaltend erscheinen sollte"*, was dann praktisch der Phantasie des Beschauers überlassen werden musste.

Übrig blieb also nur „das Ding", der Körper, die Idee der sich entfaltenden Lilie quasi in sich enthaltend, und er formt nun diesen „unbewussten, ungekannten Körper" – als Kugel, und deutet sie so:

Diesen Körper nun als das Weltall, als Sinnbild des ewigen Wesens Gottes, als Kugel, die zugleich das Bild des Eins, alle Welt der Größen in sich enthaltend, das ewig Vollkommene, Vollendete, Unermessliche, Ewig vollkommen ohne Anfang, kurz als ein Etwas, das in keiner Weise überboten werden konnte. Das war und sollte der Inhalt, der Titel des Wesens dieses Figürchens sein. Das Volk gab ihm den Titel: Maria, Mutter des Lebens". [218]

Maria, Mater. Mit der (noch verborgenen) Lilienblüte als Keim des Neuen, das aus dem Einen, Mikrokosmos und Makrokosmos in sich Umschließenden, hätte hervorwachsen sollen. Lenz wusste um die enorme symbolische Bedeutung der Lilie. Und gesteht: Die Kugel ist wohl ein „Sinnbild des ewigen Wesens Gottes" – aber dieses trägt ein weisheitliches Entfaltungspotenzial in sich, das vom Beschauer selbst erfahren und hervorgerufen werden muss!

Die Kugel ist also nicht nur als das „ewig fertige" Große Eine, sondern auch *„Mikrokosmos des Selbst"*, von dem man noch nicht weiß, *„welche Zugänge dem Menschen noch offen stehen"*, wie Jung sagte. Zudem legt das kleine, kugelförmige „Ding" (Lenz) durch

---

218   Alle Lenz-Zitate aus Harald Siebenmorgen, Die Anfänge der „Beuroner Kunstschule"
      S. 193

seine auffällige Kleinheit, den Gedanken nahe, *selbst* etwas wie ein Keim eines Neuen zu sein, der einen noch „unmanifestierten Teil unseres Selbst"[219] enthält. Das vielleicht selbst noch hilfsbedürftig ist und vom Bewusstsein erst noch wahrgenommen werden, geschützt und *„quasi aufgebaut werden, und zwar dermaßen, als ob es zuvor gar nicht dagewesen und erst durch die Sorge und Hingabe des Menschen ins Dasein gerufen worden wäre."*[220]

Dieser Gedanke schließt die Größe in der Interpretation des Künstlers nicht aus. Das „Reich Gottes" als leitender Geist und Seele, ist im Kleinen auch *inwendig in* uns (Lk 17,21). Es ist gleichsam der unentwegt zur Entfaltung drängende Keim der Keime unseres innersten, göttlichen Selbst – das darauf wartet, erkannt und verwirklicht zu werden, wachsen und reifen und sich aufblühend entfalten zu dürfen: Ein universales Bild des Mythos dafür ist Geburt des „göttlichen Kindes", das durch Maria, die „Mutter des Lebens" getragen und bewahrt wir, bis es reif ist und „zur Welt zu kommen." Maria, mit der unsere eigene Seele *und* die Seele der Erde gemeint ist. In den bekannten Worten des Mystikers Angelus Silesius im „ Cherubinischen Wandersmann":

Ich muss Maria sein und Gott aus mir gebären,
Soll er mich ewiglich der Seligkeit gewähren. (1/23)

Die Vision, die Desiderius Lenz leitete, bietet demnach unserer Assoziationsfreude, die hier frei zu spielen darf, zahllose Möglichkeiten.

Gewiss steht das Runde in Marias Hand in seiner hohen Abstraktion an sich schon symbolisch für das konventionellerweise als Kindfigur dargestellte Erwachen des „Christus in uns", das von ihr „betrachtet" und „fromm beschützt" wird. Aber was ist „Christus"? Geht es nicht auch um den „kosmischen Christus", der Himmel und Erde und alles, was darinnen ist als spirituelles Energiefeld konstelliert und umfasst?

---

219   William James, S. 488/490
220   C. G. Jung, GW 9/II (Aion), § 257

250

Desiderius Lenz sieht jedenfalls etwas, das genausowenig wie der Archetypus des Kindes in allen Aspekten jemals ganz erfassbar ist. Immer aber ist es ein Wink in die Zukunft, ist *Hoffnung*. Und es ist *unsere* Aufgabe als Menschen, der noch in der Latenz verharrenden, keimhaft enthaltenen Hoffnung zur Befreiung zu verhelfen. Wir sind nicht außerhalb dieses göttlichen Kosmos, wir gehören dazu, unsere *Seelen* sind mitverwoben, und nur wenn wir das Hoffnungsvolle als Göttliche Wirkkraft pflegen und gestalten, kann sich *lebendiges* Neues bilden und wir selbst zu Mitschaffenden werden, als die wir gemeint sind!

Dazu wiederum bedürfen wir des Kontakts mit der uranfänglichen *Weisheit* (Spr 8), in jedem Krieg aus Machthunger entsetzlich gekreuzigt und auch im Alltag unablässig rufend, von jeder Ecke der Straße, aus jedem weggeworfenen Pappbecher, aus jedem an einem Pestizid zugrundegehenden Insekt, jedem misshandelten Tier in der grausam mechanistischen „Fleischproduktion". Aber auch aus jeder Kiesgrube, jedem Busch und Baum, jedem Blümlein am Wegesrand, an dem wir achtlos vorübergehen. Denn die Fülle der göttlichen Weisheit *„schläft im Stein, träumt in der Pflanze, erwacht im Tier und weiß, dass sie erwacht ist, im Menschen"*, wie der indische Weisheitsspruch sagt. Und Symbol der Weisheit ist die *Lilie*: Damit schließt sich der Kreis der Symbole der Hoffnung und der *Physis*.

Doch mit diesem Erwachen, besser: dem *Erwachen wollen* zu seiner planetarischen Verantwortung, hapert es beim Menschen offensichtlich gewaltig in unserer technizistisch verbohrten „Zivilisation". Peter Lenz sah wohl, dass vielleicht schon etwas – unsichtbar – im Gange ist. Wie aus einem *Samenkorn* könnte sich eine solch einfache zugleich geistdurchdrungene und erdhafte Weisheit aus dem göttlichen Einen entfalten, das seine Madonnenfigur so liebevoll beschauend, beschwörend bewahrt. Lenz schwebte sie wohl in Gestalt der sich entfaltenden *Lilienblüte* vor, die spätestens seit der Vision des *Joachim von Fiore* (um 1130-1225) Inbegriff eines neu ankommenden Zeitalters, getragen vom *Geist der Liebe-Weisheit* und der Fülle des Lebens wurde.[221]

Aber wir sind frei, ein anderes Symbol dafür zu erfinden, zumal Lenz vom *„ewigen Wesen Gottes"* spricht. Und dies ist niemals etwas „Fertiges", auch der Kugel eignet ein rätselhaftes Moment einer Beweglichkeit von innen heraus. Ob als „Weltall", ob als *Samenkorn* oder *Keim* ist sie, wie jedes Symbol, ein *„lebendiges Wesen, das die Keime weiterer Erfahrung in sich trägt."* (Jung, GW 10, § 542).

Jedenfalls kann man Maria und das von ihr so liebevoll Bewahrte nicht trennen. Sie scheint in einem unhörbaren, aber intensiven Gespräch damit, um das in „dem Ding" zur Erscheinung zu bringen. „Das Ding", das übrigens in Wolfram von Eschenbachs Parzival der Heilige Gral ist – endlose Geheimnisse bergend, wie der „Stein" in der *Alchemia mystica*.

Für mich jedoch macht die ganze Gestaltung der Madonna mit der Kugel das Geheimnis und die Einzigartigkeit der Figur aus. Lenz hat *gewusst, dass* etwas im Werden und Wachsen war und „gezeigt", dass es werden *müsste* – aber dann offen eingestanden, dass er *allein,* als Zeigender nicht in der Lage ist, es zum Vorschein zu bringen. Er braucht schöpferisch mitahnende, mitsehende, mitphantasierende Betrachter. Mitakteure, die ihre ganze seelische Energie darauf konzentrieren, das „Gezeigte", Geahnte aus dem „Keim" oder Samenkorn *hervorwachsen* zu lassen. Er braucht sie, um Hoffnung und deren Vision unablässig zu *beschwören,* zu feiern, zu gestalten in aktiver Imagination und konkretem Tun. Und er lässt dem Betrachter Spielraum dafür.

---

221   Vgl. B. Romankiewicz, Sophia kehrt zurück S. 45 ff ; in neuester Zeit wiederbelebt in Jörg Lauster, Der Heilige Geist, München 2021, S. 233 ff

Quintessenz aus der Mitte der Erde:
Offen für eine andere Dimension

Vier „Hain-Setzlinge" haben nun eine Grundstruktur für eine „Gegenwelt" aus der Mitte der Erde eröffnet: Vier ist ihre Zahl. Ich stelle mir ihre uralten Repräsentantinnen vor: Birke, Holunder, Haselstrauch und einen wilden Rosenbusch, die zugleich Maria und all das, was sie symbolisiert und ermöglicht repräsentieren: Einen Neuanfang in der Evolution des menschlichen Bewusstseins, die Erkenntnis, dass er selbst irdisches Mitgeschöpf und Träger des Göttlichen ist und aufgerufen, all den Keimen zur Entfaltung zu verhelfen, die ihn seiner Einheit mit dem Kosmos innewerden lassen. Und die Hoffnung wachsen lassen, dass er auch als Einzelner daran mitwirken kann.

Da stoße ich beim Blättern in einem meiner vielen Maria-Bücher auf eine Abbildung, die ich so zuvor nie wahrgenommen habe und die mir fast den Atem nimmt: Eine Darstellung der Maria als erwachende Erde auf einer römischen Goldglasschale aus dem 4. Jahrhundert[222], die fast genau der Exsultet-Darstellung von Abb. 11 entspricht! Und gleichzeitig kommt ein Päckchen an, in welchem mir der Mann meiner im letzten Jahr verstorbenen Freundin noch einige Schätze aus ihrem Nachlass schickt: Dabei ein kunstgeschichtliches Büchlein, auf dessen Frontispiz eben diese spätantike Goldglas-Darstellung als Vignette in klaren Konturen nachgezeichnet ist! [223] (Abb. 90 und 20).

Maria als erwachende Erde, zwischen den beiden Bäumen des Paradieses, mit ausgebreiteten Armen, auf oder hinter denen man zwei Tauben erkennen kann – was für ein Zeichen!

Hätten wir einen „klassischen" Tempel errichten wollen für unseren erträumten Raum des Seins, zu dem wir erwachen wollen, hätten wir über vier gesetzten Ecksteinen einen fünften als Schlussstein gebraucht, sowohl als Abschluss als auch als Symbol für die

---

222 Herbert Haag, Joe E. Kirchberger, Dorothee Sölle, Caroline H. Ebertshäuser: Maria – Die Gottesmutter in Glauben, Brauchtum und Kunst, Freiburg 1997/2004

223 Curt Gravencamp, Marienklage, Das deutsche Vesperbild im 14. und im frühen 15, Jahrhumdert, Pattloch Aschaffenburg (ohne Erscheinungsjahrangabe)

Abb. 20 und 21
Maria als erwachende Erde, spätantike Goldglas-Darstellung (Maria, Herder 2004, S. 63)
und Frontispiz-Vignette (Marienklage, Pattloch Verlag)

Wie die wiedergeborene Schöpfung von Abb. 11 finden wir hier Maria wieder gleichsam als deren Personifikation: Einmal etwas unscharf auf einem spätantiken Goldglas, einmal in der Kontur nachgezeichnet dieselbe Figur als Titel-Vignette einer Buchreihe über Maria in Werken der Kunst (ohne Datum). Maria ist hier dargestellt als Schöpferin und Schöpfung in einer Person und insofern zugleich als Sophia, die gestaltende Kraft Gottes aus den Weisheitstexten. Von Baumwesen flankiert steht sie mit ausgebreiteten Armen, begleitet von Vögeln, den Symbolfiguren einer anderen Dimension, welche durch Maria-Sophia zur Erde strömt und von der Erde zum Himmel. So wird sie zur Vermittlerin zwischen „Oben" und „Unten" und verbindende Kraft, Trägerin des alles überwölbenden und alles durchdringenden Ganzen. Antik gedacht: zur Göttin Physis selber, jüdisch-christlich gesehen zum Symbol der alles durchströmenden weisheitlichen Geistkraft, Grünkraft der Hildegard von Bingen.

übergeordnete Dimension, in die unsere Erkenntnis erwachen soll. Doch wenn wir auf Abgeschlossenes fixiert sind, erfassen wir auch nicht, dass die Erkenntnis der Bedeutung des Irdischen die Voraussetzung für Geistiges ist.

Ein Hain jedoch macht die wesentliche Dimension erfahrbar: Verwurzelt tief in der Dunkelheit der Erde und den unbegrenzten Himmel über sich: Offen für das Licht, das von Oben hindurchscheinen kann, offen für den Wind, der durch die Blätter rauschen kann, offen für den Regen, der die Erde benetzt und ergrünen lässt, die Wurzeln tränkt und zusammen mit dem Licht Blüten, Hoffnung und ihre Früchte gedeihen lässt. Und nun ist mir durch einen „Zu-Fall" dieses Ganze als Figur geschenkt worden, in welcher Maria, erwachte Erde und Hoffnung (ihre Zahl ist die Fünf!) verschmelzen, völlig unerwartet.

Aus welcher Dimension kommt mir dieser Wink, dieses Zeichen? Ich frage nicht weiter.

Irgendwie hat sie die Intuition, die Phantasie zur Erscheinung gebracht, und das genügt.

In ihr lebt die Quintessenz (lat *quinque* = fünf) dessen, nach dem ich auf der Suche war: Offenheit für das Werden, Wachsen und Vergehen des Lebens, für das Unsichtbare im Sichtbaren, jeden Augenblick neu und bereit für das ganze Feld der Zu-Fälle und Ein-Fälle in dem wie „leben, weben und sind" (Apg. 17, 28).

Es ist ein heller Tag im Februar und ich war draußen, um anzufangen, meinen Garten von Vertrocknetem zu befreien, damit die darunter wartenden Pflänzlein Raum und Licht haben, hervorzusprießen. Schneeglöckchen, Primeln haben das teilweise schon getan, und ich habe mir einen Hasel- und einen Holunderzweig geschnitten, die nun neben der Madonna mit der Kugel auf dem Fensterbrett stehen.

Anmutung eines Heiligen Hains, mich auch hier im Haus erinnernd an unsere Aufgabe, alle unsere Mitgeschöpfe in ein neues Bewusstsein „hineinzurufen". Untrennbar gehören wir zusammen. Denn das ganze Universum ist aus denselben „Ur-Elementen" entstanden, und dass dem Menschen in 15 Millionen Jahren ein Bewusstsein dafür zugewachsen ist, zeigt, wie stark er aufgerufen ist, seine Mitwelt und die Erde, die ihn hervorgebracht hat, endlich in dieses Bewusstsein mit hineinzunehmen. Alles in der Welt trägt ja den Keim lebendigen Bewusstseins in sich – mag es sich auch auf den ersten Blick von dem, was der Mensch unter „Bewusstsein" oder „Intelligenz" versteht, unterscheiden. All unsere Techniken haben wir letztlich von der Erde, von der Natur gelernt, ihr abgeschaut – und wären doch nicht in der Lage zu dem Wunder, völlig organisch eine Heckenrose in eine Hagebutte zu verwandeln, einem Molch ein abgebissenes Bein nachwachsen zu lassen, ein

Spinnennetz zu flicken oder gar aus einer Raupe einen Schmetterling werden zu lassen.

Doch wenn wir unsere Sensibilität und Offenheit der Wahrnehmung schulen, können wir immer wieder in scheinbar selbstverständlichen Naturprozessen beobachten, wie Gegensätze sich miteinander verschränken, versöhnen und Neues bilden. Wir wissen zwar nicht, welche Art Schmerz bei solchen Metamorphosen gefühlt wird, aber wir sehen, dass nichts in der Natur in Vermeidungen oder Entweder-Oder-Prinzipien stecken bleibt, die uns in Feindbilder treiben würden. Viel eher erfahren wir, wie alles, was die Erde hervorbringt, mit aller Kraft seine „Berufung" erfüllen will, das ihm Eigentümliche, schöpferisch Gegebene – im Gegensatz zu den meisten, die sich in ein außengelenktes Mitlaufen mit der Masse verlieren, ohne ihrem inneren Wissen, ihrem ganz persönlichen Talent, ihren wirklichen Interessen nachzuspüren, die sie zu etwas je Einmaligem gemacht haben, und (wie die Weisheit an den Toren) aufrufen, sich selbst zu werden und das zu tun, was sonst niemand im ganzen Universum in gleicher Weise tun könnte.[224]

Unser ganzes verkorkstes Gesellschafts- und Erziehungssystem ist (von wenigen Freien Schulen abgesehen) auf Gleichschaltung, mechanisierte Struktur, Nivellierung, Unterordnung unter betriebswirtschaftlich rechnendes Denken angelegt. Wo noch herausragende „Räume für das Andere" bestehen, die „sich nicht rechnen", werden sie wirtschaftlich lohnend umfunktionalisiert oder abgerissen wie zur Zeit etwa 1500 ortsprägende, seelenversammelnde Kirchen in Deutschland: „Wahr-Zeichen" einer andersmöglichen Einstellung zu Schöpfung, Seele und Welt. Keine Heilräume der Fülle des Sinns und Seins mehr, in dem wir uns aus der Zerstreuung und „Zerbröselung" zurückholen können, zu uns kommen, uns sammeln, besinnen auf unser „Selbersein."

Jeder für sich muss sich solch einen Freiraum schaffen, der „nach oben offen" (Martin Walser) ist, der erlaubt, Himmelslicht und Erde

---

224 Dazu Raimon Panikkar: „Freiheit ist jene Erfahrung der Unendlichkeit, dass das, was ich bin, noch nie jemand gewesen ist." (Der Weisheit eine Wohnung geben, S. 84)

zu verbinden. Und dem Wachsen eines imaginierten üppigen Baum des Lebens und der Hoffnung zugleich Schutz und Freiraum gibt zum Wurzeln und zum Hinauswachsen über den Alltag.

Offenheit statt Schlussstein als fünftes Element, das in eine andere Dimension führt:

In Sakralräumen der Frühzeit, war die Kuppel bisweilen tatsächlich noch nach oben offen. Auch heute gibt es noch Kirchen, welche diese Offenheit ausstrahlen. Aber vor allem finden wir sie in unverdorbenen Gärten und Wäldern. Sie nähren die Sehnsucht nach einem Raum des Seins als Ort, an dem den erahnten Keimen Raum zum Reifen und zur Entfaltung gegeben wird. Der Künstler Desiderius Lenz hat 1873 mit dem „Ding" in der Hand der Madonna den kosmischen Ursprungsort dieser Keime intuitiv erfasst. Mit all der ihr eigenen Konzentration müssen wir nun von neuem die Keime beschwören und hervorlocken, sowohl durch kreatives Tun als auch kontemplatives Schauen: Immer Besinnung auf den Geist, die Lebendigkeit der Erde, die erwachen will.

Ich sagte: „*Wieder von neuem*" – meine ich damit, dass dieses Bewusstsein schon einmal vorhanden war und wieder verloren ging, bevor es wie die anfängliche Weisheit in die Tiefe des Unbewussten gestoßen wurde?

Ja, das meine ich tatsächlich. Das Denken und Träumen der indigenen Völker der Welt, die nicht im Entweder/Oder gefangene „Plurability" (Vieldeutigkeit) der Welt der Kelten[225], die Mystik einer Hildegard von Bingen und vieler Mystiker darüber hinaus, zeigt das ganz klar, genauso wie die christliche Bildsprache. Besonders die vielschichtige Symbolik der Maria. Denn Marias Geschichte, wie Lukas sie erzählt, ist ein Symbol des Menschen, in dem das Bewusstsein erwacht ist, dass „das Ganze", das Göttliche, das ur-eine Leben, das aller Erscheinung gemeinsam ist, Wohnung in unserem Bewusstsein und dem der Welt sucht.

---

225 Thomas Lehner (Hrsg), Keltisches Bewusstsein, München 1984, TB Goldmann 1988, S. 34 ff

Nein, wir sind noch nicht am Ende. Was einmal gewusst wurde, kann nicht mehr aus dem Universum verschwinden, selbst wenn es durch die zivilisatorischen und hochgefährlichen Machenschaften bis zur Unkenntlichkeit entstellt und unterdrückt ist.

Aber wir müssen dringend wieder hinhören, auf das, was uns Erde, Universum, ihre Mythen und ihre Wirklichkeit zu sagen haben. Wir müssen wieder lernen, auf das Licht der Erde und der Natur zu hören, ihnen zu lauschen, unsere Wahrnehmung und Sensibilität für sie verfeinern, und Gewordenheiten so kritisch wie möglich überprüfen.

Keiner von uns ist geboren, um ein banales Herdendasein zu führen. Sein Dasein, seine Talente, seine Kritikfähigkeit und das Erkennen und Verwirklichen seiner spezifischen schöpferischen Fähigkeiten sind unersetzlich. Wir haben keine Zeit, unser Leben mit Trivialitäten vollzustopfen und zu vergeuden – ob jung ob alt – unsere Lebenszeit ist begrenzt durch den Tod. Er ist nicht unser Feind, sondern motiviert uns, schöpferisch zu werden und herauszufinden, wie wir mitwirken können an einer unausweichlichen Bewusstseinswende, einer neuen Kosmologie. Wir sind geboren, um ein neues, weiteres Bewusstsein „zur Welt zu bringen" durch Denken, Wahrnehmen und Handeln. Von einem anthropozentrischen Weltbild zu einem *biozentrischen* zu kommen, in dem es nicht mehr um „unsere" Erlösung als Einzelne geht, sondern um Zusammenarbeit mit den Zeichen, die uns die Erde selber zuspielt.

Zeigt sie uns nicht täglich, wie gewaltig lebendig und phantasievoll sie ist? Erschafft neue Viren, die uns in Atem halten (oder uns die Luft zum Atmen nehmen), lässt Vulkane ausbrechen, Kontinente driften, entfesselt Stürme und Fluten, glühende Hitze, die uns endlich klarmachen sollten, dass wir nicht die Herren der Schöpfung sind, welche mit der Welt machen können, was wir wollen in unserem Größenwahn.

Wir sind nur kleine Bewohner der Erde im mächtigen Universum. Und wenn sich zeigen sollte, dass wir unbelehrbar sind, kann es sich unser entledigen und von vorn anfangen – auch ohne uns.

Darum ist mir der Gedanke eines Heiligen Hains als Meditationsraum der Physis so wichtig. Der Dichter und Nobelpreisträger Peter Handke (geb. 1942) ist in fast allen seinen Büchern mit der Natur intensiv im erlebenden Gespräch, besonders eindrücklich in seinem Werk über sein „Jahr in der Niemandsbucht".[226] Er erzählt dort etwa, wie er zeitweise an einem Weiher schreibt, an einem Platz im Dickicht und plötzlich wahrnimmt, wie die ihn umgebende Natur sozusagen in ihre immer lebendige Tätigkeit hineinnimmt, sobald er selbst sich zugehörig fühlt und das tut, was er eben, als schreibender Mensch tut: Die Naturwesen leben nun nicht nur ihr Leben sondern auch das seine. Eine Art „Kommunion" findet statt und macht ihn leicht und unverkrampft. Er schreibt und die Natur beginnt „mitzuschreiben": *„Mit dem Tätigsein dort an dem Wasser zeichnete sich die Umwelt auf ganz andere Weise ab, als wenn ich nur müßig dagesessen hätte. Ohne dass ich sie eigens wahrnahm, ging sie, nebenher, auf mich über." (S. 491)*

Nicht jeder ist Peter Handke und jemand, der nur Bleistift und Papier bräuchte und von unverwüstlicher Konstitution ist.

Ich selber möchte auch gern im Haus einen „Sinn- und Seinsraum" haben, in dem ich kreativ tätig sein kann, schauend, träumend, schreibend oder bildnerisch, Altes in Neues verwandelnd. Einen Ort zur konkreten „Inkarnation" von Hoffnungskeimen, – blüten und -früchten, die ich zwar, wie's im Buche steht, noch nicht genau sehe (Röm 6, 24), aber denen ich vielleicht helfen kann, als „Gegenwelt" zur Erscheinung zu kommen.

Gegenwelt gegen dieses auslaugende Übermaß von Maschinen- und Leistungsdenken und Konsumismus. Dabei vertrete ich keine radikalen oder parareligiösen Ideologien puritanischer Lebensführung. Schließlich partizipiere auch ich an technischen Errungenschaften. Kein Entweder-Oder-Denken, immer auch in Freiheit für Inkonsequenzen. Es gibt ja nicht nur *eine* Wahrheit (wie man an den schillernden Mythologien der Völker ablesen kann.) Auch wurde die Technik nicht erst im 20. oder 21. Jahrhundert erfunden.

---

226 Peter Handke, Mein Jahr in der Niemandsbucht – ein Märchen aus den neuen Zeiten, Frankfurt, 3. Auflage 1991, besonders ab S, 480

Aber man muss sich klar sein: Jede Erfindung wirkt auf den Menschen zurück, verändert ihn, macht ihn selber zum „Werkzeug", wie der Informatiker und engagierte Gesellschaftskritiker Joseph Weizenbaum (1923-2008) gleich im ersten Kapitel seiner bereits 1975 geschriebenen, tief bestürzenden Studie *„Die Macht der Computer und die Ohnmacht der Vernunft"* vorgeführt hat.[227] Er war ein Mensch mit weitem Horizont, der erschreckende Einsichten mit abgründigem Humor und Witz zu verbinden wusste, wie ich selbst einmal in einem Vortrag an der hiesigen Universität erleben konnte.

Eine alte chinesische Geschichte fällt mir ein. In meinen Worten:

Ein westlicher Ingenieur beobachtet bei einem „Informations-Besuch" auf dem Land einen alten Bauern, der sein Feld bewässert. Der Brunnen, den er gegraben hat, ist tief und er muss viele Male viele Stufen hinunterklettern, um mit seinem Eimer – sein einziges „Werkzeug" – Wasser zu schöpfen und heraufzutragen.

Der Ingenieur schaut ihm eine Weile staunend und schließlich kopfschüttelnd zu und kann es nicht lassen zu fragen: „Guter Mann, ich sehe, wie du dich abmühst. Dabei gäbe es doch eine so einfache Methode, dir diese schwere Arbeit zu erleichtern, indem du ein Balkengerüst über den Brunnen baust und den Eimer mit einer Seilwinde hinunterlassen und hinaufziehen würdest."

Der Bauer hält inne, schaut den Techniker an und sagt: „Gewiss könnte ich das tun. Aber es wäre dann eine Maschine, die meine Arbeit erledigt, und nicht mehr ich. Und so würde ich schließlich selbst zu einer Art Maschine und ihr Sklave, wie so viele deinesgleichen und in dem Land aus dem du kommst. So aber bleibe ich ein freier Mensch, und das will ich bleiben."

Eine extreme, „esoterische" Geschichte? Oder ein gutes Gespür, das der Bauer noch hat, dass jede Erfindung, die uns ermöglicht, etwas „effektiver" und schneller zu machen, dazu führt, dass immer *mehr* gemacht werden soll (oder gewollt wird), was dazu führt,

---

227 Joseph Weizenbaum, Die Macht der Computer und die Ohnmacht der Vernunft",
deutsch Frankfurt 1977/1978

dass es *nie genug* ist? Dass wir *nie genügen* und unser Leben immer maschinenähnlicher takten, und so immer maschinenähnlicher funktionieren? Seelenloser, naturentfremdeter, zielgerichteter auf rein horizontalen Leistungsgleisen entlangschießen für „Freiheit" halten, was „Abstumpfung persönlicher Erlebnisfähigkeit" heißen müsste? „Wachstum" nennen, was das maschinelle „kreischende Räderwerk" (Tagore) immer schneller ausspuckt? Uns selbst zu kreischenden Vergnügungsautomaten macht, die keine Stille, kein stilles Genügen unterm offenen Rund einer Quintessenz mehr aushalten?

Der Ökonom und Wachstumskritiker Niko Paech und der buddhistische Lehrer Manfred Folkerts haben ein Buch zusammen geschrieben mit dem Titel: „All you need is less" (mit wohl ganz bewusstem Anklang an den Beatles-Song „All you need ist *love").*[228] Man muss Paechs Radikalität nicht übernehmen. Aber man kann seine Gedanken auf persönliche Art modifizieren im Nachdenken, Nachleben im eigenen phantasierten „Raum des Seins".

Was also könnte nun speziell *meinem* Leben eine hoffnung- und seelenstärkende Seinsperspektive geben?

Ich schaue auf den Früchtekorb in den Händen meiner bronzenen Hoffnungsfigur und zähle fünf Früchte darin. Könnte nicht jede Frucht eine hoffnungsträchtige Wegweisung für mich sein? Sehen wir zu.

---

228   Manfred Folkerts, Niko Paech, All you need is less, Eine Kultur des Genug aus ökonomischer und buddhistischer Sicht, München 2020

TEIL VI

1. Hoffnungsfrucht: Wie mein Leben „gelingt", kann mir keiner sagen

Fünf ist die Zahl der Hoffnung – aber erst ein sechster Schritt führt in ihre konkrete Gestaltung hinein. und so brauche ich jetzt diesen 6. Teil, um die Schwerpunkte meiner „Gegenwelt" festzulegen.

Das beginnt mit einem Protest: Seit Jahren gellt mir die Phrase vom „gelingenden Leben" in den Ohren. Ich kann's nicht mehr hören. Auf „Gelingen" fixiert sein, heißt sich in feste Vorstellungen pressen, bezwingen, „siegen" müssen. Ständig in Gefahr, sich von außengeleiteten Programmen abhängig zu machen, auch wenn sie psychologisch noch so feinsinnig daherkommen. Aber wer, bitte, bestimmt, was ein „gelungenes Leben" ist? Nach welchen Kategorien? Und wie vieles, was äußerlich nach als „Gelingen" aussieht, wird mit Seelenverlust bezahlt? Mit dem Gespür für mein innerstes Selbst, für das *Werden lassen* und das mir Gemäße?

„Gelingen" suggeriert meist eine Absicht.

Ein Baby dagegen, das zu krabbeln anfängt, krabbelt, um zu krabbeln. Es tut das einfach aus Freude am Krabbeln. Man muss ihm kein Leckerli dafür hinhalten, wie einem Hund beim Dressieren. Wenn es dabei merkt, dass es ein Spielzeug erreichen kann, gut. Aber das braucht es gar nicht. Es will einfach krabbeln. In der Rede vom „gelingenden Leben" steckt aber immer eine schablonierte Vorstellung des Etwas-Erreichens.

Also mindert es den Wert irgendeines Daseins, wenn es nicht in diese Schablone passt? Was ist mit den „Loosern", die am Straßenrand sitzen und denen die „Winner" ein Geldstück verweigern, weil sie sagen, die versaufens ja doch? Ja natürlich werden sie das – wie sollen sie sonst ihr Leben auf der Straße aushalten? Bestenfalls „gelingt" es ihnen so, von Tag zu Tag, von Nacht zu Nacht zu kommen, bis zum Ende ihrer Mühsal – dem Tod, der letztendlich auch für die „Gelinger" unausweichlich ist.

Ich will mich nicht weiter bei den Extremen aufhalten, obwohl sie in zugespitzter Weise zeigen, wogegen ich mich wehre: Eine Gesellschaft, die das öffentlich wertgeschätzte „Gelingen", Vorwärtskommen, letztlich des *Siegens,* prämiert, sieht nicht, dass sie als Sieger auf den zerstörten Leben der „Versager" stehen. Und ein Individuum, das unbedingt „Gelinger" werden will und sich womöglich noch trainieren lässt von allerlei „Coaches" nach Schema XY, läuft Gefahr, das Bewusstsein für seine seelische Eigenheit, sein wesensgemäßes Sich-selber-Sein, zu verlieren. Und es fordert von sich eine permanente Unterwerfung unter das, was „man" für „gelungen" hält. Beifall von außen.

In einem Heftchen, das ich einmal beim Warten auf meine Schwester (die in Athen lebt) in der Flughafen-Kapelle mitgenommen habe, las ich diese Geschichte:

> *Der Philosoph Diogenes aß zum Abendbrot immer Linsen. Das sah der Philosoph Aristippos, der ein angenehmes Leben führte und abwechslungsreich zu speisen pflegte, indem er dem König schmeichelte. „Wenn du lernen würdest, dem König gegenüber unterwürfig zu sein, müsstest du nicht immer diesen Linsenfraß essen", meinte er. Diogenes antwortete: „Wenn du gelernt hättest, mit Linsen auszukommen, bräuchtest du nicht dem König schmeicheln."*

Aristipp führt nach außen das, was wir ein „gelingendes Leben" nennen würden. Von Diogenes werden das wenige gedacht haben. Aber in seiner Selbsttreue und Genügsamkeit hat er seinen eigenen Mythos gelebt. Dieses Sich-selber-genügen-Können (nicht seine asketische Anspruchslosigkeit) bilden für mich den Kern der Geschichte. Er hat sich nicht verkauft. Auch nicht sein Herz und seine Seele. Er war mit sich und seiner Lebensweise in Frieden, hatte nicht nötig, sich irgendeine trügerische Großartigkeit zu beweisen. Was für eine hoffnungsvolle Vision! Und man mag es nun für eine schreiende Inkonsequenz meinerseits halten (zu der ich aber durchaus stehe): Die Hoffnung, dass es mir *gelingen* möge, eine solche unabhängige Lebenshaltung zu finden!

Nicht siegen, nicht „leisten", nichts beweisen müssen.

Das heißt nicht, dass nicht eine gewisse Leistungs*freude* in uns angelegt ist und für unsere Entwicklung nötig, um zum „Eigenen" zu kommen. Babies geben nicht auf, bis das Laufen *gelingt*. Genauso ist es mit anderen Fertigkeiten, und nur bei Entwicklungsstörungen ist es gut, wenn einer anregt: Probier das doch mal, das könnte dir „ent-sprechen".

Nicht nur für Kinder, die „freiwillig" experimentieren, gibt es selbstmotivierte Antriebe, auf etwas Vorgenommenes hinzu-arbeiten, selb-ständig zu werden, sich aus Abhängigkeiten heraus-zuarbeiten, zu verwirklichen, was man als „das Eigene" betrachtet. Und ganz ohne Leistungsbereitschaft und Willen zur Ver-wirklichung geht das nicht.

Auch ein Buch wie dieses zu schreiben, geht nicht ohne diese. Aber ich tue es aus innerem Antrieb, nicht, weil ich mir damit etwas beweisen müsste, ich habe genug Bücher geschrieben, schreibe immer nur für meinen eigenen Erkenntnisgewinn. Schreiben ist für mich eine Art Meditation, ein Akt der Ordnung meiner durch-einanderwirbelnden Gedanken. Und auch auch der „Inkarnation" unscharfer Ideen, konkrete Fassung in klare Ausdrucksformen die mir verstehen und leben helfen. Ich will wissen, was mir wichtig ist und wie ich es (halbwegs) befriedigend umsetzen kann – und Frei-heit gewinnen, es auch wieder zu ändern. Nicht auf irgendwelche Ergebnisse programmiert sein. Erlaubnis auch, eben nicht alles „fertig" machen zu müssen. Früchte sind etwas Schönes, aber sie sind genauso Geschenke meiner Apfelbäume, wie zuvor ihr Blühen. Und für mich ist es auch eine wunderbare „Frucht" meines Daseins, eine halbe Stunde still in einen blühenden Baum oder Strauch zu schauen, Gedanken, Assoziationen nachzuhängen – auch wenn dabei „gar nichts herauskommt".

Vielleicht ist das überhaupt der wichtigste Punkt einer „Gegen-welt", den ich ein Leben lang schon lebe. Doch da zeigt sich wie fatal der Vergleich mit anderen ist: Andere sind nicht ich! Teilen nicht meine Schwäche, wie etwas in verschiedenem Licht aussehen könnte, Schwäche für das Nicht-Feststehende, Fragwürdige, Fragmentarische, Provisorische, Zufällige.

Lebenswichtig die Erlaubnis dafür als einer mir eigenen, gemäßen Lebensform!

Einfach sein dürfen, nichts vorweisen müssen, leben dürfen, immer der Nase nach – ob andere das jetzt als „Gelingen" sehen oder nicht.

Jedenfalls nicht wie meine alte Mutter unentwegt „leisten" müssen. Als Kriegerwitwe und „Alleinerziehende" war ihr privat, sozial, kulturell und im Berufsleben Bewundernswertes gelungen. Aber noch als 90-Jährige klagte sie allzuoft am Telefon, heute habe sie „überhaupt nichts geleistet"! 1913 geboren, zwei verlorene Kriege, eine Ausweisung aus ihrer Heimatstadt Straßburg und später die Zerstörung ihres Elternhauses in Deutschland überstanden und gemeistert.

Du lieber Gott, was ist das? Die Gazetten sind voll von Fitnessanleitungen für Betagte, die ihr Leben nur mit großen Reisen und als rastlose, modisch gekleidete, strahlend aussehende, „nützliche" und optimal funktionierende Großeltern mit selbstverständlich wunderbaren Familien als „gelungen" empfinden dürfen: Mechanische Spiegelbilder einer hyperaktiven „Heute-ist-jeder-glücklich" (und fit) -Gesellschaft. Und ein gigantischer Markt hat sich um sie gebildet, um selbst noch in ihnen immer weitere, via Werbung gepushte Bedürfnisse wachzuhalten.

Bisweilen gönnen sie sich (nach Anweisung) auch meditative Auszeiten, eventuell mit sogenannten „kreativen" Einsprengseln, genießen in Kuren das „gute Leben" samt Achtsamkeitstraining, bauen ihre Wohnungen altersgerecht und barrierefrei aus, sorgen vor für alles und jedes – nichts darf fehlen von den vorgeschriebenen Ausweisen des „gelingenden Lebens im Alter" und sie erwerben sich so allergrößte Siegerehrungen in der „König Mainstream-Meinung".

Wollte ich je so leben?

Nein und abermals nein.

Lieber esse ich allabendlich Linsenfraß wie Diogenes und man hält mich für verrückt.

Befreit vom Leisten- und Siegenmüssen und vom „gelingenden Leben", meine Phantasien spielen lassend im realen oder imaginären Heiligen Hain, im Blick auf die Natur. Andachtsformen entwickeln und konkretisieren, die sich auf eine andere, weiträumigere Realität beziehen.

Alles Illusion?
Dann: „*Lasst die Illusionslosen böse grinsen: Die Illusion ist die Kraft der Vision, und die Vision ist wahr.*"[229]
Die Vision, die Hoffnung und die Phantasie – und der Ort, den ich ihnen in meinem Leben gebe.

---

229 Nova als „Geist des neuen Zeitalters" in: Peter Handke, Über die Dörfer, 1981, Frankfurt 2018, S. 116

2. Frucht: Unenteignete Wahrnehmung
– das Große im Kleinen sehen

Es ist jetzt schon über zehn Jahre her seit meiner letzten großen Reise. Ich wollte Damaskus kennenlernen, die Stadt mit dem magischen Namen, der mich seit meiner Kindheit fasziniert. Damaskus, Ugarit, Antiochien, über den Euphrat ins sagenhafte Mesopotamien, Zweistromland gehen, dorthin, wo die großen religiösen Mythen aufeinandertrafen, alte in neue sich wandelten, wollte religiöse Zentren und alte, geheimnisschwangere Kultorte erspüren, die Wüste sehen, große und kleine Oasen, alte orientalische Dörfer und Städte, Lebensbedingungen von Menschen zwischen bitterer Armut und reichem Protzgehabe: Furchtbar, unfassbar, dieses Land ein Jahr später dann nicht endenwollenden Zerstörungsorgien unterworfen zu wissen, Spielball gewissenloser Gewaltherrscher. Groß wollen sie sein, mächtig, wie der russische Potentat jetzt. Blind und seelenlos geworden vor Angst vor dem Verlust ihres einzigen Lebenssinns – zerstören sie weiter und weiter, gerade *weil* ihre Macht und Unterdrückung längst tiefe Risse in die tönernen Füße gesprengt hat. Seit dem 24. Februar wieder nun hier in Europa.

Oft denke ich noch an die armseligen, listigen, teils aufdringlich, teils unbegreiflich hilfsbereiten kleinen Händler, alte, junge, halbe Kinder deren Kontakt ich suchte. Von ihnen, meiner Anteilnahme, meinen Randgängen, von meinen offenen Augen und Sinnen, habe ich mehr gelernt und erfahren über das Land und seine damals schon deutlich spürbar angespannte Atmosphäre, als der Reiseführer von sich gab.

Es ist meine erste und letzte große Reise dieser Art geblieben. Die Jahre zuvor hatten wir mit dem Zelt Frankreich durchstreift, auf der Suche nach einem bestimmten, rätselhaften Motiv, das man an und in romanischen bis gotischen Kirchen findet: Sogenannte „Grotesken" und „Blattmasken", deren Bedeutung ich ergründen wollte. Denn sie befinden sich nicht nur an Außenfassaden, wo sie die kunsthistorische Lehrmeinung als „rein apotropäisch", (unheilabwehrend) klassifizierte, sondern durchaus auch an prominenten Stellen im Kircheninnern.

Inzwischen meine ich, mir ihr Rätsel zumindest etwas erhellt zu haben, wobei mir die Landschaften, die zum Teil wilde, umgebende Natur zuhilfe kamen. In ihr las ich. Und wenn ich heute zum Fenster hinausschaue in das undurchsichtige Gewirr der Sträucher und Büsche, dann erscheinen sie mir immer wieder unvermutet, diese „Laubköpfe". Als seien sie Repräsentanten der Natur in ihrer ganzen ungebändigten, unverbrauchten Ambivalenz, die einst auch noch ihren Ort an und in Kirchen fanden, so wie all die sonderbaren Mischwesen aus dem Seelengrund, unheimliche Rätselwesen: Sie alle durften mitleben, waren integrierte Mitwesen in einer ebenso wunderbaren wie ganzheitlich erspürten Kosmologie, die später abhanden kam.

In sie wieder hineinzufinden wäre wichtig. In den kleinsten Dingen in Natur, Kunst und Alltag sind sie uns Wegweiser in die lebendige Geistigkeit, die „Gott" der Natur mitgab: Gerade im Hineinspüren ins Merkwürdigste und Kleinste finden wir Zugang zum „Jenseits im Diesseits", das überall unmittelbar präsent ist und von Anfang an war:

Ist nicht *alles* durch den Geist- und Sinnimpuls des Anfangs gemacht? Durch „das Wort" (Logos, Geist, Sinn)?

Alle Dinge sind durch dasselbe gemacht, und ohne dasselbe ist nichts gemacht, was gemacht ist," lesen wir im Johannesevangelium (Joh 1,1-3).

Das ist in Kürze die ganze Wahrheit der „Schöpfung"- und unserer eigenen Existenz. Wie wir es auch nennen, Wort, Geist, Hauch, Weisheit, Logos, ja, auch Eros – alles Irdische ist sein Träger, seine Erscheinungsform.

Und uns Menschen ist aufgetragen, endlich ein klares Bewusstsein für diese *Göttlichkeit alles Irdischen*[230], für sein Keimen und

---

230 Brigitte Romankiewicz, Die Göttlichkeit des Irdischen – Herausforderungen eines neuen Bewusstseins, Stuttgart 2020

Herauswachsen aus der allumfassenden Kugel der Madonna zu entwickeln!.

Wer diesem Bewusstsein einmal wirklich in sich Raum gegeben hat, wer es in seiner Seele hütet und bewahrt, der braucht schließlich kaum noch Reisen mehr: Er findet die Wunder der Welt jederzeit in nächster Nähe, von der er meint, sie biete ihm nicht genug Neues, Interessantes. Er findet unentwegt bestätigt, was der Dichter Gottfried Benn (1886-1956) in den letzten zwei Versen seines Gedichtes „Melancholie" über die glücklosen Ausbruchsversuche seiner Zeitgenossen (und seiner selbst) geschrieben hat:

Du musst aus deiner Gegend alles holen,
Denn auch vom Reisen kommst du leer zurück.
Verlässt du dich, beginnen Kapriolen
Und du verlierst dich, Stück um Stück.

Von Blumen musst du solche wählen,
Die blühn am Zaun und halb im Acker schon;
Die in dein Zimmer tun, die Laute zählen,
Des Lebens Laute, Ton um Ton.

Die „Gegend" können wir einmal verstehen als den Ort, an dem wir jeweils sind, zum anderen aber auch, an dem wir *gegen*wärtig, mit aller Aufmerksamkeit anwesend sind, und zum Dritten als unsere ureigenste, seelische *Gegenwart* in uns selbst. Beisichsein, Sich-selber-sein. Wenn wir dies verlassen, beginnt das Elend, das Rilke in seinem Gedicht über die Städte so erschütternd beschrieben hast. Dieses Elend kannte der Berliner Benn in und auswendig. Aus eigenen Exzessen und „Kapriolen", als Arzt, auch für Geschlechtskrankheiten. Er kannte die Kunst- und Nachtwelten, die Süchte und Gifte, die Flucht vor dem Aushalten der Gegenwart aus allerdirektester Erfahrung. Er kannte die Flucht ins Reisen und die vergebliche Sehnsucht nach Sinn dadurch zu stillen, und sein berühmtes Gedicht darüber endet mit der Strophe:

Ach, vergeblich das Fahren!
Spät erst erfahren Sie sich:
bleiben und Stille bewahren
  das sich umgrenzende Ich.[231]

Benn war kein „Naturschwärmer", obwohl er betörende Naturgedichte geschrieben hat. Die Blumen, *„die blühn am Zaun und halb im Acker schon"* kann man zwar durchaus wörtlich verstehen, aber auch als Gleichnisse für all die kleinen, übersehenen „Randexistenzen", die in jeder „Gegend" zu finden sind und ein großes, wesenhaftes Geheimnis in sich tragen.

Wie nah ist er Basho, einem japanischen Dichter des 18. Jahrhunderts, berühmt für seine Haikus"

Sieh genau hin,
dann entdeckst du die Nazura-Blüte
unter der Hecke."

Aber *genau hinsehen* muss man, um in *allem* die göttliche Weisheit zu sehen, auf die ich immer wieder zurückkomme: An jeder Straßenecke, am Zaun, steht sie, unter der Hecke, den *unmitttelbaren* Erscheinungen des Lebens Gehör zu schenken, gerade dort, wo sie durch den Lärm der exzessiven Fluchtversuche überdeckt sind. Benn, der nicht nur Medizin, sondern auch Theologie und Philosophie studiert hatte und sich also mit biblischen Weisheiten auskannte, empfiehlt gar, wie viele Jahrhunderte vor ihm der Philosoph Blaise Pascal (1623-62)[232], sich zurückzuziehen, um „zu sich zu kommen" und wieder hören und schauen zu lernen, den Blick abzuwenden von all dem lärmend-spektakulären, künstlichen Getue, das alle feinere und unenteignete Wahrnehmung unseres tatsächlichen Seelenzustandes betäuben soll.

---

231   Gottfried Benn, Ausgewählte Gedichte, Hrsg. Gerd Haffmann, Zürich 1973, S. 64
232   Von ihm stammt bekanntlich die oft zitierte Ansicht, das ganze Unheil in der Welt
       käme davon, dass die Menschen nicht mehr ruhig für sich in ihren Zimmern bleiben
       könnten.

Das Große im Kleinen finden. Das „Göttliche", die immaterielle Geistigkeit des Seins, des Sinns, der Schönheit und Ganzheit in allem, das „Jenseits im Diesseits", den Makrokosmos im Mikrokosmos, der die Seele erfüllt und sie öffnet.

Nun, das klingt schön.

Aber am Zaun wachsen nicht nur Malven und Winden, sondern auch Disteln und Dornen oder es liegt gar unappetitlicher Müll herum, und das möchten wir dann nicht in „unser Zimmer" nehmen, sondern haben das Gefühl, die Welt sei halt doch zum Davonlaufen und das Gesehene nicht eben eine Gotteserscheinung.

Doch wenn wir vor allem davonlaufen, was uns missfällt, landen wir wieder genau in jener Sackgasse, aus der wir unentwegt flüchten wollen. Nur wenn wir nicht auf alles Missliebige sofort mit Abwehr reagieren, entkommen wir diesem Teufelskreis und finden allmählich in ein Da-Sein, das uns ermöglicht, unsere Wahrnehmung wieder zu sensibilisieren für die Schönheit der Welt. Zuweilen können wir sie selbst im scheinbar Hässlichen noch finden – aber es ist durchaus auch erlaubt, davor eine Tür zu schließen, wenn wir merken, dass wir soweit nicht sind. Und uns lieber dem zuzuwenden, das uns positiv anspricht. Vielleicht entdecken wir dabei sogar, dass die Blüte am Zaun, die uns angezogen hat, die wunderschöne Blüte einer Mariendistel ist – wodurch plötzlich ein einseitiges Kriterium aufgebrochen wird. Vielleicht wird man fortan auch noch die Disteln am Wegesrand anders anschauen. Und für den philosophisch Geneigten wird sie vielleicht gar zum Beispiel dafür, dass auch sie Gotteserscheinungen sein können, unansehnlich auf dem ersten Blick – auf den zweiten ein „Sowohl-als-auch".

Auf den Terrassendielen vor meinem Fenster hat der Wind gerade ein trockenes, an den Rändern schon bizarr eingeschrumpeltes Blatt hergeweht. Über und über von Reif überzuckert wirkt es wie eine Kostbarkeit, aus einer anderen Welt hergeflogen. Auch die Terrasse, ja der ganze Garten sind verzaubert von Reif, die Nacht war kalt. Aber mich fasziniert dieses einzelne Blatt: ein ganz kommunes Blatt von einem der zahllosen Haselbüsche im Garten.

Der Reif lässt nun Konturen sehen, als habe ein unbekannter Künstler es veredelt. Und der Künstler, die Künstlerin ist die Natur. Die Zauberin und Gotteskraft Natur, die in dieser Nacht bewirkt hat, dass der Frost schlichtes, durchsichtiges Wasser in winzige Kristalle verwandelt hat, die nun weiß und diamanten schimmern und im ganzen Garten Konturen wie Zierspitzenbänder und -muster geschaffen! Ein wie durchgeistigstes Märchenreich aus fernen Ländern (oder von einem andern Stern...) – und ich, ich nehme mir Zeit und habe Muße, mich in dessen Anblick zu vertiefen.

Bin ich nicht ein Glückskind?

Dieses Gefühl zumindest durchströmt mich von den Fußsohlen bis in die Haarspitzen.

Ich sitze still in meinem Zimmer und als Zeugin eines großartigen alchemistischen Wandlungsgeschehens – und beobachte mit staunender Aufmerksamkeit, wie sich die Strukturen im Lauf des Vormittags verändern und mir immer neue, überraschende Schönheiten vorführen.

Nein, ich brauche nirgendwo anderes nach Exotik suchen, nach unbekannter, fremder Schönheit. Ich muss mir nur *Raum für die Zeit* nehmen zum unüberformten Schauen, dann sprechen die größten Wunder ungesucht und unmittelbar zu mir: Früchte der Hoffnung, mit immer neuen Überraschungen.

Und schaut nicht aus dem Buschwerk am Teich durch das langsame Abtauen des Reifs plötzlich ein nie gesehenes „Blattgesicht", „Laubkopf", ein grüner Geist der Natur zu mir her, wie aus einer anderen Welt, freundlich und aufmunternd in meine „Gegenwelt"?

Das Große im Kleinen, das sich nur der unenteigneten Wahrnehmung aus dem „sich-selber-Sein" zeigt?

3. Frucht: Das Neue im Alten – bewahren, wiederherstellen, verwandeln

Was lässt sich nicht alles durch kreative Prozesse und Eigeninitiative verwandeln, wiederherstellen, bewirken, erschaffen! Voraussetzung ist allerdings, was eben dem Denken der aktuellen Ausräum-Missionare entgeht: Dass man nämlich auch momentan nicht Gebrauchtes, Schadhaftes nicht gleich wegwirft. Selbst in einem reduzierten Haushalt müsste man irgendwo noch ein wenig Raum bereitstellen, für Dinge, die man momentan für nutzlos hält. Dazu gehört auch allerhand Kleinkram, gebrauchte Geschenkbänder, Schuhnestel von hoffnungslos kaputten oder zu klein gewordenen Schuhen, Wollreste, Drahtfragmente, Gummiband, Knöpfe usw. Für all das und noch anderes Kunterbuntes gab es in meiner Kindheit in einem sonst recht geordneten Schränkchen eine „Kruuscht-Schublade" – und eine solche gibt es heute auch in meiner Küche. Desgleichen woanders Fächer für gebrauchtes Geschenkpapier und Versandbeutel, Pappen, Schachteln mit bizarrem Werbematerial, Deko-Schmuck von irgendwelchen Geschenken.

Und natürlich besitze ich einen traditionellen „Lumpensack", eher Kiste, weil dort auch „lumpige" Kleidungsstücke, Handtücher, schadhaftes Bettzeug etc. lagern. Denn ich bin eine leidenschaftliche „Up-Cyclerin". Wo immer es möglich ist, aus etwas scheinbar „Unbrauchbaren", das mich „an-spricht", etwas Neues zu machen, bewahre ich es auf. Aus prächtigen Zeitschriftenseiten werden Briefkuverts (an denen ich hohen Bedarf habe). Zerknülltes Packpapier aus Paketsendungen lässt sich glätten und wiederverwenden. Solchen auf Wegwerfmentalität produzierten Dingen neuen *Sinn* zu geben, gehört zu meinen „nichtkonsumistischen Leidenschaften": Denn in uns liegen nicht nur Keime und Potenzen, Neues zu dichten, zu erfinden, sondern auch handelnd zu verwandeln (was im Sinn des gr. *poiein* zusammenkommt.)

Klar: wer einem total „cleanen" und „stylishen" Minimalismus huldigt, tut sich damit schwer. Und es gehört wohl auch ein Blick, ein Schuss Intuition, Phantasie und Erfahrung dazu, zu beschließen, was man – vielleicht – eines Tages noch brauchen können wird. Mir haben die Götter zudem noch eine gute Portion „Chaostoleranz" mitgegeben, gepaart mit einer ausgeprägten Neigung und einem Instinkt zu „Afrika-Lösungen". So genannt nach Erzählungen, von Freunden, die als Entwicklungshelfer einige Jahre lang in Nigeria mit einfachsten, in wohlstandsgesellschaftlich verdorbenen Augen völlig unzulänglichen Mitteln Reparaturmethoden und andere Lösungen ersinnen mussten. Und mich fasziniert einfach kindlich genau das: mit einfachsten, vorhandenen Mitteln und meiner Phantasie etwas wiederherzustellen oder neu herzustellen, zu verwandeln[233]

Gerade erst habe ich, als ich bemerkte, dass die Schuhsohlen meiner Winterstiefel dabei waren, sich aufzulösen, sie mit einer Mischung aus Alleskleber und kleingeschnittenen Zellstoffstückchen stabilisiert, und als mein Mann (Architekt) dazukam, sagte er, man sei gerade im Brückenbau dabei, ähnliche Methoden (die dann als „innovativ" teuer verkauft werden) für den Gebäude- und Brückenbau zu entdecken!

Es lebe also der Hausfrauenbastelsinn – den im übrigen auch alle Kinder haben, wenn sie nicht unentwegt mit Fertigspielzeug überflutet werden. Als Hausfrau kann man sich zudem etwa das nervtötende Suchspiel nach alternativen Brotaufstrichen an Supermarktregalen mit ihrer obszön aufgeblähten Angebotsfülle sparen, weil man aus fast jedem Speiserest dergleichen mit etwas Öl und Gewürz selber machen kann. Dieses „Selbermachen" ist für mich so etwas wie praktizierte säkulare Spiritualität – und braucht in der Regel nicht *mehr* Energie Zeit, als das Herumrennen nach irgendetwas „Besonderen". Und hinterlässt in mir dazu noch eine enorme Freude und tatsächlich so etwas wie inneren Frieden, ein Gefühl des Selber-Seins, der Selbst-Kongruenz, eines Seins und Sinns, der mir „ent-spricht".

---

233 Dass ich damit nicht allein bin, zeigen zunehmende Berichte über „Reparaturcafés", oder kreative Frauen, die aus abgelegten Kleidungsstücken hochaktuelle Mode kreieren. Selbst für technisch komplizierte Geräte finden sich Tüftler, die sie wieder gebrauchsfähig machen. Vgl. zuletzt ein großer Artikel vom 28./29. 6. 22 in der StZ: „Reparieren kommt jetzt wieder in Mode".

Gegenwelt. Es gibt viele Felder, in denen man sie wecken und leben kann – und sogar weitergeben. So treibe ich, wie schon meine Großmütter, einen geradezu luxuriösen Kult mit Briefschreiben. „Echte" Briefe, nicht etwas auf der Maschine Heruntergetipptes. Nein, fast immer verziert mit Dekor aus Schnipseln der bunten Werbungsvielfalt, die ungefragt ins Haus flattert, Unikate, mit Tinte und Füllfeder geschrieben. Und jeder freut sich, wieder einmal einen so selten gewordenen, „echten" Brief im Briefkasten zu finden, selbst wenn's nur ein Kartengruß ist.

Auch dafür braucht man einen Fundus, eine „Chaosschachtel". Zugegeben: Man verliert manchmal den Überblick. Aber umso spannender für mich selbst dann das Durchkramen und Wiederentdecken.

Zeitverschwendung? Im Gegenteil: Schöpferisches, freudeerfülltes zeitvergessenes Seindürfen ohne Schielen auf Nutzen.

Was zählt, ist die *Freude,* die ich empfinde, wenn ich wieder etwas Schönes, „Stimmiges" zuwege gebracht habe. Und je einfacher die Mittel, desto größer das Gefühl ungeheurer Fülle von Möglichkeiten und der Einmaligkeit und Unverwechselbarkeit des Entstandenen, das irgendwie auch wieder auf mich selbst zurückwirkt. Auch meine alten Lieblingskleidungsstücke werden so verändert, und dürfen ihre Gebrauchsspuren, die durch viele Jahre hindurch entstanden sind, genauso zeigen, wie meine Möbel und andere Dinge des täglichen Gebrauchs. Denn gerade dadurch empfinde ich sie „beseelt", „besonders", belebt. Sie sind sozusagen zu eigenständiger Individuation gekommen, durch nichts beliebig Neues ersetzbar. Das geht weit über eine „Kultur des Genug" (Niko Paech und Manfred Folkerts) hinaus. Es hat vielmehr mit einer besonderen Ästhetik und Freiheit zu tun, mit Schönheit und Glück. Und durchaus mit Sein und Sinn.

Jede Einbeziehung von etwas Altehrwürdigen in aktuell gelebtes Leben stellt letztlich eine Kunstform dar, einen Akt praktizierter Poesie im ursprünglichen griechischen Sinn, wo das Tätigkeitswort *poiein* zu tun hatte mit konkreter Gestaltung, sinnhafter Verdichtung, Neudichtung. Gerade ein reparierter Gegenstand erzählt eine Geschichte, ist eine Kreation, welche nicht nur die Handschrift seiner Herkunft trägt, sondern auch dessen, der es wieder bewusst in sein Leben einbezieht. Durch das *Bewahren* wird es quasi ein durchsichtiges Fenster in eine andere Welt über die „Verbrauchswelt" hinaus.

Gewiss, man riskiert eventuell in seiner Umgebung als etwas „zurückgeblieben" zu gelten, vor allem wenn man sich bei seinem Tun nicht der neuesten technischen Geräte und Methoden bedient, damit es „schneller geht". Verrückt? Vermutlich, denn man verrückt die Kriterien dessen, was für andere „das Normale" ist, verrückt ihre Kriterien dessen was sie als Genuss anstreben, spielt das seelenlose Spiel nicht mit, unterläuft dessen Regel, dass man den Wert eines Menschenlebens an der Menge prestigeträchtiger Aktivitäten und Neuerrungenschaften abzählt.

Aber wenn ich nichts dagegen habe, für sonderbar zu gelten und auch die anderen nicht missionieren will, sondern nolens volens sein lasse, wie sie halt so sind, braucht mich ihre Meinung nicht weiter zu beschäftigen. Ich kann wie der Kohlenpeter am Schluss des Märchens mein wenig prestigeträchtiges Geschäft weitertreiben – im Bewusstsein damit zu etwas Größerem, über mein bescheidenes Tun Hinausgehenden beizutragen. Und ich weiß inzwischen auch viele junge Menschen auf diesem Weg, die sich für eine sinnerfülltere Welt einsetzen und an etwas bauen möchten, das über die verfahrenen Bahnen hinausgeht.

Vielleicht aber werden wir gerade ganz unfreiwillig auf ein anderes, unentfremdetes größeres Sinnziel, Welt- und Menschenbild gelenkt?

Eine Geschichte fällt mir ein, die ich in einem meiner Hoffnungbücher schon einmal erzählt habe. Hier ist sie:

Als im Mittelalter eine Kathedrale gebaut wurde und drei Steinhauer nacheinander gefragt wurden, „Was machst du?", antwortete der erste in zornigem Ton: „Wie du siehst, haue ich Steine". Der zweite antwortete: „Ich verdiene für mich und meine Familie den Lebensunterhalt". Aber der dritte sägte voll Freude: „Ich baue eine große Kathedrale".

Es ist unmittelbar klar, dass es hier darum geht, welchen *Sinn* die drei ihrem Tun geben. Auf jeden Fall scheint derjenige, der im Bewusstsein lebt, mit dem was er tut, „rohes" Material für ein Symbol kosmischer Dimension zuzurichten, etwas Zukunftsträchtiges, seinen Horizont weit Übersteigendes, dessen Fertigstellung er vermutlich gar nicht mehr erleben wird, derjenige ist, dessen Leben von einer inneren Freude getragen ist, welche die anderen nicht kennenlernen werden.

So viele Menschen hoffen auf eine Bewusstseinswende in unserer Lebenseinstellung, welche zerstörerischen Gewohnheiten Einhalt gebieten würde. Und ich denke, wenn es genügend viele davon gibt, die versuchen, ihr Leben nach anderen Kriterien als den herrschenden zu führen, hätten wir die Chance, tatsächlich an dieser „Kathedrale" einer neuen kosmologischen Einstellung mitzubauen.

Eine neue Behutsamkeit wäre dazu nötig – die sich allerdings auch die Steinhauer von damals nur schwer leisten konnten, denn natürlich sollte die Kathedrale so schnell wie möglich fertig werden. Es drängten die Mächtigen so wie uns heute die Zeit. Tut sie es wirklich? Ja, wenn wir weitermachen wollen mit Energieverschwenden wie bisher. Vielleicht würden wir viel weniger davon brauchen, ver-brauchen, wenn wir lernten, auch mit der Zeit bewusster umzugehen? Alles „Turbo" ist teuer, ver-braucht ungeheuer viel Energie. Aber: *Muss* ich so viel einkaufen? *Muss* ich so viele Life-Style-Gebote erfüllen, nach Events, nach Delikatessen jagen, anstatt einfach und kreativ zu kochen – auch eine meiner Leidenschaften? Dabei wird nichts vertan, genauso wenig wie beim Umarbeiten von etwas, oder beim konzentrierten Lesen und Schreiben, Unangenehmes Erledigen. Man kann auch das, was man *muss*, in Muße zu tun.

Gewiss, auch bei mir gibt es natürlich Phasen, in denen etwas so schnell wie möglich getan werden muss. Und ich könnte nicht behaupten, dass mir das in jedem Fall nur Missbehagen verursacht: Ich kann mich durchaus auch immer wieder daran freuen, etwas in optimal kurzer Zeit zuwege zu bringen, wenn es wirklich sein *muss*.

Und ich denke, dass auch dieses Hin- und Her zwischen Kontrasten zwischen mußevollem Tun und rascher Beweglichkeit ebenso etwas ist, das zu einem ganzheitlichen Dasein gehört und nicht naturwidrig ist – solange keine der beiden Weisen zum Dogma erklärt wird. Einen Hasen draußen in der Natur mögen wir uns gern als genussvoll mümmelnd in seiner Kuhle vorstellen. Wenn ihm aber ein Fuchs auf der Spur ist, setzt er seine ganze Virtuosität an Schnelligkeit und in der Fähigkeit zum unvermuteten Hakenschlagen ein. Um sich vielleicht kurz danach wieder mucksmäuschenstill an einem geschützten Ort zu verbergen ...

Gerade die Kontraste sind es doch, die Leben lebendig machen: Wir wissen nicht, was „groß" ist, ohne das Kleine zu kennen, nicht was Muße ist, ohne die Eile erfahren zu haben, können nicht die Stille schätzen, wenn es nicht auch das Laute gibt, das Alte ohne den Kontrast zum Neuen, das wertvolle Einzelstück ohne den Kontrast zum Serienprodukt.

Es ist gerade der Wechsel zwischen diesen Ausdrucksformen, der uns die ganze Plastizität und Tiefenschärfe des Lebens spüren lässt? Der Wechsel zwischen behutsamem *Bewahren* und phantasievollen *Verwandeln,* das neue, kreative Sinngebung möglich macht. Und die Fähigkeit zu unterscheiden, wann das eine und wann das andere nötig ist – und zu wissen, was und warum man es tut. Als „Kathedrale" sozusagen für ein Bewusstsein, das neue „Keime" zur Entfaltung bringt.

4. Frucht: Die Kontraste annehmen

Als Desiderius Lenz seine Madonna mit der Kugel schuf, sah er in der Kugel ein *„Sinnbild des ewigen Wesens Gottes ... Bild des Eins, alle Welt der Größen in sich enthaltend"*, vollkommen, unermesslich.

War er sich dessen bewusst, dass das *„Vollkommene"*, das *Alles* in sich enthält, Tiefenschärfe und Geheimnis erst dadurch erhält, dass es eben auch das Leidvolle in sich birgt? Dass seine Unermesslichkeit in einem kontrastreichen Potenzial liegt, das es niemals „fertig" ist? Zumal, wenn es Keime in sich birgt, die das Neue Erscheinen lassen sollen?

Wenn aber Keime sich entwickeln, so ist das ein schöpferischer Prozess, der nicht ohne Schmerzen für den ursprünglichen Samenkern abgeht. Jeder, der auch nur einmal einen Bohnenkeim beim Aufgehen beobachtet hat, sieht, dass das für die ursprünglich heile Ganzheit und Geschlossenheit des Kerns den Tod bedeutet. Ist es eine menschliche Projektion, dieses Aufbrechen mit Schmerz und Leiden zu verbinden? Doch das Bild kommt aus einem archetypischen Erfahrungsgrund, der gerade in der christlichen Marienikonographie vielfachen Ausdruck gefunden hat.

Vor mir steht ein rührendes, goldgerahmtes Andachtsbild spätbiedermeierlicher bäuerlicher Volkskunst (Abb. 22), das meine im letzten Jahr verstorbene Freundin, Kunsthistorikerin und Sammlerin noch vor ihrem Tod für mich zurechtgelegt hat: In einer goldfarbenen, ornamentierten Kreis- oder Kugelform ist das „Heilige Herz Mariä" (so das geschwungene Spruchband darunter) dargestellt – die (in Draufsicht) linke Hälfte von einem Schwert durchbohrt. Gleichwohl aber geht aus diesem Herzen eine Flamme oder Blüte brennende Liebe hervor wie eine Lilienknospe, noch innerhalb des Kreises von einem Sternenkranz goldener Lichtpunkte umgeben, die im äußeren Rund noch einmal ornamental vergrößert das kostbare Rund sowohl begrenzen wie auch bekränzen. Und die aufbrechende Liebesflamme oder Blüte findet als Bekrönung des „Eins" ihre Korrespondenz in einer Aufwölbung, die an

Abb. 22
Das heilige Herz Mariä, bäuerlich-spätbiedermeierliches Andachtsbild, privates Geschenk
aus der Sammlung Dr. Irmgard Feldhaus

Darstellungen des erleuchteten Buddha mit entflammtem Scheitelchakra (Abb. 23) erinnert, Zeichen seiner unmittelbaren Verbindung
mit der geistigen Welt.

Auf meinem Marienbild intensiviert hier ein Symbol das andere,
vom Kranz der umgebenden weißen und roten Rosen gar nicht zu
reden, auch nicht dem zart nach mittelalterlichem Vorbild ornamentierten Sternenteppich, der dieses „Herz-Kugelzentrum" umgibt.
„Zum Andenken" (die zweite, untere Bildunterschrift, ebenfalls in
Gold), zur Andacht ruft die kleine Preziose auf.

Aber eben nicht nur das. Die Lenz'sche junge Madonna, welche
die ganze Menschheit symbolisiert, hat vielleicht in dem Moment,
als sie erfuhr, dass sie selbst dazu berufen ist, den feurigen Keim des
Gottesgeheimnisses in seiner (aus Menschensicht) kontrastreichen

Abb. 23
Buddhafigur mit der Geste der Erdanrufung als Zeugin seiner Überwindung der Gegensätze. 14. Jh aus Savankhalok, Nationalmuseum Bankok (Ausstellungskatalog„Das Heilige Bildnis", aus der Zusammenarbeit des Museums und für Ostasiatische Kunst Köln und dem Nationalmuseum Bankok, (1979/1980)

Wie bei vielen Buddhafiguren sehen wir als Zeichen der Vereinigung der Gegensätze und ihrer des vollendeten Bezugs zur alle Dimensionen vereinigenden ganzen Wirklichkeit die Flamme der Erleuchtung über dem Scheitelchakra. Wie sehr dieses Zeichen einer universalen Intuition entspringt, sahen wir am bäuerlichen Andachtsbild von Abb. 22

Ganzheit zur bewussten Gewissheit reifen zu lassen, noch nicht in seiner ganzen Tragweite erfasst, was es für sie selbst bedeuten würde. Aber sie hat eingewilligt, ja gesagt zu der ihr aufgetragenen Aufgabe, die sie als „Mutter des Lebens" in allen Höhen und Tiefen und heftigsten Extremen erfahren wird. Sie hat sich geöffnet dafür, bereit, alles, was auf sie zukommt, anzunehmen und den Keim dazu in seinem Wachsen und Reifen mütterlich zu begleiten. Sie wird eine größere Wirklichkeit durchleben und durchleiden, und sie wird dabei erkennen, dass selbst die krassesten Geschehnisse nicht zu trennen sind von dem großen kosmischen Geheimnis, welches Gott, Mensch, Erde, Natur nahtlos verbindet. Dass das Schöne, Wahre und Gute (Platon) und der „Trug" der die Menschen „äfft" (Rilke) und zu unvorstellbarer Ignoranz, Bosheit und Grausamkeit treibt, im letzten Grund aus einer inneren Einheit (indisch gesprochen: *Advaita,* Nicht-Zweiheit) kommen, die wir nicht erkennen, solange wir in diesem Trug befangen sind.

284

Doch bis wir zu dieser Einsicht kommen – und bei den meisten von uns wird das bis zu ihrem letzten Stündlein warten lassen – müssen wir dieses Dasein als eines, das zwischen Gegensatzurteilen und bisweilen grausamst erlebten Widersprüchen schwankt, eben leben und annehmen: Das „Heilige Herz Mariä" in seiner volksfrommen Darstellung signalisiert, dass auch unsere quälendsten Schmerzen innerhalb einer größeren, umfassenden Ordnung „richtig" sind und dass das Bewusstsein des Aufgehobenseins darin uns über unsere dualistische Sicht hinauswachsen lassen *kann* – unter der Voraussetzung, dass wir lernen, all das, was uns begegnet, im Einverständnis, vielleicht sogar in Staunen und Andacht anzunehmen.

Schöne christlich-fromme Phrasen?

Als ich heute morgen meinen „Spruch für den Tag" in meinem selbst zusammengestellten Büchlein las, war das Echo für das, was ich hier geschrieben habe, bereits aus dem Kulturkreis der *„Advaita"* (übersetzt etwa: „Es gibt keine Zweiheit, alles ist in untrennbarer Kommunion miteinander") herübergeklungen in einem Spruch des Ramana Maharshi aus den „Gesprächen eines Weisen" (die Seite habe ich nicht notiert): *„Ist Schmerz da, lass ihn. Er gehört auch zum Selbst."*

Eine überreligiöse, universal gültige Weisheit, die wir nur selten anerkennen und wirklich erfahren.

Zuinnerst besteht keine Trennung von Schmerz und Freude, Lust und Unlust. Sie bilden eine Ganzheit. Auch die Bibel sagt uns, dass bei Gott (der ganzen Wirklichkeit) *alle Dinge möglich* sind *(Mk 10, 27):* Das heißt aber auch, dass wir diesen Spruch nicht einseitig verstehen sollen als wunderbares Schatzkästlein für alle unsere Wünsche. Vielmehr müssen wir uns der Tatsache stellen, dass dieses Schatzkästlein *beides* enthalten kann, *„nämlich Wahrheit und Täuschung, Gutes und Böses",*[234]Hoffnung und Schmerz.

Das ist die Spannung, die wir zwischen den Polaritäten erleben, und aus der neue Energie hervorgeht, und diese Spannung kennen

---

234   Jung/Jaffé, Erinnerungen, Gedanken, Träume, S. 313

wir nicht nur von sogenannten physikalischen „Naturgesetzen". Vielmehr ist sie eine notwendige Voraussetzung für die Entwicklung neuer „Erkenntniskeime": *„Wie alle Energie aus dem Gegensatz hervorgeht, so besitzt auch die Seele ihre innere Polarität als unabdingbare Voraussetzung ihrer Lebendigkeit, wie schon Heraklit erkannt hat. Theoretisch und praktisch ist sie allem Lebendigen inhärent."*[235]

Worüber also sollten wir uns beklagen? Es gehört alles dazu zu einem vollständigen Leben und Empfinden, und unsere Seele und ihre Kreativität verarmen, wenn wir nur noch das, was wir momentan für „angenehm" halten, für sinn- und wertvoll achten.

Es ist also gerade der *Kontrast,* der unsere Sensibilität anregt, Sinn für Unterschiede, Farbe und Dynamik wachsen lässt! Das möchte ich lernen, mir *wenigstens gedanklich* auch in Phasen innerer Zerrissenheit herzuholen!

Und käme mir als Mitteleuropäerin hierin nicht wieder die Natur zu Hilfe?! Würden wir uns so sehnlich die berühmten „weißen Weihnachten" wünschen, wenn wir fürchten müssten, dass der Schnee für immer bleibt? Wenn wir nicht auf Frühling und Vogelgezwitscher hoffen könnten und dass es im Sommer wieder blühende Wiesen geben wird? Wenn die Laubbäume für immer kahl blieben, selbst wenn wir in ihrer Kahlheit erst ihre wunderbare Grundstruktur entdecken, und über diese Schönheit staunen?

Würden wir vielleicht überhaupt vollends das Staunen über die Wunder der Natur verlernen? Es ist ja auch die Natur, die uns – augenblicksweise – aus der Nichtdualität erlöst.

Wenn ich vor dem Schlafengehen noch einmal vor mein Lesezimmer in den kleinen ummauerten Hof davor hinaustrete und bergwärts zwischen den Kronen der alten Nadelbäume des Waldes dahinter die Sterne glitzern sehe, bin ich eins mit mir – und mit dem Kosmos. Ja, sagen wir ruhig ein wenig hochtrabend: Mit dem Geist, der dies alles durchwebt. Mit den Bäumen, den Sternen, dem Himmel – und mit dem (mitunter heftigen) Stadtgeräusch, das

---

235   Jung/Jaffé, S. 348/349

vom Tal heraufschallt. Auch das ist ja letztendlich ein „Geist- und Gottesereignis" – was sonst? Es stört mich nicht in diesem Moment. Und zu meinen höchsten Genüssen gehört dann, den Wind in den Bäumen rauschen zu hören. Er umhüllt mich mit seinem Wehen, er spricht zu mir, Geist oder Wind, und ich kann ihn hören, weil es die Bäume gibt, die ich so liebe.

Dazu fällt mir spontan ein kleines Gedicht von Christian Morgenstern ein, das ich einmal irgendwo abgeschrieben habe, weil es in keiner meiner Gedichtsammlungen steht:

> *Was wärst du Wind,*
> *wenn du nicht Bäume hättest*
> *zu durchbrausen;*
> *was wärst du Geist,*
> *wenn du nicht Leiber hättest*
> *drin zu hausen!*
> *All Leben will Widerstand,*
> *all Licht will Trübe,*
> *all Wehen will Stamm und Wand,*
> *dass es sich dran übe.*

Was gäbe es da noch zu kritisieren an der Gegensatznatur der Welt?

Zugegeben: Immer gelingt solches Einverstandensein nicht. Aber *es gibt* solche Augenblicke des Schauens, der Fraglosigkeit und der Freude und ihrer bewussten Wahrnehmung, und die sind es, die zählen!

5. Frucht: Spiel des Seins und Werdens: „Spielt euer Spiel – aber es sei beseelt"[236]

Unaufhörliche Veränderung dreht das Rad des Lebens weiter, und so erscheint die Wirklichkeit in all ihren Formen. Friedliches Verweilen im Verändern selbst befreit die leidenden, fühlenden Wesen und führt sie zu großer Freude.[237]

Das „Rad des Lebens", das wir beispielsweise aus dem Tarotspiel (Abb. 24) oder Darstellungen der Fortuna kennen, zeigt uns deutlich, mit welchen Kontrasten wir beim unaufhörlichen Drehen des Rades und des „Erscheinen der Wirklichkeit" konfrontiert sind. Und es bedeutet nicht nur, dass nicht alles in unserer Hand liegt, sondern dass dieses ganze kontrastreiche und rätselhafte Leben mit seinen figurenreichen mythologischen Ausdrucksformen, Symbolen und Veränderlichkeiten wir selbst sind.

Schauen wir die Karte aus dem Rider-Tarotspiel einmal genauer an. Nicht zu übersehen ist, dass dieses Rad der unaufhörlichen Veränderung von einer Sphinx dominiert wird. Und es scheint sich nach links zu drehen, wie

Abb. 24

Rad des Schicksals, Tarotkarte aus dem Rider-Deck von Arhur Edward Waite und Pamela Colman Smith

Dss „Rad des Schicksals" aus dem Rider-Spiel zeigt uns deutlich die Unaufhörliche Veränderung alles Seins im Kosmos – das doch einen Fixpunkt in seiner Mitte hat. Das Rad selbst ist mit Zeichen überfrachtet, die hier nicht erklärt werden müssen. Wichtig sind in der Rotation („Rota") die Gestalten von Sphinx, Schlange und dem schakalköpfigen Anubis, die alle auf unablässige Wandlungsprozesse hinweisen. Dagegen sind die vier Ecken gleichsam „gehalten" von den vier den vier Repräsentationen der Evangelisten, Löwe (Markus), Stier (Lukas), Matthäus Engel oder Mensch), Johannes (Adler). Diese vier Lebewesen stellen seit Menschengedenken die Ganzheit des Universums dar. Damit sind sie zugleich Garanten, dass alle Wandlungsprozesse ihre Richtigkeit innerhalb der Großen Ordnung haben. Biblisch begründet sind sie in der Vision des Ezechiel (1,15 ff).

---

236   Nova in Peter Handke, Über die Dörfer, S. 115

237   Aus einer buddhistischen Meditationsrezitation, zit. nach Charlotte Beck, Einfach Zen, München 1993, S. 176

die sich abwärts schlängelnde goldene Schlange – lassen wir ihre Bedeutung einmal offen - zeigt. Denn die Aufwärtsdrehung scheint die selbstverständliche Aufgabe einer großen, roten, menschengestaltigen, hunds- oder schakalköpfigen Gestalt zu sein: Anubis, der im ägyptischen Mythos eine wichtige Rolle beim Übergang in eine andere Wirklichkeit spielt. In Griechenland gibt er diese Rolle weiter an Hermes als Seelengeleiter, diesen sehr beweglichen Gott, der als einziger Zugang zu allen Sphären hat und somit Olymp, Erde und Unterwelt – also „das Ganze" - verbindet. Auch Hermes hat viele Gesichter, steht der Schlange noch Sphinx in nichts nach: Alle drei, könnte man vereinfacht sagen, deuten auf je eigene Art Spiel und Rätsel des Seins in seinen Verwandlungen, in das sich der Mensch hineingestellt sieht – und dessen Vollkommenheit.

Dass es ein kosmisches Spiel ist, zeigen uns auch die vier geflügelten Wesen, welche die Ecken der Tarotkarte füllen. Hier dargestellt als Symbole der Evangelisten, entstammen sie ursprünglich der ungeheuren Vision des Ezechiel (1, 15 ff), in welcher eine numinose Viergestalt die undarstellbare „Ganzheit der Gottheit" spiegelt, mit all ihren Widersprüchlichkeiten.

Diese kosmische Ganzheit hat ihren Ausdruck in nahezu allen bekannten Kulturen als „Mandala" in seiner „Radform" gefunden, auch in der christlichen Ikonographie. Wo solche komplex ausgestalteten Kreisformen in kultischem Zusammenhang geschaffen werden, sind sie Symbol der großen Einheit und Urordnung in ihrer unablässigen Veränderlichkeit.

Was wir „Glück" nennen, lässt sich nicht festhalten, und dass es auch im eigenen Leben nicht funktioniert, immer „oben" zu bleiben, hat jeder schon erfahren. Das geheimnisvolle Rad (hier auf der Tarotkarte überfrachtet mit symbolischen Signaturen) konfrontiert uns genauso mit Ereignissen, die wir als „Talfahrten" erleben, wie mit unvermuteten glückhaften Aufstiegen - warum sich widersetzen?

Warum nicht hoffen, dass auch im Großen das, was uns momentan verloren dünkt, eine positive Wendung erfährt? Dass es vielleicht besser ist, so gut wie möglich „wir selber" zu sein, anstatt uns in Katastrophenängste zu verwickeln?

Vor sieben Jahren habe ich als Ausgleich nach einer langen Denk- und Schreibarbeit den inzwischen berühmten Monolog der „Nova" aus Peter Handkes großem Gedicht „Über die Dörfer" in einem Collagen-Leporello in 27 Bildern spielerisch gestaltet.

Ich brauchte damals dringend eine „Spielzeit", und dieses Textcollagen-Buch steht seither, jeweils an anderer Stelle aufgeschlagen, offen in einem meiner Bücherregale. Die Bilder und Sätze tun mir gut und das Gestalten belebte mich damals genauso wie noch heute das Anschauen. Ich spüre, wie daraus Freude und frische Keime für eine „Gegenwelt" aufgehen, das Leben als schöpferischen, eigenständigen Werdeprozess gegen den Seele und Geist tötenden Strom so spielerisch wie möglich zu leben, wie Nova rät:

Spiele das Spiel. Gefährde die Arbeit noch mehr.
Sei nicht die Hauptperson.
Such die Gegenüberstellung. Aber sei absichtslos.
Vermeide Hintergedanken. Verschweige nichts.
Sei weich und stark. Sei schlau, lass dich ein und verachte den Sieg.
Beobachte nicht, prüfe nicht, bleib geistesgegenwärtig für die Zeichen.
Sei erschütterbar.
Zeig deine Augen, und wink andere ins Tiefe,
sorge für Raum und betrachte jeden in seinem Bild.
Entscheide nur begeistert.
Scheitere ruhig.
Vor allem hab Zeit und nimm Umwege.
Lass dich ablenken. Mach sozusagen Urlaub.
Überhör keinen Baum und kein Wasser.
Kehr ein, wo du Lust hast, gönn dir die Sonne.
Vergiss die Angehörigen, bestärke die Unbekannten.
Bück dich nach Nebensachen.
Weich aus ins Menschenleere.
Pfeif auf das Schicksalsdrama, missachte das Unglück, zerlach den Konflikt.
Beweg dich in Eigenfarben, bis du im Recht bist und das Rauschen der Blätter süß wird.
Geh über die Dörfer. Ich folge dir nach.[238]

---

238   Peter Handke, Über die Dörfer, 1. Akt, 1981 Zweite Auflage,.Frankfurt 2018, S. 20

Die Dörfer: Hier Metapher der Gegenwelt zu Rilkes Städten und ihrer Gewalttätigkeit. Jeder dieser Sätze hat viele Dimensionen und kann immer neue Früchte hervorbringen. Sie brauchen keinen Kommentar. Jedem zeigen sie ein anderes Gesicht, immer wieder neu. Sie ist ja die immer Neue („*nova*").
Zwar habe ich einige Lieblingssätze. Aber die bleiben mein Geheimnis.

Denn alles, was werden, wachsen und grünen soll, die Seele spirituell aufladen, muss zuerst sorgsam und geduldig *bewahrt* und beschützt werden, das haben wir von der Madonna mit der Kugel gelernt. Dann bringt die „Grünkraft" eines Tages Keime, Sprosse, Früchte hervor. *Eigene* Früchte. Und so nehme ich mir die Freiheit (Kor 1, 6), Novas Sätze in einen eigenen Mythos zu verwandeln – der seinerseits immer neue Veränderungen erfahren darf und wird. Wie also will ich leben? Mein Spiel *beseelt* spielen?

Fünf Früchte zählte ich im Korb meiner Hoffnungsfigur, die mich durch diese Wegsuche begleitete. Hat sie mir auch fünf seelenstärkende Leitgedanken, die mich wieder aufrichten, wenn ich andachtsbedürftig meinen Hoffnungshain aufsuche, real oder in der Imagination?
Höre ich, was sie sagt? Ich glaube, etwa dies:

1. Lass dich nicht verwirren. Lass dir Zeit. Hetze und Ärger machen kleinlich. Darum gönne dir Schutzräume. Und bei allem, dem du begegnest, auch dem Schwierigen, bedenke, dass es aus derselben geistigen Kraft hervorgeht wie du selbst. Ein ehrfurchtgebietendes Mysterium, Gottesereignis. Versuche damit ins Gespräch zu kommen und seine Besonderheit zu sehen.

2. In allem Sichtbaren erspüre die Sprache der unsichtbaren, größeren Wirklichkeit, die immer da ist. Ohne Sinn für ihren symbolischen Transzendenzbezug erschließt sich dir auch das Alltägliche nicht in seinem wirklichen Wesen.

3. *Sei bereit für das spontane, kreative Einbeziehen der sich ergebenden Umstände. Sie haben eine Botschaft, halten im Fluss. Miss dich nicht an „Idealen". Starre Vorstellungen, wie das Leben, du und andere sein „sollten", schließen dich in ein Gefängnis ein und versteinern Herz und Seele. Gönne dir Fehler. Keiner ist umsonst.*

4. *Versuche auch Schwäche, Schmerz, Wut, Leiden, Instabilität und Niedergeschlagenheit anzunehmen und auszuhalten, anstatt sie zu überspielen. Lauf nicht davon. Es ist eine Kraft in ihnen, die stärker ist als der gefühlte Mangel. Ein kreativer Eros, der das Neue birgt: Das Leben entsteht in jedem Augenblick neu (Off. 21,5)! Besinnung, eigene Kreativität, Kunst, Musik und Phantasie im Umgang mit dem Vorhandenen schaffen einen verwandelten Weltbezug und verwandeln dich selbst.*

5. *Verlass dich auf deine unenteignete Wahrnehmung, deine Empfindung, deine Intuition, die Zeichen und Winke von innen und außen. Höre auf den „Ruf": der Situation und deiner inneren Stimme. Aber vergiss auch niemals das bewusste Reflektieren und Denken. Versuche möglichst zu wissen, was du tust, und was du lässt. Mündigkeit braucht Unterscheidungsvermögen: Wo gilt es, aufs stille Werden zu vertrauen, wo muss man eingreifen, wo Grenzen setzen? Du brauchst das wache Zusammenspiel aller deiner Sinne und Gaben, auch des Denkens und praktischen Handelns.*

6. *Und hier liegt der Keim (vgl. Kap. IV) für ein Sechstes: Jedes schöpferische Spiel braucht Handlung und Formen konkreter Gestaltung: Verwahrlostes, gewaltsam Unterworfenes kann seine Seele durch einfühlsame Pflege wiedergewinnen: Orte genauso wie traumatisierte Menschen und Tiere. Einem beschädigten Ort kann man durch aufmerksame Gestaltung seine Würde wiedergeben. Seelenlos industriell erzeugte Massenprodukte, lieblos „produzierte" Pflanzen und Dinge werden durch achtsame Behandlung lebendig. Kurz: Man kann allem im Alltag, allem Begegnenden neue Lebendigkeit geben! Und*

jede noch so kleine Bemühung trägt zur Verwandlung von Welt, Seele und Leben bei, zu einem unentfremdenten Weltbezug, der in kosmische Dimensionen hineinwirkt!

Und so werde ich jetzt in meinen grün und grüner werdenden Garten gehen und Bärlauch pflücken, der dort in rauen Mengen wächst. Sorgsam werde ich das tun. Blatt für Blatt. Und dann werde ich daraus, mit einigen anderen Zutaten, spielerisch und ohne festes Rezept einen gut gewürzten, sehr grünen Brotaufstrich bereiten.. Den möchte ich zu Ostern, in kleine Gläser gefüllt und österlich geschmückt, an Freunde und Nachbarn verschenken, zur Leib- und Seelenstärkung, und Belebung der Lebensgeister – meiner und ihrer, und zur Belebung ihrer Hoffnung und einem persönlichen seelischen Weltbezug.

Literatur

1. Immer noch aktuelle Literatur zu Außenlenkung, Verzweckung des Lebens in der Leistungsgesellschaft, Sinn-, Seelen- und Naturenfremdung und zur Diktatur des Machbaren:

Brück, Michael von, Wie können wir leben? Religion und Spiritualität in einer Welt ohne Maß. München 2004

Folerts, Manfred/Niko Paech, All you need is less – Eine Kultur des Genug aus ökonomischer und buddhistischer Sicht, München 2020

Fromm, Erich, Haben oder Sein, Stuttgart 1976

Geipel, Ines, Seelenriss – Depression und Leistungsdruck, Klett-Cotta, Stuttgart 2010

Gruen, Arno, Der Verlust des Mitgefühls – über die Politik der Gleichgültigkeit, München 1997

Gruen, Arno, Der Fremde in uns, Stuttgart 2000

Huxley, Aldous, Schöne neue Welt, Frankfurt 1977

Kurbjuweit, Dirk, unser effizientes Leben, Die Diktatur der Ökonomie und ihre Folgen, Reinbek, 2003

Dirk Kurbjuweit, Das Haus, Geschichten von morgen, Berlin 2019

Luhmann, Niklas, Die Realität der Massenmedien, Opladen 1996

Niegel, Peter, Deutschland zerbröselt, Stuttgart 2027

Postman, Neil, Wir amüsieren uns zu Tode – Urteilsbildung im Zeitalter der Unterhaltungsindustrie, Frankfurt 1992

Richter, Horst-Eberhard, Der Gotteskomplex, Reinbek 1979

Riesmann, David, Die einsame Masse, Reinbek 1958

Rosa, Hartmut, Unverfügbarkeit, Wien/Salzburg 2018, Suhrkamp Tb 2020

Sandel, Michel J., Vom Ende des Gemeinwohls – Wie die Leistungsgesellschaft unsere Demokratien zerreißt, Frankfurt 2020

Schelsky, Helmut, Vorwort für Riesman, Die einsame Masse, 1958

Siebenmorgen, Harald, Die Anfänge der „Beuroner Kunstschule", Sigmaringen 1983

Weizenbaum, Die Macht der Computer und die Ohnmacht der Vernunft, Frankfurt 1977/1978

Werle, Klaus, Die Perfektionierer, Campus Verlag, Frankfurt 2010

2. Sachbücher verschiedener Disziplinen und Belletristik

Angelus Silesius, Der Cherubinische Wandersmann, Hrsg. Louise
    Gnädinger, Stuttgart 1984

Beck, Joko Charlotte, Zen im Alltag, München 1990

Beit, Hedwig von, Symbolik des Märchens, München 1952/1971

Benn, Gottfried, Ausgewählte Gedichte, Zürich 1973

Bloch, Das Prinzip Hoffnung Bd I, Frankfurt 1977

Boehme, Jakob, Christosophia, Hrsg. Gerhard Wehr, Freiburg 1975

Brück, Michael von, Wie können wir leben? Religion und Spiritualität in
    einer Welt ohne Maß, München 2004

Buber, Martin, Erzählungen der Chassidim, Zürich 1949/2014

Buber/Rosenzweig, Die Schrift, Bd I, Heidelberg 1976

Buck, Peter, Wie gelangt man zu Sinn? Stuttgart 2006

Christ, Felix, Jesus Sophia, Zürich 1970

Congar, Yves, Der Heilige Geist, Freiburg 1982

Deny, Gerhard, Meditation über Bäume, Jahrbuch Bd 16 der Ges. f. Wiss.
    Symbolforschung, Frankfurt 2007

Dürr, Hans-Peter, Wir erleben mehr als wir begreifen, Freiburg 2002

Dürr, Hans-Peter, Auch die Wissenschaft spricht nur in Gleichnissen,
    Freiburg 2004

Dürr, Hans-Peter, Warum es ums Ganze geht, Frankfurt 2011

Eilenberger Wolfram, Feuer der Freiheit, Stuttgart 2020

Epiktet, Hrsg. Heinrich Schmidt, Epiktets Handbüchlein der Moral,
    Leipzig 1909

Fox, Matthew, Schöpfungsspiritualität – Heilung und Befreiung für die
    Erste Welt, Stuttgart 1993

Frankl, Viktor, Der Mensch vor der Frage nach dem Sinn, München, 1985

Gellner, Christoph, ...nach oben offen, Literatur und Spiritualität –
    zeitgenössische Profile, Ostfildern 2013

Gerlitz, Peter, Mein Totem ist zornig, Olten 1992

Grimm, Deutsche Mythologie, Neudruck Wiesbaden 1968

Gravenkamp, Curt, Marienklage – Das deutsche Vesperbild im 14. und
    frühen 15. Jahrhundert, Aschaffenburg (ohne Erscheinungsjahr)

Guardini, Romano, Vom Sinn der Schwermut, Kevelaer 2008

Haag Herbert, Joe E. Kirchbeger, Dorothee Sölle, Caroline H. Ebertshäuser, Maria – Die Gottesmutter in Glauben, Brauchtum un Kunst, Freiburg 1997/2004

Haag, Anna, Denken ist heute überhaupt nicht mehr Mode, Tagebuch 1940-1945 Ditzingen 2021

Handke, Peter, Über die Dörfer, Frankfurt, 1981/2002

Handke, Peter, Mein Jahr in der Niemandsbucht – ein Märchen aus den neuen Zeiten, Frankfurt, 3. Aufl. 1991

Handke, Peter, Vor der Bumschattenwand nachts, Zeichen und Anflüge von der Peripherie, 2007 – 2015, Wien 2016

Havel, Vaclav/Karel Hvizdala, Fernverhör, Reinbek 1987

Hauff, Wilhelm, Märchen und Sagen, München 1952

Hegel, Georg Friedrich Wilhelm, Vorlesungen über Ästhetik, GW 13, Frankfurt 1958

Hesiod, Werke und Tage; Theogonie, Hrsg. Luise und Klaus Hallof, Berlin/Weimar 1994

Hillman, James/ Ventura Michauel, Hundert Jahre Psychotherapie und der Welt geht's immer schlechter, Solothurn 1994

Jäger, Henrik, Mit den richtigen Schuhen vergisst man die Füße, Freiburg 2003

James, William, Die Vielfalt religöser Erfahrung – eine Studie über die menschliche Natur, deutsch zuerst Olten 1979, Neudruck Berlin 2014

Jolles, André, Einfache Formen, Tübingen 1968

Jung, C. G. Und Jaffé, Aniela, Erinnerungen, Träume, Gedanken, Olten/ Freiburg 1971/1984

Jung, C. G./ Richard Wilhelm, Das Geheimnis der Goldenen Blüte, Olten 1971

Jung, C. G., Mandala, Bilder aus dem Unbewussten, Olten 1979

Jung, C. G. GW 4, GW 9/II, GW 10, GW 11, GW 12, GW 14/III, GW 16, GW 18, GW 18/II,

Koepgen, Georg, Die Gnosis des Christentums, Trier 1978

Lauster, Jörg, Der Heilige Geist – Eine Biographie, München 2021

Lehner, Thomas (Hrsg.) Keltisches Bewusstsein, München 1984, Tb 1988

Lenz, Hermann, Leben und Schreiben, Frankfurter Vorlesungen, Frankfurt 1986

Lenz Hermann, Rosen und Spatzen, Gedichte, Edition Petrarca, München 1991

Lüthi, Max, Das europäische Volksmärchen – Form und Wesen, München 1947/1976

Mitscherlich, Auf dem Weg zur vaterlosen Gesellschaft, München 1973

Moltmann, Jürgen, Die Ethik der Hoffnung, Gütersloh 2010

Musil, Robert, Der Mann ohne Eigenschaften Bd I, Hamburg 1987

Neumann, Erich, Die Psyche als Ort der Gestaltung, Frankfurt 1992

Nigg, Walter, Heimliche Weisheit, Zürich 1959

Oetinger, Friedrich Christoph, Biblisches und Emblematisches Wörter-buch, Stuttgart 1776, Neudruck 1987

Panikkar, Raimon, Der Weisheit eine Wohnung bereiten, München 1990

Panikkar, Raimon, Gott, Mensch und Welt, Petersberg, 1999

Panikkar, Raimon, Das Göttliche in Allem, Freiburg 2000

Platon, Sämtl. Werke, Bd 2, Übers. Friedrich Schleiermachr, Hamburg 1965

Rad, Gerhard von, Weisheit in Israel, Neukirchen-Vlluyn, 1985

Renger/Musäus, Pandora, Leipzig 2002

Riedel, Ingrid, Hildegard von Bingen, Stuttgart 2005

Rilke, Rainer Maria, Gedichte, Frankfurt 1986

Rohr, Richard, Alles trägt den einen Namen, Gütersloh 2019

Rosa, Hartmut, Resonanz – eine Soziologie der Weltbeziehung, Berlin 2016

Romankiewicz, Brigitte, Die Schwarze Madonna – Hintergründe einer Symbolgestalt, Düsseldorf 2004

Romankiewicz, Brigitte, Hoffnung neu entdecken, Düsseldorf 2008

Romankiewicz, Brigitte, Sophia kehrt zurück – Evangelischen Mystik im Schatten Luthers, Freiburg 2016

Romankiewicz, Brigitte, Ohne Maria kein Christus, Stuttgart 2018

Romankiewicz, Brigitte, Die Göttlichkeit des Irdischen – Herausforde-rungen eines neuen Bewusstseins, Stuttgart 2020

Schadewaldt, Wolfgang, Die Anfänge der Philosophie bei den Griechen, Tübinger Vorlesungen, Frankfurt 1972

Schäfer, Peter, Weibliche Gottesbilder im Judentum und Christentum, Frankfurt 2008

Schelling, Friedrich Wilhelm, Joseph, Von der Weltseele; Schriften von
    1794-1798, Wiss. Buchgesellschft Darmstadt 1975
Sloterdijk, Peter, Einführung in William James, Die Vielfalt religiöser Er-
    fahrung, Berlin 2014
Steffensky, Fulbert, Wo der Glaube wohnen kann, Stuttgart 1989
Sölle, Dorothee, Mystik und Widerstand, Hamburg 1997
Solnit, Rebecca, Hoffnung in der Dunkelheit – Unenendliche Geschich-
    ten, wilde Möglichkeiten, München/Zürich 2005
Swimme, Brian, Die Welt ist ein grüner Drache, München 1991/2021
Teilhard de Chardin, Pierre de, Der Mensch im Kosmos, dtv München
    1982
Tagore, Rabindranath, Flüstern der Seele, München 1925
Thich Nhat Han, Die Sonne, mein Herz, Freiburg 1997
Wohlleben, Peter, Das geheime Leben des Waldes, München 2015
Wolf, Christa, Kassandra, Erzählung, Darmstadt/Neuwied 1983

3. Nachschlagewerke

Handwörterbuch des deutschen Aberglaubens, Berlin 1927/1986
Lurker, Manfred, Lexikon der Götter und Dämonen, Stuttgart 1989
Der Kleine Pauly, München 197
Porter, J. R. Das große Buch der Bibel, Stuttgart 1969
Schischkoff, Georgi, Philosophisches Wörterbuch, Stuttgart 1991

4. Jeweils tagesaktuelle Zeitungsartikel sind nur in den Anmerkungen aufgeführt und datiert

Brigitte Romankiewicz
geb. 1945, studierte Kunst, Deutsch und Religion für das Lehramt und war 20 Jahre als Lehrerin tätig. Weitere intensive Studien auf dem Gebiet der Religions- und Kulturgeschichte und der Psychologie führten sie zur Bildsprache des Symbolischen. Sie war viele Jahre Dozentin am C. G. Jung-Institut Stuttgart.

Weitere Veröffentlichungen der Autorin

Die Göttlichkeit des Irdischen – Herausforderungen eines neuen Bewusstseins. opus magnum 2020

Der Blick des Christophorus oder Was ist Christus?
Versuch einer Annäherung. opus magnum 2019

Ohne Maria kein Christus – Maria als Symbol spiritueller Erfahrung und Raum der Individuation. opus magnum 2018

Sophia kehrt zurück – Evangelische Mystik im Schatten Luthers
Freiburg: Herder 2016

Was Hoffnung beflügelt: Ein Wegbegleiter zu Lebensmut und Sinn
Ostfildern: Patmos 2010 (freier download bei opus magnum.de)

Hoffnung neu entdecken
Düsseldorf: Patmos 2008 (freier download bei opus magnum.de)

Die Schwarze Madonna – Hintergründe einer Symbolgestalt
Düsseldorf: Patmos 2004 (freier download bei opus-magnum.de)

Urbilder des Vaters
Waiblingen: Stendel 1998 (freier download bei opus-magnum.de)